दरसपोथी

राजकमल प्रकाशन से प्रकाशित अखिलेश की अन्य कृतियाँ

—मक़बूल (मक़बूल फ़िदा हुसेन की जीवनी)
—अचम्भे का रोना (कला-लेख)
—आपबीती (मार्क शागाल की आत्मकथा)
—अखिलेश : एक संवाद (पीयूष दईया)

दरसपोथी

अखिलेश

राजकमल प्रकाशन
नयी दिल्ली पटना इलाहाबाद

मूल्य : ₹ 400

पहला संस्करण : 2011

प्रकाशक : राजकमल प्रकाशन प्रा. लि.
1-बी, नेताजी सुभाष मार्ग
नई दिल्ली-110 002

शाखाएँ : अशोक राजपथ, साइंस कॉलेज के सामने, पटना-800 006
पहली मंजिल, दरबारी बिल्डिंग, महात्मा गांधी मार्ग, इलाहाबाद-211 001

वेबसाइट : www.rajkamalprakashan.com
ई-मेल : info@rajkamalprakashan.com

आवरण-आकल्पन : अखिलेश

मुद्रक : बी.के. ऑफसेट
नवीन शाहदरा, दिल्ली-110 032

DARASPOTHI
by Akhilesh

ISBN : 978-81-267-2137-5

मेरे दोनों बेटों, ईबयुग और भाद्रपद के लिये

आमुख

दरसपोथी के प्रकाशन के लिये मैं अपने सभी मित्रों का शुक्रगुज़ार हूँ जिनकी सोहबत में रहकर ही मैं यह सब जान और समझ सका हूँ। इस पुस्तक में पिछले दो वर्षों में लिखे निबन्धों और बातचीत को शामिल किया गया है साथ ही पिछली पुस्तक *अचम्भे का रोना* से मक़बूल फ़िदा हुसेन सम्बन्धी लेखों को इधर लिया गया है इस उद्देश्य के साथ कि हुसेन के प्रशंसक उन्हें एक ही जगह पा सके। कुछ पुराने अँगरेज़ी के लेख हैं जिनका अनुवाद भी पीयूष की ज़िद पर शामिल किया है। यह अँगरेज़ी में थे और मेरी कोई इच्छा नहीं थी किन्तु पीयूष की मेहनत और ज़िद का ही फल है कि वे पाठक तक पहुँच रहे हैं।

इस पुस्तक के प्रकाशन का पूरा श्रेय पीयूष दईया को जाता है जिनके अथक प्रयास और जिज्ञासु ज़िद ने, जिनकी रचनात्मक क्रियाशीलता और समर्पित लगन ने, मुझ जैसे उदासीन से वह सब करवाया जो इस पुस्तक के लिये ज़रूरी था। मैं कृतज्ञ हूँ और पीयूष के प्रति इसका प्रकाशन करता हूँ।

मैं यतीन्द्र मिश्र और मीनू मंजरी का भी आभारी हूँ जिन्होंने इस पुस्तक को पूरा करने में अपना महत्त्वपूर्ण योगदान दिया है।

मेरा प्रणाम उन गुरुजनों और चित्रकार मित्रों को भी जिनके साथ बातचीत या जिनकी सलाहियत से मेरी समझ में इज़ाफ़ा हुआ है।

उन सभी मित्रों और कला प्रेमियों को भी धन्यवाद जो इस वक़्त याद नहीं आ रहे हैं किन्तु जिनके बग़ैर यह पुस्तक सम्भव नहीं थी।

अखिलेश

अनुक्रम

'लो, वो दिखायी पड़े हुसेन'

1.

मैं ख़ामोश क़दम की आहट हूँ, कान धरो तो सुन पाओ।

मक़बूल फ़िदा हुसेन (बाबा) से मिलना पूरी एक सदी से मिलने जैसा है। उनके साथ अनेकों मुलाक़ातें हैं। इन मुलाक़ातों की बहुत-सी स्मृतियाँ हैं जिनमें उनके काम करने के ढँग आदि भी याद आते हैं। वे ज़्यादातर समय अपने कामों में मुब्तिला रहते। शायद ही कोई मुलाक़ात ऐसी हो जब वे चित्र बनाते हुए न मिले हो या ऐसी एक दोपहर या शाम या सुबह न गुज़री हो जिसमें उन्होंने चित्र न बनाया हो। यह सोच पाना असम्भव-सी बात लगती रही है कि वे चित्र नहीं बना रहे हैं। वे जब गजगामिनी बना रहे थे, तब भी

सेट पर एक स्टूडियो बना रखा था, जहाँ वे शूटिंग के बीच चित्र बनाने का समय निकाल लेते थे। अन्य चित्रकारों के साथ मेरा जो अनुभव रहा है उसमें सभी का काम करने का जुदा ढँग है। हुसेन एकदम निराले हैं। उन्होंने अपने को पूरी तरह से चित्र बनाने के लिये समर्पित किया हुआ है। वे एक सच्चे, सुलझे और सम्पूर्ण चित्रकार हैं।

एक चित्रकार के बतौर मेरा उनके साथ 1974 से सम्बन्ध बनना शुरू हुआ, वे इन्दौर आए हुए थे। मैं महाविद्यालय में पढ़ रहा था। हमें पता चला हुसेन साहब इन्दौर में हैं। हमने आनन-फानन एक समूह चित्र-प्रदर्शनी आयोजित करने की योजना बनायी और इसके उद्घाटन के लिये हुसेन को आमन्त्रित किया। उनका आकर्षक व्यक्तित्व और सम्मोहक उपस्थिति हमारे लिये इस प्रदर्शनी को एक यादगार घटना में बदल कर चली गयी। उनकी उपस्थिति दोनों तरह से एक साथ है—आप उन्हें इनसान और कलाकार की तरह अलगा नहीं सकते। वे बेहतर इनसान होने के साथ साथ विलक्षण चित्रकार हैं। आपको दोनों हमेशा साथ ही देखने को मिलते हैं। वे प्रदर्शनी के उद्घाटन के तत्काल बाद कह सकते हैं कि चलिये, हम लोग चाय पीने चलते हैं। बम्बई बाज़ार की कोई एक छोटी-सी चाय की दुकान, उनके ज़माने के दिनों की चाय की दुकान वहाँ ढूँढेंगे-खोजेंगे, पाएँगे और हम लोग चाय पीएँगे। वापस प्रदर्शनी में लौट आएँगे। इस तरह का उनका व्यक्तित्व है, जिसमें कुछ भी महत्त्वपूर्ण नहीं है और सभी का महत्त्व है। उनकी उपस्थिति शालीन, शाईस्ता और बहुत ही ज़िंदा है। हर पल धड़कती हुई। हर पल उसमें कुछ न कुछ अनपेक्षित हो रहा है जिसकी कल्पना नहीं की जा सकती।

एक और बार, कॉलेज में अचानक वे आए और उन्होंने महाविद्यालय को एक चित्र बनाकर देने की इच्छा ज़ाहिर की। ताबड़तोड़ हम लोगों ने एक कैनवास जुटाया। हुसेन ने चित्र बनाना शुरू किया। चित्र उन्होंने कैनवास के निचले हिस्से से शुरू किया। उनके आकारों में श्रृँगारिक भाव/erotic feeling था/थी। बन रहा चित्र कामोत्तेजक नज़र आ रहा था। धीरे-धीरे वह पूरा होता गया। पता चला, गणेश का चित्र है। उस चित्र में ज़रा भी उत्तेजकता नहीं थी। मगर उनकी approach व चित्र बनाने की शुरुआत ऐसी थी जिस पर किसी को भी लग सकता था कि ये क्या बना रहे हैं। यह हुसेन ही हैं जो इस तरह से अपने चित्रों की कल्पना कर पाते हैं। वे कहीं से भी शुरू कर कहीं भी ले जा सकते हैं। वे कोई भी आकार प्रकार, रंग, रेखा को किसी भी रूप में बदलने की क्षमता रखते हैं। ऐसे अनेकानेक क़िस्से हैं जो हर मुलाक़ात पर नये तरह से घटित होते हैं। नये ढँग से हुसेन के बारे में पता चलता है। तब यह जान पाते हैं कि

रचनात्मकता का कोई बना-बनाया स्वरूप नहीं है। इस वक्त भी पिचानवें साल की उम्र में वे जिस स्फूर्ति व गति से चित्र बना रहे हैं वह साधारण तौर पर किसी चित्रकार के लिये सम्भव नहीं है। मेरे लिये तो बिलकुल सम्भव नहीं है। यह करिश्मा हुसेन के भीतर ही है। उन्हीं के लिये है। इस उम्र में उनकी स्मृति, विनोदप्रियता पूर्ववत् है, वैचारिक प्रखरता मज़बूत है, उसे हिलाया नहीं जा सकता। विचारों का साझा ज़रूर कर सकते हैं, पर वे बदले नहीं जा सकते।

2.

अपने आरम्भिक दिनों में हुसेन को लेकर मन में दो तरह के प्रभाव थे। एक उन्हें ख्यातनाम चित्रकार की तरह जानने का था, दूसरा यह कि वे हमेशा नंगे पैर चलते हैं। यह अपने में विरोधाभासी बात थी। इन बातों से उनके प्रति एक आकर्षण मन में था। जब उन्हें हुसेन की तरह जानने लगा तब वे एक रोज़ घर आये। मैंने सबसे पहले उनके पैर ही देखे कि उन्होंने चप्पल पहनी हैं या नहीं। उनके पैर नंगे थे। उसके बाद मैं अपने मित्रों सहित इन्दौर में उनके साथ तीन दिन तक लगातार घूमता रहा था। हम लोग चप्पल, जूते पहने रहते थे मगर वे सहज ही बिना चप्पल या जूतों के रहते। उस वक्त उनके चप्पल न पहनने को लेकर एक और घटना हुई। वे पद्मश्री लेने राष्ट्रपति के सामने बग़ैर चप्पल पहने चले गये थे। प्रेस ने हल्ला मचाया कि यह आचार संहिता के ख़िलाफ़ है। राष्ट्रपति का अपमान है। वग़ैरह। हमें बाद में पता चला कि उन्होंने सन् 1964 में मुक्तिबोध की शवयात्रा में चप्पल पहनना हमेशा के लिये त्याग दिया था। मुक्तिबोध के साथ उनकी दोस्ती का सम्बन्ध था, उन्होंने मित्र की याद में एक चीज़ छोड़ दी थी। कभी इस पर पलटकर विचार नहीं किया। एक बार उन्होंने एक खेल किया। यह क़िस्सा उन्होंने मुझे सुनाया, "मैंने एक दिन एक पैर में सफ़ेद जूता पहना दूसरे में काला और अपने सारे चित्रकार मित्रों के घर गया। किसी ने भी ध्यान नहीं दिया। जाते वक्त मुझे ही बताना पड़ता था कि देखो, मैंने जूते पहने हैं। एक काला, एक सफ़ेद।" इसके पीछे उनका विनोदी स्वभाव भी काम कर रहा था। क़िस्से में मज़ेदार बात यह है कि वे जिनके घर गये, वे सब चित्रकार थे, जिनके लिये 'देखना' महत्त्व रखता है और किसी ने भी देखा नहीं। इनमें हमारे ख्यातनाम चित्रकार भी हैं।

वे क़िस्सागोई में माहिर हैं। यह भी एक क़िस्सा-सा बन जाता है जब वे सफ़ेद-काला जूता पहन सबके घर

चले जाते हैं। हुसेन अगर एक बड़े चित्रकार नहीं होते तो निश्चित बड़े लेखक होते। क़िस्सागोई में उनकी अपनी रुचि है। वे उसे अपने ढँग से बुनते और सँवारते हैं। ऐसे बहुत सारे पोस्टकाड्र्स उन्होंने अपने दोस्तों को लिखे हैं जिसमें वे एक क़िस्से को बयाँ कर रहे हैं। दोस्तों को लिखे इन पोस्टकार्ड में शब्द ही नहीं, चित्र भी होते हैं।

3.

उन दिनों हम महाविद्यालय में पढ़ रहे थे। इच्छा यह होती थी कि आगे जाकर हुसेन जैसा ही मुकाम हासिल हो। वे प्रेरणा-स्रोत भी थे। आदर्श भी। उन्हीं दिनों हमारा ध्यान उनके चित्रों की तरफ़ जाना शुरू हुआ। उनके चित्र हिन्दुस्तानी सांस्कृतिक पृष्ठभूमि से उपजे थे। उन दिनों चित्रों की गहराई को हम लोग नहीं समझ पाते थे लेकिन उनका आर्कषक व्यक्तित्व हम पर हावी रहता था। चित्र हम लोग देखते थे और न समझते हुए वापस देखते थे। बस देखा करते थे। उन्हें ध्यान से देखना ही काम था। मेरे घर में उनकी दो-तीन किताबें थीं। उनकी शुरुआती किताबें। उसमें उनके रेखांकन, कोलाज, चित्र आदि थे। मैंने कभी उन चित्रों की नक़ल करने का प्रयास नहीं किया। उनके चित्रों की रेखाओं और उनके बारे में जो पढ़ाया जाता था, उस सबसे प्रभावित होता था, लेकिन ऐसा कभी नहीं लगा कि उनके चित्रों की नक़ल करनी चाहिये जबकि मेरे साथ के बहुत सारे मित्र और हमारे पहले के चित्रकार मित्र सब हुसेन की भरपूर नक़ल करते थे। हुसेन के बनाये घोड़े चित्रकला संसार में प्रसिद्ध थे। इन्दौर में चित्रकारों की अच्छी खासी संख्या थी जो सिर्फ़ घोड़े ही बनाते थे और हुसेन साहब की हूबहू नक़ल करने की कोशिश करते थे या उनसे थोड़ा बहुत हटकर बनाने की कोशिश करते थे, किन्तु वे बनाते घोड़े ही थे। ज़ाहिर है कि ये घोड़े उनके अपने देखे हुए घोड़े नहीं थे इसलिये वे मरे हुए घोड़े ही बने रहते। हुसेन के चित्रों में घोड़ों की ऊर्जा, स्फूर्ति और उनका विशिष्ट ढँग का चित्रण अत्यन्त आकर्षक था। हुसेन के घोड़ों की चित्रात्मकता उनके सांस्कृतिक सन्दर्भों से ओत-प्रोत थी। हुसेन के चित्रों में घोड़ों की शुरुआत इन्दौर में मुहर्रम के अवसर पर निकलने वाले ताज़ियों में सबसे आगे चलने वाले 'दुलदुल' घोड़े से होती है। घोड़ा उनके लिये गहरी आस्था के साथ ही सांस्कृतिक प्रतीक भी था। घोड़े के ऊपर शक्ति इत्यादि के अन्य चस्पां मूल्य भी इसमें शामिल थे। हुसेन का घोड़ा समुद्र मंथन से निकला 'उच्चैश्रवा' भी था और 'दुलदुल' भी। जबकि अन्य चित्रकारों के घोड़े हुसेन

के घोड़ों की नक़ल मात्र थे। इसलिये वे एकदम बेदम थे। उन दिनों हुसेन का एक वाक्य हमें बहुत ही अच्छा लगता था। किसी ने उनसे पूछा, "आजकल आप क्या कर रहे हैं?" वे बोले, "मैं घोड़े बेच कर सो रहा हूँ।"

इन दिनों हुसेन की उपस्थिति हमें ज़्यादा आकर्षक लगती थी बजाय उनकी रचनात्मक उपस्थिति के। रचनात्मक उपस्थिति पर हमारा ध्यान पहली बार उस वक्त गया जब टाटा संस्थान से एक किताब छपकर इन्दौर कला महाविद्यालय में आयी। यह किताब सम्भवतः हुसेन ने ही भिजवायी होगी अपने महाविद्यालय के लिये। हमारे महाविद्यालय के प्रधानाध्यापक चन्द्रेश सक्सेना ने हम कुछ विद्यार्थियों को अपने कमरे में बुलाया और यह किताब दिखायी। वह एक खासी मोटी किताब थी। हम उस मोटी किताब के आकर्षण में ही उस किताब को देख रहे थे। एक के बाद एक चित्र और छाया-चित्रों से गुज़रते हुए 'between spider and lamp' नामक चित्र आया। सक्सेना सर ने हमें थोड़ा बहुत उसके बारे में बतलाया कि यह हुसेन का महत्त्वपूर्ण चित्र है और इसे ध्यान से देखने की ज़रूरत है। हम लोगों ने थोड़ी देर उसे देखा। यह ध्यान से देखना हमारे किसी काम का नहीं था। हम लोग नहीं जानते थे कि क्या देख रहे हैं। हम लोगों को यह भी नहीं पता था कि यह वह चित्र है जिसने हिन्दुस्तान की समकालीन कला की धारा तय की है। हमने पन्ना पलटना चाहा। सक्सेना सर ने कहा—ध्यान से देखें, इस चित्र में गाली लिखी हुई है। चित्र में ऊपर की तरफ़ कुछ अक्षर और संकेत चित्रित थे। हमने सोचा कि इतना बड़ा चित्रकार इसमें गाली क्यों लिखेगा? फिर उस गाली ढूँढ़ने के उत्साह में चित्र को ध्यान से देखना शुरू किया। यह नियम-सा बन गया था कि सुबह महाविद्यालय आते और सक्सेना सर के कमरे में जाकर उस चित्र को देखते हुए उसमें अलिखित गाली ढूँढ़ते। गाली ढूँढ़ने में इस चित्र से मेरा एक सम्बन्ध बनने लगा। उस चित्र में वे संकेत दिखायी देने लगे जो हुसेन को हुसेन की तरह स्थापित करते थे। हुसेन की चित्र-भाषा स्पष्ट होने लगी। मैं कभी उस चित्र में गाली नहीं ढूँढ़ पाया। वह चित्र मेरी स्मृति में बस गया था। बरसों बाद हुसेन से इस पर बात हुई। मैंने कहा, "उस चित्र में ऊपर की ओर आपने कुछ अक्षर लिखे हैं और सक्सेना सर का कहना है कि आपने गाली लिखी है। आपने क्या लिखा है?" उन्होंने कहा, "उस वक्त मेरी तीन प्रेमिकाएँ थीं, उनके नाम के प्रथम अक्षर हैं।" उस चित्र में वे महज़ उनकी प्रेमिकाओं के प्रथम अक्षर नहीं बल्कि संकेत थे। स्वामी कहते थे कि चित्र में कोई भी संकेत, संकेत भर नहीं रह जाता वह प्रतीक बन जाता है। वे प्रतीक बन चुके अक्षर थे। इस तरह के वहाँ चार-पाँच संकेत हैं जो प्रतीक बन जाते हैं। यहाँ से एक सम्बन्ध हुसेन

के चित्रों के साथ बनना शुरू हुआ, जो गहराता गया। लगातार हुसेन की मौजूदगी से और मेरे पिता जो बतलाते थे उससे। यह दिखायी देना शुरू होने लगा कि हुसेन की इन आकृतियों का गहरा सम्बन्ध भारतीय शिल्प से है। गुप्त काल की मूर्तियों और चोला धातु शिल्प से है। भारतीय समकालीन लोक संस्कृति से और कला की शुरुआत से है। आधुनिकता और भारतीय परम्परा से है।

मेरे साथ उनका सम्बन्ध गहराने के दो कारण हैं। वे मेरे पिता के अच्छे मित्र थे। दूसरा जब भी उनसे मिलना हुआ है बातचीत का विषय समकालीन चित्रकला संसार ही रहा है। किन्हीं दीगर चीज़ों में मेरी दिलचस्पी न होने के कारण मैं उनसे हमेशा उन विषयों को लेकर बात करता रहा हूँ जो मेरी अपनी समझ में चित्रकला के लिये महत्त्वपूर्ण हैं। मैंने कभी उनसे उन विवादों को लेकर बात नहीं की या इस तरह के विषयों को लेकर बात नहीं की जो फौरी हैं व कुछ समय बाद ग़ायब हो जाने वाले हैं। एक तरह की रचनात्मक बातचीत में ही उनके साथ सारा समय सुधरा है। कभी ऐसा नहीं हुआ कि समय काटने के लिये समय गुज़ारा हो।

4.

A painter is surounded by forms, natural and mechinical, but his memory on which he relies holds the experience, the distilute of forms, in essence and in physical relationships.

जब भी उनसे बात होती वे यह पूछना नहीं भूलते कि काम कैसा चल रहा है, क्या कर रहे हो आजकल, कहाँ प्रदर्शनी चल रही है? उनकी चिन्ता मेरे अपने संसार में मैं क्या कर रहा हूँ, उसको लेकर रहती है। मुझे लेकर उनकी दूसरी चिन्ता भारत भवन की नौकरी रही। वे शुरू से कहते रहे कि "छोड़ो इसे, यह तुम्हारा काम नहीं।" जब भी मिलेंगे, पहले यही पूछेंगे, "तुम नौकरी कब छोड़ रहे हो?" एक बार घर आये। एक रेखाचित्र बनाया—शाहीन का और उस पर इक़बाल के शेर की पँक्ति लिखी : 'तू शाहीन है परवाज़ है काम तेरा'। कहा कि 'just fly' मेरे अपने चित्रकला संसार को लेकर उनका सरोकार मेरे लिये महत्त्वपूर्ण रहा है। जब मैंने नौकरी छोड़ी, सबसे ज़्यादा ख़ुशी भी उन्हें हुई। इस तरह की उनकी मेरे प्रति चिन्ता होना भी हमारे सम्बन्धों को गहराता है। यह उनका बड़प्पन है कि मेरे जैसे अज्ञातकुलशील चित्रकार

के बारे में वे चिन्ता करे। इतना ख़याल रखें। अन्य चित्रकार भी हैं, लेकिन किसी और के साथ उनका ऐसा सम्बन्ध नहीं होगा। वे बहुत चित्रकारों से मिलते भी हैं पर वे सम्बन्ध मुलाक़ात पर ख़त्म हो जाते हैं। उनसे एक नैतिक सहारा मिलता है। उन्होंने हमेशा मेरे आग्रह का सम्मान रखा। इसका एक उदाहरण "अनादि" चित्र-प्रदर्शनी है। यह प्रदर्शनी मैंने रत्नोत्तमा सेनगुप्ता के साथ मिलकर दिल्ली में आयोजित की थी। प्रदर्शनी में मध्यप्रदेश से लगभग पैंतालीस चित्रकार थे। तब सोचा कि क्यों न हुसेन साहब प्रदर्शनी का उद्घाटन करें? मैं उनसे मिलने गया और कहा कि "हम एक चित्र-प्रदर्शनी का आयोजन कर रहे हैं अगर आप उसका उद्घाटन कर सके?" वे बोले, "हाँ क्यों नहीं। मैं कर दूँगा।" मैंने कहा, "जब आप उद्घाटन कर रहे हैं तब इसका निमन्त्रण-पत्र भी लिख दीजिये।" उन्होंने कहा, "हाँ, क्यों नहीं।" आमन्त्रण पत्र का मज़मून मैंने तैयार किया था और उसमें लिखा : Eminent artist M. F. Husain will inaugurate the exhibition. वे आमन्त्रण पत्र का मज़मून लिखने लगे। इस पँक्ति तक आये। कहने लगे कि "मैं eminent नहीं हूँ, आर्टिस्ट भी नहीं हूँ यह कैसे लिख सकता हूँ?" मैंने कहा, "यह आप अपनी तरफ़ से नहीं लिख रहे हैं, हमारी नज़र में आप एमिनेंट आर्टिस्ट हैं और निमन्त्रण हमारी तरफ़ से है, आपकी तरफ़ से नहीं।" तो बोले, "नहीं, यह कैसे हो सकता है, यह मेरी लिखावट है, यह ग़लत होगा।" इसको लेकर वे दस-पन्द्रह मिनिट संशय में रहे। किसी तरह उन्हें मनाया कि वे सिर्फ़ लिख रहे हैं, आमन्त्रित नहीं कर रहे हैं। काफ़ी जद्दोज़हद के साथ उन्होंने 'एमिनेंट आर्टिस्ट' लिखा जिससे वे अन्त तक सहमत नहीं थे। प्रदर्शनी की शुरुआत वाले दिन सुबह मैंने उन्हें फ़ोन किया तो पता चला कि वे मुम्बई में हैं। मैंने उनसे कहा कि आज शाम आपको प्रदर्शनी का उद्घाटन करना है। उन्होंने कहा, "मुझे ख़याल ही नहीं रहा, मैं मुम्बई में हूँ।" अचानक वे दो बजे आ गये। पाँच बजे तक रहे। कलाकारों से बातचीत करते रहे। चित्रों को टाँगने की सलाह देते रहे। चित्र देखते रहे। सभी ख़ुश थे कि हुसेन साहब साथ हैं। चाय पी रहे हैं। वे सबके काम पर बात कर रहे हैं। अनौपचारिक शुभारम्भ हो चुका था। पाँच बजे वापस मुम्बई चले गये। प्रदर्शनी का औपचारिक उद्घाटन शाम को आने वाले अतिथियों ने किया। उन्होंने अपना वायदा निभाया। हुसेन के भीतर ऐसी कई बातें हैं, जो अनूठी है; किसी अन्य चित्रकार में नहीं मिलेंगी। अत्यन्त स्नेह और तात्कालिक अलगाव हुसेन का आत्यन्तिक स्वभाव है। पूरी रुचि और पूरी अनासक्ति उनके गुण हैं। सारे चित्रकारों में हुसेन इन्हीं गुणों के कारण एकदम अलग हैं और सम्भवतः इसीलिये वे हुसेन हैं। 'सम्भवतः' इसलिये लिख रहा हूँ कि अनेक गुणों से मेरा परिचय अभी होना बाक़ी लगता है।

5.

जब मैं छोटा ही था, एक दिन हमने देखा कि एक व्यक्ति, टोकरे में जलेबियाँ लेकर सुबह-सुबह छः बजे हमारे घर आया हुआ है। उसका व्यक्तित्व बेहद आर्कषक था। चमकदार उपस्थिति और जादुई क्रियाकलाप। हम सबने जलेबियाँ खाईं। फिर कई साल बाद जब हम उन्हें हुसेन की तरह जानने लगे तब ऐसे ही किसी एक दिन वे फिर सुबह छः-सात बजे जलेबियाँ लेकर आये। यह घटना छुटपन की उस स्मृति से जा टकरायी कि यही व्यक्ति हैं। जब भी वे हमारे घर आये अक्सर अल्सुबह आये। किसी और वक्त नहीं। हमेशा सुबह छः से सात बजे के आसपास। मुझे याद नहीं कि बग़ैर गर्म जलेबियों के कभी आये हों।

सत्तर के दशक के उत्तरार्द्ध में भी उन्होंने हम कुछ मित्रों की एक समूह चित्र-प्रदर्शनी का उद्घाटन किया था। उस वक्त मेरे एक दोस्त की मिठाई की दुकान की आन्तरिक सज्जा का काम चल रहा था। शहर में दो कलादीर्घायें थीं। वहाँ जाकर दरयाफ़्त किया पता चला कि दोनों दीर्घाओं में किन्हीं अन्य कलाकारों की प्रदर्शनी लगी हुई हैं। उसी दुकान में—जिसमें आन्तरिक सज्जा का काम चल रहा था—बैठे, सोचने लगे कि क्या करें। निराशा से भरे हुए थे। तभी वे, जो आन्तरिक सज्जा का काम कर रहे थे, बोले कि आप यहीं प्रदर्शनी कर लीजिए। मैं इसे एक दीर्घा में बदल देता हूँ। उन्होंने एक रात में उस दुकान को ख़ूबसूरत वीथिका में बदल दिया। दूसरे दिन हम ख़ुद भी उस जगह को पहचान नहीं पाये। हमने वहाँ चित्र-प्रदर्शनी लगायी। हुसेन ने प्रदर्शनी का उद्घाटन किया। जगह देखकर उन्हें मज़ा आ गया।

इन्दौर में हम लोगों की छोटी-सी मण्डली थी। जब भी कोई चित्रकार इन्दौर आता, हम चित्र-प्रदर्शनी आयोजित करते। उन्हें आमन्त्रित कर लेते। इस तरह हमें उन चित्रकारों के साथ निजी रूप से दो-चार घण्टे बिताने का मौक़ा मिल जाया करता था। इनमें अगर किसी ने हमारा आग्रह ठुकराया तो वे एन. एस. बेन्द्रे थे। वे नहीं आये न प्रदर्शनी का उद्घाटन ही किया। हमने उनसे कहा कि तीन दिन प्रदर्शनी है आप इस बीच कभी आइये, वे नहीं आये। इन्हीं बेन्द्रे साहब को हुसेन अपना गुरु मानते हैं। यह भी एक दिलचस्प कोण है। हुसेन कभी नहीं भूलते कि यह बेन्द्रे ही थे जिन्होंने पहली बार उन्हें एक चित्रकार के रूप में पहचाना और उनके पिता से जाकर बात की। कला महाविद्यालय में दाख़िला दिलवाने के लिये पीछे पड़े। इस ऋण को उन्होंने कभी विस्मृत नहीं किया।

6.

As I begin to paint hold the sky in your hands as the strech of
my canvas is unknown to me.

हुसेन मेरी कई चित्र-प्रदर्शनियों में आये, एक समूह चित्र प्रदर्शनी को छोड़कर। नब्बे के दशक में हमने मुम्बई में एक प्रदर्शनी की। मैं, हर्ष स्वामीनाथन, भगवान चौहान और सुधाकर यादव, हम चार लोगों की समूह प्रदर्शनी थी। मैंने हमेशा की तरह उन्हें फ़ोन किया कि बाबा हमारी चित्र-प्रदर्शनी है, आप आइये। वे बोले—"कहाँ है?" मैंने बताया कि जहाँगीर कला दीर्घा में। बोले कि "यह जहाँगीर कला दीर्घा कहाँ है?" मैं समझ गया कि बाबा के साथ जहाँगीर का कुछ बेठीक हुआ है। बाद में पता चला कि जहाँगीर कला दीर्घा की तथाकथित कलाकारों और रसिकों की समिति ने उन्हें बहिष्कृत किया हुआ था। इसका कारण हुसेन की आयोजित प्रदर्शनी "श्वेताम्बरी" थी, जिसमें उन्होंने सफ़ेद कपड़ा गैलरी में एक छोर से दूसरे छोर तक ताना और ज़मीन पर हज़ारों फटे हुए अख़बार बिछाये। यह सम्भवतः उनका पहला संस्थापन था। उसकी जितनी चर्चा हुई वह एक दीगर बात है, किन्तु जहाँगीर कला दीर्घा की समिति को यह नाग़वार गुज़रा कि हुसेन ने "श्वेताम्बरी" नाम की एक प्रदर्शनी जहाँगीर कला दीर्घा में की, जिसमें चित्र नहीं दिखाये। उन्होंने हुसेन पर रोक लगा दी। शायद तीन साल बाद यह रोक हटायी। हुसेन को फिर से गैलरी दी। हुसेन ने तीन ट्रक कबाड़खाने से कबाड़ा लाकर प्रदर्शित कर दिया। मेरे ख़याल से उसके बाद उन्होंने जहाँगीर में प्रदर्शनी नहीं की। बहरहाल! हमारी उस प्रदर्शनी में आने के लिये उन्हें तीन चार बार फ़ोन किया पर वे नहीं आये। जिस दिन प्रदर्शनी ख़त्म हुई उस दिन उनका फ़ोन आया कि मैं कल आ रहा हूँ। हमने बताया कि बाबा प्रदर्शनी तो ख़त्म हो गयी है। आज आख़िरी दिन था। बोले, "अच्छा, आप लोग मेरे घर आइये। सुबह नाश्ते पर आप चारों लोग आइये।" हम लोग सुबह पहुँच गये और एक बजे तक बातचीत करते रहे। इस बीच वो नाश्ता हवा हो गया। हम लोग वहाँ से निकले तो हर्ष बोले, "मुझे बहुत भूख लग रही है।"

7.

उनके साथ मेरी बातचीत हिन्दी साहित्य के इर्द-गिर्द होती रही है। ख़ासकर कविताओं पर। उनकी कविताओं में गहरी दिलचस्पी है। उनके बहुत सारे कवि-मित्र भी हैं। उनका भरा पूरा संसार साहित्य से लबालब है। हम दोनों के बीच कविताओं पर अक्सर बातचीत होती रहती है। जब भी फ़ोन पर बात होगी तब अन्यान्य बातों के अलावा इस पर भी ज़रूर बात होगी कि इधर कौन अच्छी कविताएँ लिख रहा है या इधर कौन-सी कुछ नयी कविताएँ/किताबें पढ़ी हैं। यह उनकी आन्तरिक रचनात्मक भूख है जिसे वे अपने दोस्तों के बीच बाँटते हैं। वे अपने स्वभाव से ही कई बातें करते रहे हैं। हुसेन का गद्य एक चित्रकार का गद्य है। बरसों पहले स्वामी की Contra नामक पत्रिका के लिये उन्होंने एक कविता लिखी थी। कविता की भाषा एक चित्रकार की भाषा है। CRACKS IN REMEBRANDT कविता में एक पँक्ति है—'whose brown burns in me.' यह जो वाक्य है वह एक चित्रकार ही बना सकता है। 1966 में छपी यह कविता इस प्रकार है :

I am aware of	*मुझे अहसास है*
Cracks in Remebrandt	*रेम्ब्रां के चित्रों की तड़कन का*
Whose Brown Burns in me	*जिनके कत्थई मुझमें जलते हैं*
Though	*हालाँकि*
Rock-rust boots	*चट्टानी गेरू-सी धूल से सने जूते*
Are ditched-deep	*गहरे धँसे हैं*
Yet	*फिर भी*

The silky sun there — *वह रेशमी सूरज वहाँ*

Shrills me — *मुझे तीखी आवाज़ देता है*

मक़बूल फ़िदा हुसेन

हुसेन के गद्य में उनका अनुभव झलकता/चमकता है बजाय इसके कि वे एक वैचारिक, सैद्धान्तिक स्थापना करने की कोशिश करें। मेरे ख़याल से वे समझते हैं कि ऐसी कोई बात मौजूद नहीं है जिसकी स्थापना की जानी चाहिये। बल्कि वे अपने चित्रों के लिये भी यह ख़्वाहिश ज़ाहिर कर चुके हैं कि "मैं मरने के पहले अपने चित्रों को जला देना चाहता हूँ।" यह उनका अपना देखना है, रचनात्मक संसार को, उनकी अपनी नज़र में, उसकी निस्सारता या उसके निरर्थक होने को या इस अनन्त समय की उपस्थिति में अपने होने की क्षणिक चमक के अहसास की तीव्रता। यही रुख उनका अपने गद्य के प्रति भी है। वे उसको भी उसी तरह बरतते हैं : तात्कालिक, अचानक उनको सूझा और उन्होंने लिखा। हाल ही में उन्होंने मुझे लन्दन में अपनी आत्म-कथा का नया अध्याय सुनाया। अध्याय का शीर्षक "दो रोटी" है। दो रोटी को लेकर जितनी मशक्कत उन्होंने अपने जीवन में की होगी यह अध्याय उसकी व्याख्या नहीं है या उसके बारे में चित्रण नहीं है। यह एक मनुष्य के जीवन में दो रोटी के महत्त्व का—चाहे वह कोई भी हो—उसमें अपना अनुभव है जो पूरी सच्चाई के साथ उनके गद्य में झलकता है। उसमें भी उनका विनोदी स्वभाव दिखायी देता है/जीवन के बड़े रहस्यों को नहीं, बल्कि वे रोज़मर्रा की छोटी-छोटी बातों में, तथ्यों में, उनकी सच्चाई को, अनुभव करते हैं, लिखते हैं। उनके इर्द-गिर्द फैली, उनके द्वारा जी गयी ज़िन्दगी के खट्टे-मीठे पल उनके लिखने के अंश हैं।

हुसेन के लेखन व चरित्र में एक खास बात है कि वे अपना मज़ाक़ उड़ाने की क्षमता रखते हैं। अपनी ही बातों का मज़ाक़ उड़ाने की भी क्षमता रखते हैं। वे अपने को बहुत सहजता से लेने-बरतने वाले व्यक्ति हैं। उनसे मिलकर यह नहीं लगता है कि इस सदी के महत्त्वपूर्ण व महान चित्रकार से मिल रहे हैं। उनकी उपस्थिति के साथ आप कुछ ही क्षणों में सहज हो जाते हैं। उनमें ऐसी क्षमता है कि वे अपने इर्द-गिर्द ऐसा माहौल खड़ा कर लेते हैं जिसमें नया, अनजान व्यक्ति सहज व सामान्य महसूस कर सके। वार्तालाप शुरू हो सके। यही उनके गद्य में भी झलकता है। इसे लेकर वे सजग हैं न लापरवाह। जब वे लिख रहे हैं तब वे जानते है कि उनके लिखे से क्या सम्प्रेषित हो सकता है। वे अच्छा लिखते हैं। रसभरा जैसे कि

उनके चित्र हैं। उनका लिखा सूखा-सा गद्य न होकर रसीला, चटकारेदार गद्य हो सकता है। चाहे उनकी अपनी जीवनी हो या नयी चित्र-प्रदर्शनी को लेकर लिखी गयी कुछ पंक्तियाँ हो या किसी विशेष शृंखला के लिये उन्होंने कुछ सोचा-समझा हो या चित्रित करने के दौरान उनके विचार हों। उनका लेखन अत्यन्त प्राञ्जल, रोचक, बाँध लेने वाला होता है। यद्यपि उसकी तात्कालिकता साफ़ नज़र आती है। जैसे गजगामिनी को लेकर उन्होंने एक लम्बी कविता लिखी है। यह कविता उनकी माँ से सम्बन्धित है, बात माधुरी दीक्षित की है। अन्त में जाकर चूँकि उनके मन में माँ की प्रतिमा अधूरी है इसलिये माधुरी है : माँ अधूरी है, इस तरह का सम्बन्ध वे ख़ूबसूरत ढँग से निकाल लाते हैं। माधुरी और अपनी माँ के बीच यह सम्बन्ध हुसेन के मन में बना। उनकी माँ की मृत्यु के वक्त वे छः महीने के थे और वे जब माधुरी से मिलते हैं उस वक्त माधुरी की उमर वही थी जिसमें माँ का देहान्त हुआ। अपनी माँ का चेहरा उन्हें याद नहीं। उन्होंने अपनी माँ को कभी चित्रित नहीं किया। माँ की जितनी भी छवियाँ चित्रांकित की है उनमें देखा जा सकता है कि चेहरे नहीं हैं। उनके पास अपनी माँ की कोई छवि नहीं है। उनकी स्मृति में कोई बिम्ब नहीं है सो बनाते नहीं हैं। अन्य स्त्रियों के चित्रण में नाक-नक़्श वग़ैरह सब होगा। ऐसी उनकी अचेतन वाबस्तगी है। मदर टेरेसा के चित्रण को लें। वे मदर टेरेसा से मिले हैं, उनके साथ घूमे हैं, कलकत्ता की उन गलियों में गये हैं जहाँ माँ सेवा करती थीं। मगर उन्होंने कभी मदर टेरेसा का चेहरा चित्रित नहीं किया है। नीले रंग की पट्टियाँ माँ का चित्रण हैं उससे मदर टेरेसा बन रही है। उन्होंने कई व्यक्ति चित्र बनाये हैं। मदर टेरेसा भी सामने थीं और वे उन्हें भी उसी पारम्परिक ढँग से चित्रित कर सकते थे। चूँकि वे यहाँ अपनी माँ को वैश्विक माँ की तरह देखते हैं, चेहरा नहीं बनाते। यह उनकी समझ या अवचेतन ही है। उनके भीतर बहुत गहरे से टँग गया है। उनकी माँ अपनी अनुपस्थिति में उपस्थित हैं। वह हैं, किन्तु पहचान नदारद हैं। यह उनकी कविता में भी स्पष्ट होता है।

उनकी भाषा सब चीजों से रची-बसी है, जिसमें कविताएँ भी हैं, अशार भी हैं। उर्दू या फ़ारसी ज़बान के। उन्हें इन भाषाओं का अच्छा ज्ञान है। एक बार उनका एक चित्र टाइम्स ऑफ़ इण्डिया अख़बार ने नये साल के उपलक्ष्य में मुखपृष्ठ पर छापा। उसके कई दिन बाद मैं उनसे मिला। मैंने इस चित्र का ज़िक्र किया, देखना चाहा। उन्होंने कहा कि मालूम है वह चित्र किस काव्य पँक्ति पर था—शमशेर बहादुर सिंह की कविता 'पतझर' की काव्य पंक्ति : "एक पीली शाम/पतझर का ज़रा अटका हुआ पत्ता।" हुसेन इस ख़म को पहचान पा रहे हैं। ज़रा-सा अटकापन जो है उसका। उनकी चित्रभाषा साहित्य से गहरे सम्बन्ध बनाती

हुई होती है। सामान्य बातचीत में भी वे फ़ारसी का एक शेर पढ़ उसका तर्ज़ुमा कर बताते हैं। उनकी भाषा बहुत सुघर, सँवरी और उसी वक़्त विनोदमय है। जिसमें वे सब समकालीन सन्दर्भों का इस्तेमाल करते हैं और किसी भी विषय को बरतने से चूकते नहीं हैं। चाहे फिर वह भाषा का कोई शब्द हो जिसे व्यवहार में नहीं लाया जाता है, या सिनेमा, राजनीति, खेल-खिलाड़ी/कोई भी विषय नहीं छूटता है। हुसेन की शाइस्तगी कमाल की है। नफ़ासत गहरी है। वे कभी भी ऐसे स्तर पर नज़र नहीं आते जो थोड़ा भी हल्का हो। उनकी वाक्य संरचनाओं से लेकर उनकी बातचीत के विषयों और अपनी चित्रकला के सम्बन्ध में भी कभी ऐसा वाक्य उनसे सुनने में नहीं आता जो कुछ हल्का इशारा करता हो। हुसेन का होना पूरी एक सदी का होना है। यह होना उनके अनुभवों को गहरा देता है। अपने देखने को, अपने पढ़ने को, अपने समझने को एक अर्थ प्रदान करता है। श्रोता या दर्शक के लिये यह रुचिपूर्ण और प्राञ्जल हो जाता है।

हुसेन की लिखी हुई ये कविताएँ इसका एक प्रमाण हैं :

(1)

मुझे आसमान की बर्फ़ ढँकी चादर भेजो
जिस पर कोई दाग़ न हो
तुम्हारी अनन्त उदासी के घेरे को
मैं सफ़ेद फूलों से
कैसे चित्रित करूँ?

जब मैं चित्र बनाने लगूँ
तो आसमान को अपने हाथों में पकड़ लेना
क्योंकि मैं अपने कैनवास के
फैलाव से अनजान हूँ।

(2)

मेरे पत्र
जलती हुई आवाज़ों के निशान
पूरे महीने की बर्फ़ानी ठण्ड
तुम्हारे नक़्क़ाशीदार दरवाज़े के अन्दर
शायद आग बुझा दे।

अपने दरवाज़े को ताला लगा लो
चाभियाँ एक तरफ़ फेंक दो
मेरा पत्र अनपढ़ा रहने दो।

(3)

जब जवान पत्ते
चिमनियों के धुएँ में
पिघलते हैं
और आसमान का गीला काग़ज़
बत्तियों वाले खम्भों पर
झुक जाता है,
झलकते हुए दूध की भरी हुई गाड़ी
रास्ते को रौशन करती है
और एक लड़का
मन्दिर की सीढ़ियों पर

नंगे पाँव चलता हुआ
ख़ाली शहर को
खाना शुरू करता है।

वहाँ अस्तित्व की
गूँजती हुई आवाज़
हँसी में फूट पड़ती है।

(4)

नीली रात
उसकी चादर पर से फिसलती है
उसकी जाँघ पर
एक निशान डाल जाती है।

वे दूर
जिस्मों के पीले-भूरे रंग
कश्तियों के पीछे लरज़ते हैं।

अचानक एक सफ़ेद रंग
क्षितिज को काटता है
उससे नीचे का दृश्य
अवाक् रह जाता है।

सलेटी रंग की रेत
उसकी चादर से
ढँकी रहती है।

1974, अनुवाद : सुखबीर

8.

मुझे यह कहने में कोई संकोच नहीं है कि महात्मा गाँधी के बाद मक़बूल फ़िदा हुसेन दूसरे व्यक्ति हैं जिन्होंने हिन्दुस्तान को गहरे से जाना है। गाँधी ने भारत की जनशक्ति को पहचाना, हुसेन ने भारत की सांस्कृतिक शक्ति को। भारतीय संस्कृति के वैविध्य को आत्मसात् कर अपने चित्रों में ज़ुबान दी। हुसेन के चित्रों की भारतीयता एक भारतीय की है। उन्होंने उसे लाने की या पाने की चेष्टा नहीं की। भारतीयता हुसेन के चित्रों पर आरोपित नहीं है, वे इन चित्रों की आन्तरिक चेतना है। इनकी बुनावट लोक-चेतना मिथकीय सांस्कृतिक वैविध्य के ताने-बाने से की गयी है। वे भारतीयता की खोज नहीं करते, वे भारतीयता रचते हैं। हुसेन के अलावा हिन्दुस्तान के साथ इतनी गहराई से और कोई चित्रकार अपने सम्बन्ध नहीं बना सका है। ज़्यादातर चित्रकार ऊहापोह में अपना रचनात्मक जीवन व्यतीत करते नज़र आते हैं। अगर कोई दूसरा चित्रकार इस सबसे उलझता-जूझता दिखायी देता है तो वह स्वामीनाथन है। वे एक दूसरे स्तर पर—जो कि इन सांस्कृतिक स्तरों की व्यञ्जना का स्तर है—जाकर अपनी परम्पराओं से सम्बन्ध बनाते नज़र आते हैं। एक मनुष्य की परम्परा से। यह गहरा सम्बन्ध दोनों चित्रकारों में नज़र आता है। दोनों अपने ढँग से हिन्दुस्तान की सार्वभौम संस्कृति को अपने चित्रों में साँस लेते हुए रचते हैं। यह संस्कृति किसी एक समुदाय की नहीं है न किसी एक विशेष परिस्थिति में रहने वाले लोगों की, यह मानव-जाति की संस्कृति है, इसका एहसास इन दोनों चित्रकारों ने अपने चित्रों में किया है। वे चित्र की सम्भावना के असम्भव को रचते हैं।

महात्मा गाँधी अफ्रीका से हिन्दुस्तान लौटते हैं, उस वक्त तक वे अफ्रीका की सक्रिय राजनीति के कारण विख्यात हो चुके हैं। वे 'हिन्द स्वराज' लिख चुके हैं। हिन्दुस्तान आने पर वे गोपालकृष्ण गोखले से मिलते हैं, जिन्हें वे अपना गुरु भी मानते हैं। गोखले उनसे कहते हैं आप भारत आये हैं, किन्तु यहाँ के बारे में

आपको कुछ नहीं पता है। आप वायदा कीजिये कि एक साल हिन्दुस्तान की राजनीति के बारे में सार्वजनिक रूप से कुछ नहीं कहेंगे और इस एक साल में आप इस देश में घूमिये, उन लोगों को जानिये जिनकी राजनीति आप करने वाले हैं। गाँधी ने इसका पालन किया और पूरे एक साल घूमे। वे घूमते हैं और हिन्दुस्तान की लोक शक्ति का अहसास करते हैं।

हम देखें कि 1947 में जब देश आज़ाद होता है तब हुसेन के साथी युवा चित्रकार देश छोड़ विश्व के अलग अलग हिस्सों, लंदन, पेरिस, न्यूयार्क चले गये : कि कला यहाँ है और इसको देखना-सीखना चाहिये। अब हम एक आज़ाद देश है, हमें इसे समझने की ज़रूरत है। आज़ाद मुल्क की समकालीन कला की रूपरेखा क्या हो, यह सबकी चिन्ता, चिन्तन का विषय रहा। इन सब लोगों की इच्छाएँ भी उतनी ही शुद्ध थीं जितनी हुसेन की। इसके विपरीत हुसेन गाँवों में चले जाते हैं। रामलीला के पीछे घूमते हुए उसको देखते-समझते उन लोगों से मिलते हुए, लोक संस्कृति के विभिन्न रूपों को जानते हुए, उनका चित्रण करते हुए, उसी का एक अंग बनते हुए, उसी में अपने को खपाते-खटते हुए, वे हिन्दुस्तान की भीतरी यात्राएँ करते हुए हिन्दुस्तान के वैविध्य को आत्मसात् करते हैं। यह सब उन्होंने उस दौरान किया जिस दौरान समकालीन या उनके बाद के चित्रकार जो ब्रितानवी कला हिन्दुस्तान में मौजूद थी उसकी जगह फ्रांसिसी या मेक्सिकन कला लाने की कोशिश कर रहे थे। बजाय इसके कि वे अपनी जड़ों में, अपनी परम्परा में, अपनी संस्कृति में कुछ ढूँढ़ते-खँगालते और पाते।

जो काम हुसेन अकेले बेफ़िक्र अन्दाज़ में 1948 से कर रहे थे, उसकी ज़ोरदार घोषणा ग्रुप 1890 बहुत बाद 1963 में जाकर करता है। वह कहता है कि 'रचनात्मक अभिव्यक्ति' तलाश नहीं, बल्कि वैयक्तिकता का मुक्त होना और प्रकट होना है।' वह अपने वैयक्तिक 'देखने' को महत्त्व देता है। हिन्दुस्तानी कला में पहली बार भारतीयता को आत्मग्लानि की जगह आत्मसम्मान की तरह देखा गया। अक्तावियो पाज़ ने भी इन युवा चित्रकारों से प्रभावित हो उनकी प्रदर्शनी का कैटलॉग लिखा।

हिन्दुस्तानी चित्रकला के संसार में हुसेन अकेले कलाकार नज़र आते हैं जिन्होंने ख़ुद को, अपनी संस्कृति के बीचोबीच, बहुत गहरे महसूस किया है। इसका प्रतिफलन उनके चित्रों के रूप में हमारे सामने हैं। समकालीन चमकते हुए कला-संसार में हम उसका प्रभाव देखते हैं जिसे विश्वास के दम पर हुसेन बनाते हैं। इसमें कोई भी उनकी मदद करने आगे नहीं आता है। यदि किसी ढँग से कोई हुसेन के साथ खड़ा होता नज़र आता

है तो वे स्वामीनाथन हैं। बौद्धिक, वैचारिक रूप से प्रखर, वे भी वही बात करते हैं, हुसेन के कई साल बाद।

हुसेन 1955-56 में शुरू करते हैं, जिसका विचार 1948 से चल रहा होता है जब वे राष्ट्रीय संग्रहालय में प्रदर्शनी देखकर लौटते हैं। इस प्रदर्शनी में भारतीय शिल्प की अद्वितीय भावोत्पादक अभिव्यक्ति गुप्तकालीन शिल्प और चोल काल के काँस्य शिल्प में देखते हैं। हुसेन की लोक चेतना में शास्त्रीय शिल्प विधान की दृढ़ता का हस्तक्षेप होता है। वे लोक संस्कृति के सहज और आडम्बर रहित तत्त्वों में कल्पना से भरे हुए इन शास्त्र सम्मत शिल्पों का सम्मिश्रण कर भारतीय समकालीनता की शुरुआत करते हैं। बाद में स्वामीनाथन भी इसी रास्ते की ताईद करते हैं जिसमें मनुष्य की अभिव्यक्ति को प्रमुखता से रेखांकित करते हैं। स्वामीनाथन और हुसेन के बीच यह साझा बहुत बाद में जाकर स्थापित होता है। ध्यान देने वाली बात है कि हुसेन इससे पहले ही समकालीन चित्र संसार का एक स्वरूप खड़ा कर चुके हैं जिसे स्वामीनाथन बौद्धिकता का आधार प्रदान करते हैं। स्वामीनाथन उस मनुष्य की रचनात्मकता पर ज़ोर देते हैं, जो अपने समय की विभीषिका झेलते हुए सामने रखे कैनवास को उगते हुए सूरज की तरह देखता है। इस मनुष्य की ताक़त ही उसकी रचनात्मक अभिव्यक्ति है, जिसमें उसकी वैयक्तिता प्रकट हो रही है न कि सामाजिक यथार्थ। स्वामीनाथन का रचयिता *''राजा रवि वर्मा के अश्लील यथार्थवाद और बंगाल स्कूल के आदर्शवादी ग्राम्यजीवन सम्बन्धी चित्रों के''* ख़िलाफ़ खड़ा होता है। वहीं दूसरी तरफ़ हुसेन अपने हाथों में आकाश थामे होने की बात करते हैं। वहाँ उनका रचयिता भी इस अनन्तता की ही तरफ़ इशारा करता है, जहाँ सूर्योदय हो रहा है। जिसे हुसेन अपने चित्रों से रच रहे हैं। हुसेन की अकेली शख़्सियत इस समकालीन कला संसार को बनाती है जिसका लाभ अब हमारी पीढ़ी ही नहीं बल्कि युवतर पीढ़ी तक पहुँचता है। आज भी कला महाविद्यालय में प्रवेश लेने वाले युवा मन में पहली छवि हुसेन की ही होती है। वह अपना आत्मबल वहीं से प्राप्त कर इस दिशा में क़दम बढ़ाने की कोशिश करता है। यह आलोक हुसेन अकेले दम पर फैलाते हैं, जिसमें कई साल बाद आने वाला युवा चित्रकार भी प्रकाशित होता है।

अपनी संस्कृति के साथ हुसेन का सम्बन्ध और अपने अनुभव के साथ उनका रचना-काल महत्त्वपूर्ण है। वे एक स्वतन्त्र देश की ऐसी स्वतन्त्र चित्रभाषा रच पाते हैं जिसके विषय बहुवचनात्मक हैं—धार्मिक मान्यताओं से लेकर राजनीतिक उठा-पटक तक। रोज़मर्रा की दिनचर्या से लेकर महत्त्वपूर्ण घटनाओं तक यह उदाहरण पाना मुश्किल लगता है कि हुसेन ने हिन्दुस्तान के लिये जो काम किया है वैसा काम किसी और चित्रकार

ने अपने देश के लिये किया हो। यह हुसेन का महत्त्वपूर्ण अवदान है कि भारतीय कला की समकालीनता रचते हुए हिन्दुस्तान की सांस्कृतिक पहचान का परचम विश्व भर में फहराने का। कई देशों के राष्ट्रीय संग्रहालयों में किसी और भारतीय चित्रकार के चित्र हो या न हो, हुसेन के चित्र ज़रूर होते हैं। बड़ी संख्या में मिलते हैं। हुसेन यहाँ भी अपनी उपस्थिति दर्ज़ कर चुके हैं। यह उनकी अपनी क्रियाशील ज़िन्दगी है जिसमें वे लगातार सक्रिय रहकर न केवल रच रहे हैं बल्कि उस रचने को पूरी दुनिया में प्रदर्शित भी कर रहे हैं।

9.

मेरे ख़याल से हुसेन का ख़ुद को चित्रों में बरतने का ढँग देश की विभिन्न सँस्कृतियों से आये अनुभवों का सार है। आन्ध्र प्रदेश का सांस्कृतिक वैशिष्ट्य बंगाल से भिन्न है। राजस्थानी लोक-चेतना मध्यप्रदेश की आदिवासी चेतना से भिन्न है। भारतीय संस्कृति का यह वैविध्य व बहुलता, कहना चाहिये बहुवचनात्मकता हुसेन के चित्रों में नज़र आती है। भले वे श्वेताम्बरी कर रहे हो या कोलाज या एक चित्र बना रहे हो सभी में एक भारतीय हुसेन साफ़ नज़र आता है। जैसे कि एक बंगाली, तेलुगु, मलयाली या गुजराती भारतीय है। एक दूसरे से अलग वे अपनी विशिष्टता में रचे-बसे भारतीय हैं। यही एकरूपता हुसेन के चित्रों में संचारित है। उनके चित्रों का अभिन्न छोर/core है। जिसमें एक ओर बिलकुल ही सपाट चटकीले रंगों के कोलाज हैं जबकि वे जाने जाते हैं मटमैले रंग प्रयोग के कारण या वे एक ऐसी चित्र-प्रदर्शनी दिखलाते हैं जहाँ मानव शरीर चित्रित कर रहे होते हैं या फिर वे सारे चित्र हैं जिन्हें हुसेन के चित्रों की तरह पहचाना जाता है—उसी में वे फ़िल्म भी बनाते हैं जो हुसेन का 'देखना' है। चाहे वह मीनाक्षी, गजगामिनी हो या through the eyes of a painter। इन सबमें हुसेन का देखना एक भारतीय का देखना है। एक ऐसे व्यक्ति का देखना है जो अपनी संस्कृति की विविधता को धारण किये हुए है। यहाँ वैविध्य भटकाव नहीं, ताक़त है। यह बहुवचनात्मक सांस्कृतिक चेतना से उपजी हुई एकता है और उसी में समर्पित हुसेन की विशिष्टता है। उनके समकालीन चित्रकार किसी अंग-विशेष को लेकर जीवन-भर चित्रण करते रहे हैं, किन्तु हुसेन के साथ ऐसा सम्भव नहीं हुआ। उन्होंने हर बार अपने को दाँव पर लगाया है, जिसमें डूबने और बह जाने का पूरा ख़तरा रहता है। वे एक कलाकार व रचनात्मक व्यक्ति का जोख़िम उठाने में कभी पीछे नहीं रहे। अपने

को दाँव पर लगाने की यह ताक़त ख़ास हुसेन की शैली है।

एक क्रियाशील चित्रकार के रूप में उनके पहले के चित्रों में शुरुआती लड़खड़ाहट भी दिखायी देती है। वे इससे घबराते नहीं हैं, बल्कि रचनात्मक प्रक्रिया के दौरान होने वाले निष्फल चित्रों को भी दिखाने में संकोच नहीं करते। वे अपने अलगाव को भी रुचि से रखते हैं, अपने रचनात्मक सन्तोष की तरह। 1955-56 में जब वे एक स्पष्ट भाषा प्राप्त कर लेते हैं तब वे सारे बिम्ब नज़र आने लगते हैं जिनमें उन्होंने भारतीय समाज को रचा-गढ़ा है। एक अर्थ प्रदान किया। 1947 में आज़ादी के वक्त हिन्दुस्तान की अपनी कोई चित्रभाषा मौजूद नहीं थी। सांस्कृतिक रूप से लगभग नष्ट हो चुका रचनात्मक मानस भ्रमित था। अपनी कला परम्परा, अपने विश्वासों को खो चुका था। इस टूटे, बिखरे, भ्रमित, सांस्कृतिक मन को दृढ़, निर्भीक और निडर सहारा चाहिये था। यही टूटन, बिखराव सामाजिक जीवन में रहा था, जिसे महात्मा की वाणी से सम्बल मिला था। जिस तरह बिखरा हुआ आत्मविश्वास गाँधी ने अपनी वाणी से हिन्दुस्तान के लोगों में संचारित किया, ठीक वैसे ही उस समय की टूटी हुई, बिखरी हुई सांस्कृतिक चेतना को, जिसे अँगरेज़ों ने कुटिल कुशलता से नष्ट किया था, हुसेन सँभालते, सँवारते हैं। हुसेन चाहते तो इस तथाकथित भारतीय कला को स्वीकार कर सकते थे किन्तु उन्होंने यह न करते हुए अपनी ज़मीन ख़ुद खोजना शुरू की। आज़ादी के बाद अब किस तरह के रचनात्मक संसार में भारतीय रहने वाले हैं, उसका चिन्तन और उसको बनाने की शुरुआत की।

10.

राजा रवि वर्मा ने अँगरेज़ों के सहयोग से कैलण्डर कला को घर-घर लटका दिया था। अँगरेज़ बताते रहे कि यही भारतीय चित्रकला है और हम अपनी चित्रकला की पहचान उसी में खोजने, पाने लगे थे। आज भी बड़े पैमाने पर लोग उस कैलण्डर कला को ही भारतीय कला का प्रमाण समझते हैं। यह इस संस्कृति को देखने वाली 'अँगरेज़' दृष्टि है। परायी दृष्टि है। राजा रवि वर्मा प्रतिभाशाली चित्रकार नहीं थे। वे एक साधारण चित्रकार थे जो तैलरंगों में चित्र बनाने की शुरुआत करते हैं। छापाख़ाना डालकर अपने कैलेण्डरी चित्रों को कैलण्डर के रूप में घर-घर पहुँचा देने के कारण वे महान चित्रकार हो जाते हैं, ऐसा मानना अज्ञानता ही नहीं गुलामी भी है। राजा रवि वर्मा के चित्र एक कमज़ोर चित्रकार के चित्र हैं। उनकी कल्पनाशीलता भी उनका साथ नहीं देती है। उनके चित्र ही यह कमियाँ बयाँ करते हैं। उनको अँगरेज़ों का

प्रश्रय प्राप्त था, वे एक राजसी खानदान से थे, आर्थिक रूप से सक्षम, एक छापाख़ाना डाल सकते थे। अपने चित्रों की अनेक अनुकृति आसानी से उपलब्ध करा उन्होंने यह किया। हुसेन के आरम्भिक चित्र भी इस परम्परा में नहीं हैं। वे भिन्न हैं। दरअसल, वे एक मनुष्य की तरह ख़ुद महसूस करने के चित्र हैं। वे उसी मनुष्य के चित्र हैं, जिसने हाथों में आकाश उठा रखा है, जो रचने की शुरुआत ही अनन्तता से करता है।

मुझे याद है इन्दौर में एक कला-सामग्री की दुकान थी। दुकान में हुसेन का 1933 के आसपास का बनाया हुआ एक छोटा-सा भू-दृश्य/Landscape टँगा रहता था। यह वह वक्त है जब हुसेन इन्दौर छोड़ रहे थे। हुसेन का यह चित्र, मालवा का छोटा-सा भू-दृश्य/Landscape था। चित्र में धूसर रंग के काग़ज़ पर तीन स्याह धब्बे चित्रित थे। एक विहंगम मालवी भू-दृश्य का चित्रण। वह अमूर्त था। उसमें सिर्फ़ तीन धब्बे रखे थे। धीरे-धीरे फैल रहे धब्बों के केन्द्र का गहरा रंग, किनारे आते-आते हल्का होता जाता। वे धब्बे तीन वृक्ष की तरह भी थे। जो भी उसे देखता मालवा का एक शुद्ध लैण्डस्केप उसकी कल्पना में खड़ा हो जाता। यह चित्र 1933 में बनाया गया था जब राजा रवि वर्मा ख़ासे लोकप्रिय चित्रकार थे। उनकी नक़ल करने वाले भी कई थे। हुसेन नक़ल नहीं करते, वे सिर्फ़ तीन धब्बे रखते हैं। यह अपने में जोख़िम का काम था। कल्पना कीजिये, 1933 में एक युवा चित्रकार अपने चारों और बिखरे यथार्थवादी चित्रण के मलबे के बरक्स तीन धब्बे, धूसर काग़ज़ पर रख कला के उस अनजाने संसार में क़दम रखता है, जिसे बाद में उसी के नक़्शे क़दम पर चलना है। यह हुसेन की रचनात्मक भूख थी। यह भू-दृश्य भूख से उपजा चित्र था। सालों तक मैं यह चित्र देखता रहा। अस्सी के दशक में हुसेन ने यह चित्र देखा और दुकान मालिक से कहा कि आप यह चित्र मुझे दे दें बदले में मैं आपको दूसरा चित्र देता हूँ। उन्होंने एक बड़े कैनवास पर घोड़े का चित्र बनाकर उन्हें दिया। बदले में यह छोटा-सा चित्र लेकर चले आये। यह उनसे गुम गया और दुर्भाग्य है कि वे जो चित्र दुकानदार को भेंट कर आये थे वह दुकान से चोरी हो गया।

तात्पर्य यह कि जब रवि वर्मा का भारतीय चित्रकला संसार में प्रभुत्व था तब एक नौजवान चित्रकार उन रास्तों पर नहीं चल रहा था जो पहले से मौजूद है बल्कि वह अपनी भाषा रचने की कोशिश कर रहा था। उस दौर में बेन्द्रे अपना काम कर रहे थे। बेन्द्रे का गहरा असर हुसेन पर रहा। वे बेन्द्रे को अपना गुरु भी मानते हैं। लेकिन हुसेन बेन्द्रे का भी अनुसरण नहीं कर रहे थे। वे अपनी तरह से देखने, खोजने के उपक्रम में, पूरे जुनून के साथ, मुब्तिला थे। यह महत्त्वपूर्ण है कि हुसेन ने इन सब बातों को जानते समझते उसको

न स्वीकारते हुए अपनी भाषा गढ़ी। उसे खोजा, पाया और भारतीय समकालीन कला को उस आज़ादी, समता और सहभागिता की जगह पहुँचाया, जिसे ढूँढ़ने, पाने उनके समकालीन भी भटक रहे थे। हुसेन अक्सर बेन्द्रे को गुरु की तरह का रुतबा देते हैं, साथ ही सूज़ा के प्रति भी कृतज्ञ होते हैं। इन दोनों का हुसेन पर गहरा प्रभाव है। यह प्रभाव बातचीत तक ही झलकता है। इन चित्रकारों का कोई अंश हुसेन के चित्रों में नहीं आया है। बेन्द्रे की लयात्मकता और सूज़ा का रूखापन उनके चित्रों से बहुत दूर है। अगर मुझे हुसेन के चित्रों में किसी भारतीय चित्रकार की उपस्थिति मौजूद होती दिखायी देती है तो वे दत्तात्रेय दामोदर देवलालीकर हैं, हुसेन के गुरु और इन्दौर स्कूल के संस्थापक। जिन्होंने देवलालीकर के रेखांकन देखे हैं, वे जानते हैं कि उनकी रेखाओं की विशेषता क्या है। वे जानते हैं देवलालीकर अपने रचने में रेखांकन को कितना महत्त्व देते रहे हैं। हुसेन ने उनके रेखांकन अपने विद्यार्थी जीवन में देखे होंगे और इस युवा मन पर उसकी गहरी छाप लगी होगी। बाद में जब हुसेन 'हुसेन' की तरह जाने जाने लगे, तब उनकी पहचान में सशक्त रेखांकन एक गुण की तरह देखा गया। हुसेन देवलालीकर की तरह का रेखांकन नहीं करते, वे उनकी रेखाओं में से वक्रता, लय, कोमलता और मधुरता हटाकर उन्हें दृढ़, मज़बूत, कठोर और सीधा कर देते हैं। देवलालीकर और हुसेन की कोई समानता नहीं है। देवलालीकर का प्रभाव भी नहीं दीखता। हुसेन अपनी रेखा ढूँढ़ते हैं। 1956 में जाकर पाते हैं।

11.

> *प्रकृति में अपनी प्रसुप्त गतिशीलता के बावजूद रेखा पुरुषोचित शक्ति है, जो ख़ुद को सिद्ध करने के लिये लगातार संघर्ष कर रही है। :* हुसेन, 1955

मक़बूल फ़िदा हुसेन अपनी रेखा पाते हैं—1956 में, लेकिन इससे पहले के समय में झाँकें, 1955 में प्रकाशित एक महत्त्वपूर्ण किताबनुमा उनके कैटलॉग में, जो बदरी विशाल पित्ती को समर्पित है। इस किताब में प्रकाशित कलाकृतियों में से कुछ अब भी कहीं दिखायी दे जाती हैं। इन कृतियों में हुसेन अपनी रेखा के प्रति इतने सजग नहीं हैं, न ही उन्हें पूरी शिद्दत से रख पा रहे हैं; चाहे वह parrot शीर्षक की कलाकृति हो या Woman की या ख़ुद का आत्मचित्र। इन सब कृतियों में हुसेन—उस वक्त प्रचलित German Expressionism—का सहारा ले रहे हैं। उन दिनों कई कलाकार अभिव्यंजनावाद का अनुसरण कर रहे थे।

यह उस समय से पहले का दौर है जब हुसेन गुप्तकालीन शिल्पों के प्रभाव से उत्पन्न आकृतियों को विन्यस्त करने लगे थे। इस पुस्तक की चित्रकृतियों में वे अपनी रेखा तक अभी पहुँचे नहीं हैं, हालाँकि उसके इर्द-गिर्द ज़रूर लगते हैं। यह दौर (1940 से लेकर 1955-56 तक) भटकता सा लगता है—एक बड़े भटकाव की तरह। गो कि उस वक्त के कामों में 'ज़मीन' (1955) एक महत्त्वपूर्ण कलाकृति है, जो उन्हें 'बिटवीन स्पाइडर एण्ड द लैम्प' की तरफ़ ले जा रही है। इस महत्त्वपूर्ण कलाकृति—जिसे राष्ट्रीय पुरस्कार मिला था—में बहुत सारे ऐसे संकेत तत्त्व हैं जो न केवल लोककला-रूपों से प्रेरित हैं, बल्कि जिनका गहरा सम्बन्ध हुसेन की निजी भारतीयता से उपजा लगता है। हुसेन भारतीयता को अपनी तरह से समझते हुए उसे सिर्फ़ समकालीन परिप्रेक्ष्य में ही नहीं देखते वरन् जड़ों तक जाते हैं। मिथक-पुराण-सन्दर्भों से लेकर इतिहास तक से स्वयं को छाँटने-सँवारने का यत्न करते हैं। इस दौर में हुसेन अपने को खोजने-ढूँढ़ने में हैं। 1955 में प्रकाशित किताब को लें, तो इसके आख़िर में एक पेड़ का कोलाज है, एक लोक-दृश्य है। ये कोलाज रेखाविहीन कोलाज है। यह कोलाज हुसेन के मन पर रंगों का महत्त्व दर्शाता है। यहाँ वे रंगों से अपने को ज़्यादा बरतते लगते हैं बजाय रेखाओं के। यह उनके चित्रों की पहली पुस्तक है और हुसेन के चित्र-कर्म को समझने के लिये महत्त्वपूर्ण है। रंग और रेखाओं का मेल इन दिनों हुसेन के लिये लगातार भटकाने वाला है। 1950 की कलाकृति मेन/Man 1953 की पामोश/Pamosh इन सबकी युतियों और सम्भावनाओं को दर्शाता है। हुसेन ख़ुद के लिये परेशाँ हैं। संयत हैं। चिन्तित हैं और सक्रिय हैं। अनेकों चित्र गवाह हैं इस दौर की भटकन के।

1956 के चित्र 'बिटवीन स्पाइडर एण्ड द लैम्प' को देखें। पता चलता है कि यहाँ रेखाएँ सशक्त हैं—वे रेखाओं को विश्वसनीयता से बरत रहे हैं। उसमें आक्रामकता है, दृढ़ता है, आकाँक्षा है। यह वह कलाकृति भी है जिसमें वे गुप्तकालीन कृतियों की शिल्प-भाषा को अपनी चित्र-भाषा में अच्छे से तब्दील कर लेते हैं। इस चित्र में हुसेन की रेखा एक महत्त्वपूर्ण तत्त्व की तरह प्रकट होती है। यह रेखा बंगाल स्कूल के ख़िलाफ़ नहीं है, बल्कि इस पर गहरा प्रभाव उनके अपने गुरु देवलालीकर का है। देवलालीकर के चित्र व रेखांकन अद्वितीय हैं और हुसेन रेखा की कोमलता, वक्रता हटाकर एक सुदृढ़ व सीधी रेखा खींचते हुए उसे मज़बूत और शक्तिशाली करते हैं। आज़ाद भारत के आज़ाद युवा के उत्साह, जोश और सब कुछ बदलने का सपना इन रेखाओं में बुनते हैं। भले ही हुसेन जीवन भर बेन्द्रे को अपना गुरु मानते रहे हों, (सम्भवतः कृतज्ञतावश) लेकिन उन्होंने सीखा देवलालीकर से है—उनका हुसेन की रेखाओं पर स्पष्ट प्रभाव है। जिन्होंने

भी देवलालीकर के चित्र देखे हैं, वे जान सकते हैं कि देवलालीकर के लिये रेखा का क्या महत्त्व था। बंगाल स्कूल में रेखा का प्रभुत्व नहीं है। वहाँ वॉश तकनीक के द्वारा चित्रकारी की जा रही, कुछ अजन्ता एलोरा की रंग-योजना है, कुछ लघुचित्रों का संयोजन है और उनमें अँगरेज़ों का यथार्थवाद मुखर है। बंगाल स्कूल एक बहुत ही मिला-जुला चित्र-वर्णन है; ऐसा नहीं लगता कि हुसेन ने उस रेखा को चुनौती दी होगी। वे अपने गुरु को ही प्रश्नांकित कर रहे थे और उनकी (देवलालीकर की) ख़ासियत को अपना रहे थे। बंगाल स्कूल में यामिनी राय की कलाकृतियों में रेखाओं का महत्त्व उजागर है, उनके अलावा इस स्कूल के अन्य चित्रकारों में रेखाओं का अर्थवान् प्रयोग नज़र नहीं आता। हुसेन बंगाल स्कूल के लिजलिजे यथार्थवाद को प्रश्नांकित/चैलेंज करते हैं न कि रेखा को। वे रेखा से अपना सम्बन्ध बनाते हुए एक ऐसी नयी रेखा ईजाद करते हैं, जो सर्वथा उनकी अपनी है और आगे जाकर इसे ही वे प्रमुखता से अपने चित्रों में बरतते हैं।

12.

एक बड़े अर्थ में हुसेन के चित्र रेखाओं से बुने जाने वाले चित्र हैं। वे रेखा-चित्र पहले बनाते हैं, फिर रंग भरते हैं। उनके यहाँ रेखा चित्र आधार कही जा सकती है। अनेक चित्रों में वह रंगों से दबती हुई भी है। हुसेन की नज़र संरचना की तरफ़ या शरीर रचना/अनुपात की तरफ़ नहीं थी; उनका ध्यान कथ्य या विषय पर रहा। उनके शुरुआती चित्रों के विषय उनके आसपास हो रही घटनाओं और जीवन से भरे हैं, जिसे वे भी जी रहे थे। एक कमरे की गृहस्थी में लदे-फदे जीवन का अनुभव है। ये विषय दूसरों को देखते हुए नहीं, बल्कि स्वयं भोगते हुए बने हैं। हुसेन के बहुत सारे चित्रों के विषय मिथक या इतिहास के पन्नों से उठाये गये हैं या उन समकालीन घटनाओं से हैं, जो इतिहास बनती जा रही हैं। वे ज़िक्र करते हैं कि जब एक अश्वेत राष्ट्रपति बना तब उन्हें मोहम्मद साहब का वह वाकया याद आया जब उन्होंने एक अश्वेत पुरुष को पहला अजान देने वाला बनाया था। हुसेन अपने चित्रों में समय के साथ खेलते हैं—उनके महाभारत के चित्रों में कहीं गाँधी दीख पड़ सकते हैं, कहीं माउण्टबेटन। वे लोकप्रिय छवि को उठाकर चित्रों में रख सकते थे। विभिन्न समयों का घालमेल उनके चित्रों में बहुत स्पष्ट है।

13.

हुसेन-रेखा से पहले हिन्दुस्तानी चित्रकला में—लघुचित्रों को छोड़ दें तो—रेखाओं का ज़्यादा ज़ोर नहीं है। लघुचित्रों में रेखाओं का भरपूर इस्तेमाल है, पर अलग से उस ओर ध्यान नहीं जाता। हुसेन के चित्रों के सन्दर्भ में ऐसा नहीं है। उनके चित्र रेखा के प्रभुत्व से ही पैदा हुए चित्र हैं। हुसेन के अपने सोचने-समझने में भी, उनकी सर्वोपरि उपलब्धि की तरह, रेखा ही है—रंगों के प्रति वे उस तरह से चौकन्ने प्रतीत नहीं होते जैसे रज़ा या स्वामीनाथन हैं। रंगों के प्रति हुसेन का व्यवहार उतना ही खुला है जितना विषय के प्रति, किन्तु रेखा, हुसेन अपनी उपलब्धि की तरह रखते हैं। रेखा उनके मन में बहुत गहरे तक जमी हुई है, धँसी हुई है।

कह सकते हैं कि हुसेन की आध्यात्मिकता उनकी रेखाओं में है। इसका एक आशय यह भी है कि वे रेखाओं से ही अपनी चित्र-प्रतीति का ख़ाका तैयार करते हैं; निर्णायक ढँग से रेखाओं का इस्तेमाल करते हैं। हुसेन की रचनात्मकता रेखा के सहारे बढ़त लेती नज़र आती है। हुसेन का एक चित्र को शुरू करना देखने लायक होता है कि कैसे एक अवकाश में उनकी रेखा का प्रादुर्भाव होता है और कैसे धीरे-धीरे वे उसके विस्तार में चले जाते हैं। जब विस्तार अपने अन्त को प्राप्त है तब वह विषय उजागर होता है, जिसमें अचम्भा छुपा है। हुसेन की एकाग्रता और आकस्मिकता इन रेखाओं को सहज रहने को बाध्य कर देती है। यह हुसेन की कल्पनाशीलता का प्रमाण है कि वे अनन्त अवकाश में रेखा के साथ सहज ही टहलते चलते हैं और विषय प्रकटन होता चलता है। वे एक विषय को अनेकानेक अर्थ में प्रकट करते हैं। वे दोनों—ओबामा और पहला अजान देने वाला पुरुष—को एक ही नज़र से देख रहे होते हैं और दोनों सन्दर्भों के फ़र्क़ में एकरूपता ले आते हुए कला की लोकतान्त्रिकता का इस्तेमाल करते हैं। हुसेन की रेखाओं में यह लोकतांत्रिकता नज़र आती है, उनकी रेखाओं की स्वतन्त्रता महसूस कर सकते हैं। मज़बूत, मनमौजी और मर्म को छू लेने वाली हैं। ये रेखाएँ हुसेन के समग्र से उत्पन्न हो रही हैं। उनकी एकाग्रता, उनकी रचनात्मकता का एकाग्र। वे हुसेन के ध्यान का प्रमाण हैं। इसी ध्यान में हुसेन सहज हैं, समग्र हैं और सर्वत्र है। यही उनका संसार है, यही उनकी आध्यात्मिकता।

14

हुसेन के चित्र-कर्म की एक ख़ास बात है कि वे अनजान, अस्वाभाविक जगह पर भी ख़ूबसूरत रूप रच देते हैं। सभी फ़लक, चित्र-फ़लक हैं। पण्डोल आर्ट गैलरी की दीवारें हों या रेस्तराँ की मेज़ पर रखा नैपकीन। शायद इसीलिये हुसेन के कुछ रूपाकार विचित्रता लिये हैं। वे यह चिन्ता नहीं करते कि रूपाकार चित्रकला के सन्दर्भों में खरा उतरेगा कि नहीं। उसके अनुपात की फ़िक्र भी नहीं है। ऐसा भी नहीं है कि वे जगह भरने के लिये रूप सहारा ले रहे हैं। वे कैनवस पर मन के विचारानुकूल रख देते हैं, बग़ैर किसी संकोच या संशय के। मैंने उन्हें कई अवसरों पर चित्रांकन करते हुए देखा है। एक बार इन्दौर के कला महाविद्यालय में एक बड़े से कैनवस पर उन्होंने बिलकुल नीचे से चित्रांकन शुरू किया। कैनवस पर एक कामुक-सा रूपाकार रेखाओं से उभरता लगा। हम लोग थोड़ा सहमे-सकुचाये देखते रहे कि यह क्या बना रहे हैं! लेकिन अपनी परिणति में वह रूपाकार गणेश का था। हुसेन की गणेश छवि दिलचस्प है। वे कहीं से भी शुरू कर किसी भी रूपाकार को अन्य रूपाकार में बदल दे सकते हैं। वे न केवल रूपाकार में छिपी हुई कामुकता देख पाते हैं बल्कि उससे उपजी आध्यात्मिकता में खिल आते हैं। यह उनके काम करने का विरल कौशल है, जो अनजान खतरों को आमन्त्रित करता है। हुसेन के चित्र रचने का ढँग उनका स्वभाव प्रकट करता है। वे जिस लोकतान्त्रिकता की प्रस्तावना रख रहे हैं उसका गहरा अहसास उन्हें है। मालेविच के शब्दों में, वे स्वच्छन्द नहीं, स्वतन्त्र हैं। यह स्वातन्त्र्य-भाव हुसेन-रेखाओं में परिलक्षित होता है। ये रेखाएँ कैनवस पर इतराती, उछलती, कूदती, भटकती, बहती चित्र छवि का निर्माण करती हैं, जिनमें हुसेन का अकेलापन, दुख-विषाद, हर्ष-उल्लास, उन्मुक्त विचरण और यायावरी आदि अनेक भाव प्रकट होते हैं।

15.

हुसेन अपने होने में बहुत ज़्यादा इलस्ट्रेटिव हैं और इस बात को वे ख़ुद भी स्वीकार करते हैं। दरअसल, वे एक इलेस्ट्रेशन को एक मुद्दा, एक पक्ष की तरह देखते हुए चित्र बनाना शुरू करते हैं। डी. एच. लॉरेंस कहते हैं कि कुछ कलाकार प्रथागत / Conventional Painting चित्रांकन करते हैं और कुछ कलाकार अन्तःप्रज्ञा / Intution का इन्तज़ार करते हैं। इस अभिप्राय में हुसेन हमेशा प्रथा से शुरू करते हैं और दृष्टान्त को ऐसी ऊँचाई पर ले जाते हैं जहाँ वह अन्तःप्रज्ञा से बने चित्र में तब्दील हो जाता है। यह हुसेन

का विशिष्ट गुण है कि वे प्रथा से शुरू कर प्रज्ञा तक पहुँचते हैं। उनके अधिकांश चित्र प्रथा से ही शुरू होते हैं।

हुसेन की ख़ास बात है कि वे अपना अच्छा-बुरा हर काम प्रदर्शित करते रहे हैं—कुछ छिपाते नहीं। वे सब कुछ सामने रख देते हैं। इनमें वे सारे चित्र भी हैं जो प्रथागत ढँग से बने हैं; दृष्टान्त मात्र नज़र आते हैं। दरअसल, हुसेन रचनात्मक प्रक्रिया में डूबे हुए कलाकार हैं। उन्होंने अपना रास्ता खोजने के लिये अनथक प्रयास किये और न केवल रास्ता खोजा बल्कि उसे विस्तार भी दिया। हिन्दुस्तानी चित्रकला में हुसेन ने रेखा का महत्त्व उजागर किया है और एक दूसरे ढँग से स्थापित भी, चित्रकला के विदेशी मानदण्डों का सहारा लिये बग़ैर। हुसेन की रेखाएँ अपने में अलग तरह की रेखाएँ हैं। उनमें लयात्मकता नहीं है। उनमें निरन्तरता भी लगभग नदारद है। वे टूटी हुई बिखरी हुई भी नहीं हैं। वे सघन हैं। उनमें बिखरा हुआ नैरन्तर्य है। वे दृढ़ और मज़बूत दिखायी देती हैं अपनी सघन मौजूदगी के कारण। इसी में उनकी लयात्मकता जागती है, नैरन्तर्य विस्तार पाता है। हुसेन की रेखाओं का एक छोटा रूप तैयब मेहता में दिखायी देता है, लगभग वैसा ही जैसा हुसेन ख़ुद कर रहे हैं। प्रमुख चित्रकार संथानराज भी बहुत कुछ हुसेन की रेखाओं से मुत्तासिर होकर रच रहे हैं। हुसेन ने चित्रों में निजी स्वतन्त्रता हासिल की है। इसी स्वतन्त्रता का विस्तार अनेक कलाकारों ने महसूस किया है। इस मायने में हिन्दुस्तानी चित्रकला के संसार में हुसेन का होना एक चित्रकार की स्वाधीनता का होना है।

16.

अमृता शेरगिल, यामिनी राय या रवीन्द्रनाथ टैगोर को लें, जो अँगरेज़ों की भारतीय कला की समझ से बाहर नज़र आते हैं। टैगोर आत्माभिव्यक्ति की तरफ़ हैं। अन्तिम दिनों में रचे गये उनके चित्र अभिव्यंजनावाद से प्रभावित चित्र हैं। यामिनी राय का लोक कला से गहरा सम्बन्ध रहा, जिसे उन्होंने ख़ूबसूरत ढँग से पुनर्परिभाषित किया। अमृता शेरगिल पश्चिमी समझ से हिन्दुस्तानी विषयों को बनाने की शुरुआत करती हैं। हुसेन से पहले इन तीन चित्रकारों का होना भारतीय चित्र-संसार में एक नया देखना था, किन्तु यह उतना महत्त्वपूर्ण नहीं हो सका जितना हुसेन का देखना। इन तीनों चित्रकारों का महत्त्व इस बात में है कि यदि ये न होते तो शायद हुसेन, हुसेन न बनते। इन्होंने आधारभूमि रखी। हुसेन की आवाज़ एक आज़ाद हिन्दुस्तान

के चित्रकार की आवाज़ है। वे उन सब चीज़ों से छुटकारा पाते चलते हैं जो विदेशी हैं और उन चीज़ों से अपना सम्बन्ध बनाते चलते हैं जो ठेठ भारतीय हैं। विदेशी कला तत्त्वों को वे नज़रअन्दाज़ नहीं करते, बल्कि उन्हें भी आत्मसात् कर उनको अपने चित्रों में सहज ही बरतते रहे। उनके बनाये घोड़ों के चित्रों की शुरुआत दुलदुल घोड़े से होती है, जो मोहर्रम के अवसर पर ताजिये के साथ निकाला जाने वाला एक परिकथा घोड़ा है। कुछ घोड़े खिलौनों की तरह चित्रित किये हैं। उन्होंने खिलौनों की एक शृंखला बनायी जिसमें बहुत घोड़े हैं। इस शृंखला का शीर्षक भी उन्होंने दुलदुल ही दिया है। दुलदुल का सीधा सम्बन्ध उनकी बचपन की अपनी स्मृति से है, जिसमें महाभारत और रामलीला भी शामिल हैं। हुसेन की ये स्मृतियाँ एक ऐसे बच्चे की हैं जो किसी धर्म का वाहक नहीं है—यह सहज ही उस वक्त उनके मन में पैठती चली गयी होंगी जिनमें दुलदुल का घोड़ा ही नहीं रामलीला भी है। हुसेन अन्तिम समय तक अपने को इन्हीं विषयों में व्यक्त करते रहे। भारतीय संस्कृति के संग्रहालय के लिये बनाये जा रहे चित्रों में बहुत से चित्र रामलीला या रामायण या कालीदास की शकुन्तला या संस्कृत कविताओं से प्रेरित हैं। एक तरह से हुसेन के सोचने-समझने का दायरा सीमित ही रहा है जिसकी व्यापकता उनके चित्रों में है। वे अपने चित्रों में कुछ ऐसा रच देते हैं, जो कई समयों को पार कर एक दूसरे में घुल-मिल जाता है। वे चित्रों में नया समय रचते हैं। यह हुसेन के चित्रों की एक अनूठी विशेषता कही जा सकती है कि वे समय का उल्लंघन करते हुए चित्र विषय को हुसेन-समय में रूपान्तरित कर देते हैं। यह उनकी समझ का समय है।

17.

चित्रकला से पहले फ़ोटोग्राफ़ी में उनकी दिलचस्पी रही और उनके पिता यह चाहते थे कि वे छायाकार बन जाएँ, ताकि कुछ कमाए और घर की ज़रूरतें पूरी हो सकें। उनके जन्मदिन पर उनके पिता ने उन्हें एक क़ैमरा ख़रीद कर दिया। उस ज़माने में क़ैमरा विलासिता की वस्तु था। उनके पिता मिल में साधारण टाइम कीपर की नौकरी करते थे। क़ैमरा मिलने पर हुसेन फ़ोटो खींचना शुरू करते हैं—छवि के प्रति उनका आकर्षण यहाँ है, किन्तु वह अभी चित्रकला में तब्दील नहीं हुआ है। अपने शुरुआती दौर के बारे में बताते हुए हुसेन कहते थे कि वे एक फ़ोटोग्राफ़र की तरह काफ़ी सक्रिय थे। बाद में उन्होंने चित्र बनाना शुरू किये—अपने परिवेश व परिवार की छोटी-छोटी घटनाओं पर चित्र बनाना, पेटी रंग देना या डिज़ाइन डाल

देना इत्यादि। वे छोटे-मोटे, सजावटी काम करते रहे जो उन्हें रंगों व रेखाओं की तरफ़ खींचने लगा। मुझे लगता है कि छवि के, रूप के, प्रतिमा के प्रति हुसेन का अनुराग फ़ोटोग्राफ़ी से आया है और इसीलिये आगे जाकर वे फ़िल्म भी बनाते हैं। वे उस छवि के पास चले जाते हैं जो कैमरे के जरिये चल-फिर रही है। हुसेन का कहना है कि सिनेमा अल्टीमेट आर्ट फॉर्म है। इसमें सभी विधाएँ शामिल हैं—साहित्य, ड्रामा, संगीत सभी। हुसेन के आरम्भिक दिनों में विकसित हो रही समझ में कोई माध्यम नहीं बल्कि छवि महत्त्वपूर्ण है। वे छवियों से खेलते हुए बड़े होते हैं—चाहे रामलीला की छवि हो या दुलदुल घोड़े की। या फिर बुर्राक की। अपने मन पर अंकित इन छवियों को वे चित्रों में पुर्नपरिभाषित करते हैं। उनके पहले के प्रयासों में भी सीधा सरोकार छवि से है। यह छवि-सम्बन्ध उनकी स्मृतियों से ढलता रहा है। कहना चाहिये कि वे इन छवियों के जरिये भारतीय सांस्कृतिक विरासत को पुनर्परिभाषित करते हैं।

18.

हुसेन आसानी से प्रचलित मान्यताओं को स्वीकार नहीं करते हैं। तब यह देखना चाहिये कि वह कौन सी प्रथा है जिससे वे चित्र बनाते रहे? यह देखना चाहिये कि छवि के प्रति उनका सरोकार, उनकी जिज्ञासा या इन छवियों का बदलना उनके चित्र-कर्म में क्या महत्ता रखता है। वे अपने बचपन की एक घटना सुनाते हैं, जो रामलीला देखने से जुड़ी है। उन्हें मज़ा आता था जब शंकर पान वाले का भाई हनुमान बनता था। यह रूप/भूमिका परिवर्तन उनके सामने हो रहा होता था जिसमें अभी-अभी तक का एक साधारण व्यक्ति हनुमान बनकर मञ्च पर उतरता। इन दो भूमिकाओं के प्रति लोगों का व्यवहार भी बदलते हुए नज़र आता। हुसेन को यह समझ में आता कि हनुमान के मिथकीय आलोक में साधारण पान वाले का भाई लोगों की श्रद्धा का पात्र बन गया। यह असम्भव रूपान्तरण है। रूप का परिवर्तन और उसके प्रति लोगों का नज़रिया अद्वितीय है। मिथ का वर्तमान समय में आकर ऐसा असर डालना सम्भवतः हुसेन के रचना केन्द्र को जन्म देता है। इन्हीं मिथकों के विस्तार में उन्होंने आधुनिक समय को भी बुन लिया। वे शकुन्तला को भौतिक शास्त्री सी.वी. रमन के साथ चित्र-विस्तार में ले आते हैं। उनके लिये दुलदुल का घोड़ा और आधुनिक हार्स पॉवर वाली मोटरकार एक फ़लक पर हैं।

मुझे नहीं लगता कि हुसेन के अलावा किसी अन्य चित्रकार ने इस रूपान्तरण की तरफ़ ध्यान दिया हो। वे

विषय चुनते हैं, विषय के अनुसार रचनाकाल चुनते हैं, किन्तु शायद ही रूपान्तरण की तरफ़ ध्यान देते हों। हुसेन की कला में यह दूरी नहीं है। वे जिस अधिकार से विषय को चित्रित करते हैं, वह अधिकार तभी प्राप्त हो सकता है जब यह भेद दूर हो चुका हो। हुसेन विषय के साथ एकाकार हो चुके हैं। विषय के साथ उनका सम्बन्ध उतना ही गहरा रहा जितना उनका अपने होने का अर्थ। उनकी कला में मानवीय समझ का रस बह रहा होता है। हुसेन चीज़ों को आत्मसात करते हुए, उनके समकालीन महत्त्व को समझते हुए अपने चित्रों के विषयों को मिथकों में बुनते रहे। वे देखते हैं उसका आज और बिठाते हैं सम्बन्ध कल से। हुसेन की रचनात्मक भूख उनसे विविध काम कराती रही। वे अपनी छवि ख़ुद ही नष्ट करते रहे। वे ख़ुद को लगातार प्रश्नांकित करते हैं।

19.

हुसेन का कहना बहुत ज़्यादा विरोधाभासी है। अगर वे किसी बात पर सहमत होते लगते हैं तो अगली बार उसी बात को ख़ारिज भी करते पाये जा सकते हैं। एक घण्टे के भीतर ठीक कोई विपरीत बात कह देंगे। हुसेन के बारे में जितनी विरोधाभासी छवियाँ नज़र आती हैं उसका कारण वे स्वयं हैं। वे ख़ुद को किसी एक परिभाषा में बाँधने से बचाते रहे हैं। लेकिन उनके वक्तव्यों का विरोधाभासी होना सुविचारित नहीं है। मेरे ख़याल से वे लगातार प्रक्रियाओं में रहते थे। किसी वक्त कोई बात उन्हें ठीक लगी तो वे उस बात को तत्काल स्वीकार कर लेंगे, साथ ही अगले दिन किसी और से बातचीत करते हुए उन्हें लगा कि वह बात ग़लत थी तो वे उसे भी स्वीकारने में हिचकेंगे नहीं। उनकी सजगता राजनीतिक आत्म-सजगता नहीं है। वे इस बारे में बहुत चौकन्ने हैं कि उनके किसी एक वाक्य को ब्रह्म-वाक्य की तरह न ले लिया जाय। हुसेन ने कहा है, इसलिये यही कला है। ऐसा नहीं है। हुसेन एक जिम्मेदार चित्रकार हैं; उन्हें पता है चित्रकला की कोई परिभाषा नहीं हो सकती चाहे वह उनका अपना चित्रकर्म क्यों न हो। कहीं उन्होंने कहा है कि मैं मरने से पहले अपने सारे चित्र जला डालना चाहता हूँ। अपने चित्रों को जला डालने की मंशा इसलिये है कि उनके चित्रों को चित्रकला के अन्तिम सत्य की तरह नहीं देखा जाय। उनके चित्रों में खुलापन है। उन्हें अपने चित्रों की असीम दुनिया का अहसास बहुत गहरे से है। वे उसे किसी एक रूप में बाँधना नहीं चाहते।

हुसेन बात के नये पहलू उद्घाटित करते हैं। उन्होंने भारत भवन पर बम डालने की बात कही। जिस वक्त सब धरने पर बैठ रहे थे तब मुझसे स्वामीनाथन ने कहा कि "हुसेन इन्दौर में हैं। तुम वहाँ चले जाओ और उनसे कहो कि वे आकर धरने पर बैठ सकें तो अच्छा होगा।" भोपाल में निर्मल वर्मा से लेकर स्वामीनाथन तक कई कलाकार न्यू मार्केट में धरने पर बैठे। उस शाम मैं हुसेन से मिला, उन्हें सब बताया। उन्होंने कहा—"भारत भवन पर बम डाल देना चाहिये। भूल जाओ अब उसको। ऐसा समझ लो कि एक बच्चा पैदा हुआ, आठ साल जिया और मर गया।" मुझे लगा कि उन्हें कलाकारों का सांस्कृतिक केन्द्र को राजनीतिक रंग देने का ढँग समझ नहीं आया है और इसका विरोध उन्होंने इस तरह से किया—'उसको भूल जाओ।' उधर धरने पर बैठे कलाकारों को बड़ी उम्मीद थी कि धरने से ठीक हो जाएगा। जैसा कि नहीं हुआ। हुसेन की दृष्टि में जो पीछे हो गया है उसे सँभालने-सँवारने की ज़रूरत नहीं है। जो हो गया वह हो चुका है। अब आगे देखा जाय, आगे कुछ किया जाय। अगले ही दो दिन बाद शायद उन्होंने कहा :

मैंने ऐसा नहीं कहा, मेरे बयान को ग़लत रंग दिया गया।

हुसेन अपनी ही बात को काटते हुए नज़र आये हैं।

20.

हुसेन का होना एक संकोची व्यक्ति का होना है। उनकी उपस्थिति वाचाल कलाकार की कभी नहीं रही। यह बात दीगर है कि उनका व्यक्तित्व मुखर है, आकर्षित करने वाला है—महफ़िल में किसी की तरफ़ ध्यान जाएगा तो वह हुसेन की तरफ़ जाएगा। किन्तु हुसेन चुप और मितभाषी व्यक्ति की तरह रहे। अपने बचपन के दिनों के बारे में वे कहते हैं कि उन दिनों भी बहुत ही संकोची, शर्मीले व अन्तर्मुखी बालक/किशोर रहे। उन्हें सभी तरफ़ से कोई तवज्जो नहीं मिलती थी, किन्तु वे कुछ करना चाहते थे और उस दौरान जो कुछ भी वे करते वह सबका ध्यान खींचता। चाहे वह अपनी कक्षा में साथी विद्यार्थियों के लिये तमगे बनाना रहा हो या रेखाचित्र बनाना या उर्दू शायरी सुनने सुनाने का मसला रहा हो—इन सब में वे हमेशा अव्वल आते रहे। उनकी प्रतिभा दोस्तों के बीच ईर्ष्या का विषय भी रहा। किसी दोस्त ने उनकी आँखों में मिर्ची डाल दी

थी, जिस कारण उन्हें जीवनभर तक़लीफ़ रही—हुसेन की एक आँख हमेशा कमज़ोर ही रही। किन्तु हुसेन ने इस बात का बदला नहीं लिया। हुसेन का अन्तर्मुखी स्वभाव उनके चित्रों में मुखर है। कल्पना-लोक में उन्होंने अपना एक संसार बनाया, जिसमें उनकी अपनी छवियाँ हैं। इन छवियों के साथ वे साझा करते हैं।

एक घटना याद आती है। हैदराबाद में उनके सिनेमाघर का उद्घाटन होने वाला था। उन्होंने फ़ोन किया कि उद्घाटन है और तुम आ जाओ। मैंने कहा—जी, मैं पहुँच जाऊँगा। पर आप कब पहुँच रहे हैं? उन्होंने कहा—मैं कल पहुँच रहा हूँ। उद्घाटन वाले दिन वे बहुत ख़ुश थे। उनके अनेक मित्र व अन्य आमन्त्रित लोग आये हुए थे। उन्होंने सिनेमाघर, जिसमें एक पुस्तकालय, उनकी कलाकृतियों का संग्रहालय, उनके अन्य काम व एक छोटा-सा सिनेमाघर, जिसमें चालीस लोग बैठकर फ़िल्म देख सकते हैं, रुचि से बनाया था। उद्घाटन के वक़्त मञ्च पर अनेक लोग थे, दक्षिण की फ़िल्मी हस्तियाँ थीं, चित्रकार मित्र थे और इन सबमें, सबसे बड़ी शख़्सियत स्वयं हुसेन थे। किन्तु इन सबके समक्ष वे अपने को एक अत्यन्त साधारण व्यक्ति की तरह देख रहे थे। इस बात का अहसास तब और गहरा हुआ जब उनसे माइक पर बोलने के लिये कहा गया। माइक पर बोलते समय उनकी आवाज़ काँप रही थी। वे उतने आत्म-विश्वस्त नहीं लगे जितने अपने चित्रों में होते हैं। उन्होंने अधिक कुछ नहीं कहा। बस, एक शेर पढ़कर अपना वक्तव्य ख़त्म कर दिया। वो बोल नहीं पाये। यहाँ उनका आत्म-संकोच व शर्मीलापन नज़र आता है। वे ऐसी महफ़िलों में अपने को कभी सहज महसूस नहीं करते रहे, जहाँ उन्हें एक बड़े प्लेटफ़ॉर्म पर बैठे हुए व्यक्ति की तरह देखा जा रहा हो। वे लगातार अपने रचना-कर्म में भरोसा रखते रहे और उसी में रत रहे।

इन उदाहरणों से मुझे लगता है कि यह मानसिकता उसी बच्चे की हो सकती है जिसने अपने बचपन में ख़ुद को अकेला पाया हो। एक तरह से वे अपने को जीवनभर ऐसे ही अकेला महसूस करते रहे और अपने कहने को हमेशा ही काटते दिखायी देते रहे। अपने चित्रकर्म में हुसेन बहुत ही मज़बूती व पुख़्तगी के साथ दिखायी देते हैं, किन्तु अपने होने में हमेशा संकोची, अपने सोचने में संशयी।

21.

हुसेन-रेखा में मुझे मक़बूल नज़र नहीं आता है मगर मक़बूल की ज़िद वहाँ है। हुसेन के विषयों में मक़बूल है। वहाँ मक़बूल-अनुभूति नज़र आती है। ख़ुद मक़बूल एक शर्मीला, संकोची किशोर है जबकि हुसेन-रेखाएँ

शक्तिशाली रेखाएँ हैं, जो जीवनभर निर्माणाधीन रही हैं। हुसेन रेखा को इस तरह से नहीं बरतते रहे कि एक चित्रकार को कोई मन्त्र मिल गया हो। रेखा के साथ उनका ऐसा सम्बन्ध है कि रेखा मिटा दें तब भी वह एक रेखा की तरह नज़र आती है। हुसेन के चित्र-व्याकरण में रेखा की गहरी उपस्थिति अकाट्य है। वह अपनी अनुपस्थिति में भी उपस्थित है। कह सकते हैं कि उनके चित्रों के कुछ रूपाकार ऐसे हैं जैसे वे रेखाओं के बीच में गढ़े गये हैं जबकि उन्होंने ऐसा नहीं किया है—सीधे ही रेखाओं से मुक्त रूपाकार रख दिया है, लेकिन तब भी रेखाओं की उपस्थिति महसूस होती है। हुसेन-रेखाओं का होना जादू है।

हुसेन-रेखा में मक़बूल ढूँढ़ा जा सकता है, अगर चाहें तो। मगर मुझे हुसेन की रेखाओं में मक़बूल दिखायी नहीं देता।

22.

हुसेन के चित्र-संसार में प्रकट विषयों का एक सूत्र नज़र आता है। यह सूत्र हुसेन-समय है। हुसेन-समय में सारे विषयों का उद्घाटित होना उनका रूपान्तरण है। वे मिथक चित्रित करते वक्त आधुनिक विषय-वस्तु भी उसके साथ चित्रित करेंगे, जो उन दोनों समय को एक कर देती है। यही हुसेन का समय है। हुसेन ने जब शकुन्तला को जाना उसी वक्त उन्होंने घड़ी को जाना—वे घड़ी और शकुन्तला को एक साथ चित्रित करेंगे। यह हुसेनी समझ हुसेन का विषय है। हुसेन के विषय अधिकांश मिथक रहे हैं, अनेक समकालीन विषय रहे हैं। किन्तु इन विषयों को वे जिस समय में चस्पा कर रहे हैं, जहाँ इन विषयों का—निर्मल वर्मा के शब्दों में—रूपान्तरण हो रहा है, वह हुसेन का रूपान्तरण है। वे रामलीला चित्रित करते वक्त हनुमान को शंकर पान वाले के भाई की तरह भी देखते हैं, जो बचपन की स्मृतियों में भरा है या घोड़े चित्रित करते वक्त दुलदुल का प्रतीक ले आ सकते हैं। यह हुसेन की रचनात्मकता व दृष्टि की विशेषता है कि वे चित्र विषयों में समय का अतिक्रमण करते हैं। उनका चित्र अमिताभ बच्चन की लोकप्रियता से प्रभावित चित्र नहीं है या वे उसकी लोकप्रियता को चित्रित नहीं करते। उनके चित्र की अमिताभ-छवि, उनकी अपनी छवि है। यह छवि रेखाओं से अतिक्रमित है। वे अमिताभ की लोकप्रियता नहीं बुनते, बल्कि अपनी विशिष्टता वहाँ ले आते हैं। इन विषयों को चित्रित करते वक्त इनकी प्रासंगिकता को छोड़ वे उसे अपने समय में, अपनी शैली में ले आते हैं जहाँ हुसेन हैं। हो सकता है दर्शक को वहाँ अमिताभ की लोकप्रियता दिखायी दे, मगर यह

भाव/नज़र उस दर्शक का होगा। हुसेन के लिये सारे विषय उस एक समय में चित्रित किये जाने वाले विषय हैं, जिस वक्त वे चित्र फ़लक पर रच रहे हैं। छवियों का आना-जाना भी बड़ी मात्रा में होता है। उनके चित्रों में सांकेतिक भाषा का उपयोग बहुत है। वे प्रतीक के रूप में कोई एक ऐसी चीज़ चित्रित कर देंगे जिसका सीधा सम्बन्ध शायद चित्र से व्यक्त न हो। ब्रिटिश राज वाले चित्र में वायसराय एक मोर पर सवार है और उसके हाथ में भाला है और भाले में मुर्गा। कुल मिलाकर एक दृष्टि-विन्यास है। हुसेन की दृष्टि में विषय नहीं, बल्कि उनका रचना-समय महत्त्वपूर्ण है, मुखर है।

23.

हुसेन के चित्र में सीता विषय है, मगर सीता का विषयत्व नहीं है। सीता साधारण गाँव की स्त्री की तरह भी दिखायी देती है। चित्र में सीता-विषय को विमुक्त करना है। वे सीता को मिथक का विषय न रहने देते हुए अपने चित्र का विषय बना देते हैं। इसलिये हो सकता है कि सीता घड़ी बाँधकर अशोक वाटिका में बैठी हो। कह सकते हैं कि चित्र का शीर्षक मात्र ही मिथक से सम्बन्धित है, चित्र नहीं।

हुसेन-भाषा लोक-कल्पना व स्वभाव से रची-बसी है।

हुसेन ऐसा रचते हैं जो दर्शक के मन में उत्सुकता जगाए। उनकी चित्र-समझ ही उनकी चित्रभाषा है। उन्होंने चित्रित किया और पाया। उनका चित्र-मानस भारतीय लोक से उपजा मानस है। वे अपनी आत्मकथा में लिखते हैं—"शंकर पान वाले का भाई, चक्की वाला मोटामिट्ठू, कासिम बैंड मास्टर याद आते हैं।" ये समाज के अलग तबकों से आने वाले अनेक चरित्र हैं। हुसेन अपने इन परिचित या मित्रों को समुदाय के स्तर पर नहीं देखते। वे रामलीला के पात्रों को देखते हुए इन्हें देख रहे हैं। उनकी बचपन की स्मृति गड्डमड्ड है। हुसेन-कला में स्मृति की केन्द्रीय भूमिका है। वे दोनों सम्बन्धों के जोड़ लेते हैं। सो वे हनुमान को समकालीन बना लेते हैं। यह खिलन्दड़ापन हुसेन के स्वभाव में मौजूद है। इसीलिये उनके राम मर्यादा पुरुषोत्तम की तरह नहीं, बल्कि कृष्ण की तरह लीला करते नज़र आ सकते हैं।

हुसेन स्वाधीनता या स्वतन्त्रता का पाठ जो ख़ुद के लिये सीखते हैं और दूसरे के लिये प्रस्तुत करते हैं उसमें विषय व इतिहास के प्रति भी उतने ही स्वतन्त्र होकर अपने को बरतते हैं। इतिहास के साथ हुसेन का सम्बन्ध दबाव भरा नहीं है—सहज सरल सीधा सम्बन्ध है। वे इतिहास के साथ भी रचनात्मक खिलन्दड़ा

सम्बन्ध बनाते हैं। उदाहरण के लिये ब्रिटिशराज वाले चित्र।

हुसेन का सरोकार अपने अनुभव को चित्र-फ़लक पर उतारना है, विषय को आधार बनाकर। उनके लिये विषय से सम्बन्धित अनुभव विषय नहीं है, वे विषय से बाहर आकर चित्रित कर रहे होते हैं। इसीलिये वे स्मृति के सहारे एक पौराणिक विषय को समकालीन सन्दर्भ से आलोकित कर पाते हैं। उदाहरण के लिये उनके द्वारा 'लास्ट सपर' पर बनाये गये दो चित्र। वे राजा रवि वर्मा की तरह पौराणिक विषयों को चित्रित नहीं करते। वे उसमें समकालीन अर्थ विन्यस्त करते हैं। उसकी प्रासंगिकता को रेखांकित करते हैं। वे उसके भावपक्ष, जो समय सापेक्ष नहीं हैं, की तरफ़ ध्यान देते हैं। हुसेन की समझ में सारी कायनात है, उनकी अपनी है। जिसे वे अपने चित्रों में ले आते हैं और सहजता से ऐसे बरतते हैं मानो वे उसी संस्कृति के वाहक हों। हुसेन का होना किसी एक देश-काल-परिस्थिति में होना भर नहीं है या किसी एक संस्कृति के मानने वाले का होना नहीं है। कह सकते हैं कि सब चीज़ें संसार में जब भी आती जा रही हैं उनकी अपनी होती जा रही हैं। वे उनके चित्रों में सहजता से उपस्थित हैं। यही उनका वसुधैव कुटुम्बकम है। भारतीय संस्कृति की विशालता में सबको अपने में समा लेने की क्षमता पर उनका बहुत गहरा विश्वास रहा है। इन अर्थों में हुसेन का चित्र बनाना, एक भारतीय का चित्र बनाना है। यह हुसेन की विशेषता रही कि वे विषय को उसके विषयत्व से बाहर ले आते हैं।

24.

हुसेन की चित्राकृतियाँ सन्दर्भ-बोध से लबालब हैं। रोलां बार्थ की बात याद आती है, जो उन्होंने अपनी पुस्तक 'कैमरा लुसिडा' में व्यक्त की है। वे कहते हैं कि ''फ़ोटोग्राफ़ी कला इसलिये नहीं है कि वह सन्दर्भी है।'' हम लोगों से यह अपेक्षा नहीं कर सकते कि वे दुनिया के सारे सन्दर्भों को जानें। अगर ऐसा है तब यह सन्दर्भ-बोध से पीड़ित होकर चित्र देखना है। दरअसल, हुसेन एक सन्दर्भ से शुरू करते हैं और उसे चित्र में सन्दर्भ मुक्त कर देते हैं। उनके चित्र में अर्जुन, अर्जुन की तरह नहीं है। वह ब्रिटिश साम्राज्य के एक व्यक्ति की तरह भी दिखायी देता है, जो तीर कमान लेकर खड़ा है। यह एक पैरोडी/प्रहसन जैसा भी और चित्राकृति अपने सन्दर्भों के बग़ैर भी आकर्षित करती है।

उनके मदर टेरेसा के चित्र देखें। वहाँ मदर टेरेसा बदलती जाती हैं। दरअसल, वहाँ मदर टेरेसा के लिये

हुसेन चित्र प्रतीक गढ़ते चलते हैं, जो मदर टेरेसा के सन्दर्भ में दिखायी पड़ सकता है। किन्तु हुसेन चित्र को उस सन्दर्भ से मुक्त कर लेते हैं। वे एक आकृति चित्रित कर रहे होते हैं, जो मदर टेरेसा की साड़ी पहने है, जिसका मूल स्वर मातृत्व का है। हुसेन के सभी चित्र सन्दर्भरहित होते हुए सन्दर्भ-सहित हैं। महत्त्वपूर्ण चित्रभाषा है, विषयवस्तु के सन्दर्भ नहीं। हुसेन कुशल चितेरे हैं, जो विषय चुनते हैं, जिसका एक सन्दर्भ होता है और चित्र दर्शक के लिये सन्दर्भ मुक्त रहता है।

इसी तरह हुसेन के घोड़े से कई अर्थ निकलते हैं। एक सन्दर्भ में वह उच्चैश्रवा है तो दूसरे सन्दर्भ में दुलदुल। हुसेन एक बड़े विन्यास में छवियों को लाने की कोशिश करते हैं। वे एक विषय को अनेक सन्दर्भों में रख रहे होते हैं जिसका संकेत भर उनके चित्र के अनेकों रूपाकार करते हैं।

हुसेन के रूपाकार हुसेन-समय में बुने गये हुसेनी रूपाकार हैं। यह उनका कौशल है कि वे उन अर्थों को रूपाकार में भर देते हैं जिन अर्थों से प्रभावित होकर उन्हें रचना शुरू करते हैं। जबकि हुसेन के बरक्स पिकासो न रूपाकार खोज रहे हैं, न अर्थ भरने की कोशिश कर रहे हैं। वे रूपाकार के साथ ख़ुद को बरत रहे हैं और उस बरतने में रूपाकार विखण्डित हो जाता है। वे आविन्यो की पाँच स्त्रियों को क्यूबिज़्म में चित्रित करते हैं और उन पाँच स्त्रियों के कई जगह से देखने को एक साथ बुनना चाहते हैं। इस बुनावट में उन स्त्रियों के रूपाकार नष्ट हो जाते हैं। वे वीभत्स स्त्रियाँ दिखायी देतीं हैं। किन्तु जब हुसेन 'बिटविन स्पाइडर एण्ड द लैम्प' चित्रित करते हैं तब चित्र की पाँचों स्त्रियाँ अपने होने में पूरी तरह से मौजूद हैं, उनमें अंग-भंग नहीं है। वे एक दूसरे से उदासीन नज़र आती हैं। ऐसा प्रतीत नहीं होता कि वे आपस में संवाद करने के लिये इच्छुक महिलाएँ हैं। चित्र में दो स्त्रियों के मात्र चेहरे हैं, पूरा शरीर/फिगर नहीं। ऐसा लगता है कि एक के पीछे दूसरी, दूसरी के पीछे तीसरी है। तीसरी स्त्री का सिर्फ़ चेहरा दिखायी देता है। केवल तीन स्त्रियाँ सशरीर हैं, शेष दो स्त्रियाँ लगभग अपने चेहरों से ही वहाँ मौजूद हैं। पिकासो के चित्र में शरीर कुछ इस तरह से मौजूद है कि वह उन सारे सरोकारों को भी खोलता है, जो पश्चिमी चित्रकला के न्यूड पेंटिंग के रहे हैं। भारतीय चित्रकला की न्यूड पेंटिंग की परम्परा नहीं रही है। हुसेन की पाँचों स्त्रियों में शरीर के प्रति कोई आकर्षण नहीं होकर स्त्रियों के प्रति आकर्षण मौजूद है—पिकासो के चित्र में शरीर के प्रति आकर्षण है मगर स्त्रियाँ नष्ट हो चुकी हैं। यह दोनों चित्रों में महत्त्वपूर्ण फ़र्क़ है। हुसेन-दृष्टि और पिकासो-दृष्टि में पाँच स्त्रियों का होना क्या है? हुसेन के चित्र में एक दूसरे से एकदम अलग, एक दूसरे से उदासीन पाँच स्त्रियाँ हैं, जो सम्भवतः अपनी उपस्थिति में सम्पूर्ण है और पिकासो के यहाँ गड्डमड्ड है जिन्हें

लेस्बीयन की तरह भी देखा जा सकता है। हुसेन की स्त्रियाँ रहस्यात्मक ढँग से खड़ी हैं। चित्र में एक लालटेन और मकड़ी की मौजूदगी उनकी पारस्परिक दूरी को बढ़ाती है। ऐसा नहीं लगता कि लालटेन या कि मकड़ी कोई संवाद पैदा करने की कोशिश कर रही हो। चित्र में आधुनिक लालटेन है और एक मिथिकल मकड़ी और पाँचों स्त्रियों की उपस्थिति में संवादहीनता है। वे एक दूसरे से निरपेक्ष, उदासीन, अलग-थलग खड़ी हैं। हुसेन की ख़ासियत उन अर्थों में नहीं देखी जा सकती जिन अर्थों से पिकासो जूझ रहा था।

25.

देह के प्रति आकर्षण की सुदीर्घ परम्परा पश्चिमी चित्रकारों में मिलती है जिसमें अनेक चित्रकारों के चित्र में देह देखती है, प्राण चले जाते हैं। हुसेन के चित्रों के सन्दर्भ में यह नहीं कह सकते कि प्राण चले गये हैं और देह रह गयी है। हुसेन की पहुँच यथार्थवादी नहीं है। हुसेन के यहाँ दृष्टान्त असल में कथा-तत्त्व है जो प्रभावशाली हो गया है। अगर हुसेन चित्रकार नहीं होते तो बहुत अच्छे कथावाचक होते। उनके सुनाने का ढँग व शैली रसभरी है। उनके चित्रित करने की शैली में उसके प्राणतत्त्व मौजूद है, देह भी। हुसेन के चित्रों में स्थूलता नहीं है, वे सूक्ष्मता में जाते हैं। वे उन चीज़ों को पकड़ रहे होते हैं जो चित्र-तत्त्व की तरह वहाँ प्रकट होती है। उनकी दिलचस्पी इसमें नहीं है कि एक स्त्री के दो स्तन हैं। हुसेन की दिलचस्पी इस बात में है कि दो गोलाकार रूपों के इर्द-गिर्द स्त्री शरीर मौजूद है, जिसे वे शरीर की तरह नहीं बनाते हैं। हुसेन ने अपने एक साक्षात्कार में कहा भी है—"मैं स्त्री के स्तन देखता हूँ और स्तन में भी कुचाग्र/निप्पल देखता हूँ।" हुसेन के अपने देखने के ध्यान में चित्र का रूप है, किन्तु यह रूप देह नहीं है। यह रूप चित्र-रूप है। उनका सरोकार देह नहीं बल्कि वह चित्र भाषा है, जो निर्माणाधीन है। हुसेन लगातार अपनी चित्र-भाषा को प्रश्नांकित करते रहे। दरअसल, हुसेन का देखना चित्र-दुनिया को परिभाषित नहीं होने देने का उपक्रम है। वे चित्र भाषा को पुनर्परिभाषित करते हैं।

26.

हुसेन की बनायी फ़िल्म 'गजगामिनी' को लें।

इस पूरी फ़िल्म में कोई कथा नहीं है। फ़िल्म की स्क्रिप्ट स्वयं हुसेन ने ही लिखी है। पात्र हैं। परिस्थितियाँ हैं। वह विशुद्ध सिनेमाटॉग्राफ़ी है। उन्होंने माधुरी दीक्षित के पाँच किरदार बनाये हुए हैं। एक किरदार अंधी भी है और मुख्य किरदार का चेहरा पूरी फ़िल्म में नहीं दिखाया गया है। वह मुख्य किरदार माधुरी है और हमेशा पीठ से ही दिखलाई देती है। एक शकुन्तला का किरदार है, एक आधुनिक महिला का। पूरी फ़िल्म में समयों का अतिक्रमण चलता रहता है—कई समय मौजूद हैं। लियोनार्दो दा विंची हैं तो कालिदास भी हैं। हुसेन की दिलचस्पी विभिन्न समयों के बीच सम्बन्धों को उजागर करने में रही है बजाय कहानी कहने के। लगता है कि उनके कैनवस किसी कथा-सूत्र में बुने हुए हैं, किन्तु यह कथा दर्शक की कथा है जिसे वह उस चित्र में बुन लेता है। हुसेन के सारे चित्र जो विषय या किसी घटना से प्रेरित हैं, को देखकर लगता है कि वे कथा कह रहे हैं पर ऐसा है नहीं। यूँ गल्प में जाएँगे तो हर चित्र एक कथा है। दरअसल, चित्र को देखा कम पढ़ा ज़्यादा जाता रहा है। चाक्षुक अनुभव एक दूसरे क़िस्म का है। जब पढ़ रहे हैं तब यह पढ़ना दिमाग से संचारित हो रहा है जबकि चाक्षुकता आँख का अनुभव है।

हुसेन की फ़िल्मों के अनेकानेक दृश्यों में Vanishing Point नज़र नहीं आता है। यह एक महत्त्वपूर्ण बात है। क़ैमरे का स्वभाव ही है कि वह Vanishing Point ले आएगा। Vanishing Point पश्चिमी चित्रकला का सबसे बड़ा प्रस्ताव है जिसे लियानार्दो दा विंची ने रखा था। क़ैमरे के कारण इसने और गहरी जड़ें जमायी हैं। यह आज तक चला आ रहा है। एक हद तक पिकासो इससे पार होते हैं। 'गजगामिनी' में हुसेन ने बहुत सारे स्थलों पर यह Vanishing Point ग़ायब कर दिया है जबकि यह एक असम्भव बात है। यह उनकी शूटिंग का ही तरीक़ा होगा। मसलन, जब वे 'गजगामिनी' के लिये बनारस का सेट बना रहे थे तब वहाँ एक रेखीयता मौजूद है, पर Vanishing Point नहीं।

27.

हुसेन अपने चित्रों व माध्यम में आकण्ठ डूबे रहते थे। उनके आख़िरी सालों में जब मैं उनसे मिला तो एक बार उन्होंने कहा—यह जो फ्लोरोसेंट रंग एक्रेलिक में बने हैं वे थोड़े पतले हैं। इन्हें कैनवस पर चढ़ाओ तो चढ़ते नहीं हैं। यह एक चित्रकार की समस्या है। यह एक चित्रकार का रंग के बारे में अपना अवलोकन है, जिसका वे साझा कर रहे थे। ऐसे ही कभी उन्होंने कहा कि आपने रंगों के वे नये प्रकार देखे हैं जिसमें

एक्रेलिक को तैल रंगों की तरह बना दिया गया है? उन्होंने ट्यूब से रंग बाहर निकाला जो तैल रंग की तरह था। उनकी बातचीत के सरोकारों में सब शामिल रहता था, उनके अनुभव, कल्पना सब। कभी ब्रश के बारे में बताने लगते थे, कभी किसी ख़ास तरह की स्याही के बारे में। माध्यम के साथ उनके चित्रकार की चल रही जद्दोजहद बातों से ज़ाहिर होती थी। यह इस बात को भी दर्शाता है कि वे नयी चीज़ों के प्रति बहुत चौकन्ने रहे। उन्हें आजमाने और आत्मसात् करने में कोई गुरेज़ नहीं था। अपने चित्र-कर्म में उनका अवलम्बन था तो उसमें इस्तेमाल होने वाली चीज़ों के प्रति उनका अपना नज़रिया। इस सन्दर्भ में हुसेन के बयान कभी बदलते नज़र नहीं आते—भले उनसे माध्यम को लेकर दस साल बाद दस साल पहले वाली बात करें, वे वही कहेंगे जो दस साल पहले कहा था।

28.

हुसेन जहाँ रहे वहीं उन्होंने चित्र बनाना शुरू कर दिये। उनके लिये यह संसार ही स्टूडियो था, जिसमें वे एक चित्रकार की तरह भटक/विचर रहे थे। कहीं दो दिन रुके तो वहाँ भी चित्र बनाये। वे जहाँ बैठे वहीं चित्र बनाने की क्षमता रखते थे। अगर यह संसार उनके लिये स्टूडियो है तो उनके सारे चित्र आकृतियाँ हैं, जिनके साथ सम्बन्ध उन सारे अर्थों में उजागर हो रहा है जो मनुष्य की भाव सम्पदा है।

29.

ऐसे बहुत सारे काम हुसेन आधे छोड़ गये जिन्हें वे बहुत शिद्दत के साथ करना चाहते थे। इनमें से कुछ बातों का साझा मेरे साथ भी है। मसलन, जब महात्मा गाँधी की पुस्तक 'हिन्द स्वराज' के सौ साल पूरे हो रहे थे तब मेरे एक मित्र ध्रुव शुक्ल ने मुझसे कहा कि इस अवसर पर मुझे 'हिन्द स्वराज' पर चित्र बनाने चाहिये। जब ध्रुव ने मुझसे चौथी बार आग्रह किया तो मुझे लगा कि यह काम हुसेन को करना चाहिये। वे एक ऐसे चित्रकार हैं, जो इसे ख़ूबसूरती से कर सकते हैं। जब मैं दुबई में गया तब 'हिन्द स्वराज' की एक प्रति साथ लेता गया। यह प्रति मैंने उन्हें दी और कहा कि क्यों न वे 'हिन्द स्वराज' पुस्तक के बीस अध्यायों पर बीस चित्र बनायें। वे ख़ुश हो गये। 'हिन्द स्वराज' देखते-पलटते रहे। बोले—हाँ, क्यों नहीं।

ज़रूर बनाये जाएँ। मैंने कहा—आप उसी तरह जहाज डेक पर ही चित्र बनायें जिस तरह गाँधी जी ने यह पुस्तक जहाज के डेक पर बैठकर लिखी थी, लंदन से डरबन जाने के दौरान। यह दस-पन्द्रह दिन की यात्रा होगी और इस यात्रा में आप इसे पूरा करिये। वे बोले—मैं एक शर्त पर चित्र बनाऊँगा, आप साथ चलेंगे? मैंने कहा—यह मेरे लिये बहुत अच्छा मौक़ा होगा कि मैं आपके साथ चलूँ। उनके साथ चीज़ें तय हुईं। हम साथ जाने वाले थे फिर नहीं गये।

मैंने उनकी जीवनी लिखी—'मक़बूल'। इस पुस्तक के अँगरेज़ी अनुवाद का वे ज़ोर-शोर से लंदन में विमोचन करना चाहते थे। यह भी एक अधूरा ख़्वाब रह गया। उनके चार अधूरे ख़्वाबों में से एक पूरा हुआ—अरब संस्कृति पर संग्रहालय का। बाक़ी तीन अधूरे रह गये।

पिछली बार जब हुसेन से मिला तब वे बता रहे थे कि वे कतर में अपना संग्रहालय बना रहे हैं। उन्होंने भारत से भी अपने बहुत सारे चित्र मँगवा लिये थे। यह शायद 'हुसेन डिकोडेड' नाम से है। इस पर वे एक नयी श्रृंखला बना रहे थे। यह भी छूट गया।

हुसेन की एक इच्छा यह भी थी कि बदरी विशाल पित्ती के यहाँ रामायण पर एकाग्र उनके बनाये चित्रों पर मैं एक किताब लिखूँ। यह शायद अब भी सम्भव हो सकता है। यह किताब लिखने का जिम्मा उन्होंने मुझ पर पूरी तरह से छोड़ा हुआ था।

पिछली बार जब हम लंदन में मिले तब वे यह चाहते थे कि मैं उनके और मारिया के प्रेम-प्रसंग पर एक उपन्यास लिखूँ। इस उपन्यास की तैयारी उन्होंने उसी वक्त शुरू कर दी। हुसेन की रचनात्मकता इतनी ज़्यादा है कि वे आपको सहज ही उसमें खींच लेते हैं। उस पूरे दिन वे लगभग मारिया की याद में ही रहे। यह सुनाते-बताते रहे कि कैसे वे लोग मिले, कैसे बातचीत शुरू हुई, कैसे वे प्रेम में पड़े फिर कैसे और क्यों शादी नहीं हुई। वह एक बहुत ही लम्बी और दिलचस्प कहानी थी जो उन्होंने मुझे सुनायी। यह तय हुआ कि हम इस साल प्राग जाएँगे और वे मुझे उन सारी जगहों पर ले जाएँगे जहाँ वे मारिया से मिलते रहे थे। यह भी उनका एक अधूरा रह गया ख़्वाब है।

'मक़बूल' पुस्तक के लिये उनकी यह इच्छा भी थी कि मैं उसके लिये कुछ अमूर्त रेखांकन करूँ। जबकि मैं चाहता था कि रेखांकन वे स्वयं करें। तब इस बात पर समझौता हुआ कि हर अध्याय का पहला रेखांकन उनका होगा और शेष रेखांकन मेरे रहेंगे। पिछले साल ही उन्हें यह किताब मिली। उन्होंने कहा—अब मैं

इसको पढ़ता हूँ और पढ़ते हुए रेखांकन बनाता हूँ। पर यह ख़्वाब पूरा नहीं हुआ।

घोड़ों के संग्रहालय के लिये भी एक संस्थापन करने की उनकी इच्छा थी। अब यह संस्थापन शायद ही सम्भव हो। सब कुछ को लेकर उनकी अपनी कल्पनाएँ थीं जो लगातार बदलती भी जाती थीं। हर बार उसमें कुछ नया जुड़ जाया करता था, कुछ पुराना हट जाया करता था। सब प्रक्रिया में ही था। वे लगातार बदलने के भाव में मौजूद रहते थे जिसमें नये विचार को अपने में शामिल कर लेते थे। ऐसी और भी अनेक योजनाएँ उनकी रही होंगी जो अधूरी छूट गयीं।

30.

अगर हुसेन की मृत्यु उनके सौ या एक सौ बीस साल पूरे कर लेने के बाद भी होती तब भी उतना ही दुख होता जितना अभी है। जिस तरह से उन्होंने अपने को एक चित्रकार की तरह बरता है उसकी उपस्थिति या एहसास उन सारे लोगों को है जो उनसे मिले हैं। वे कई बार कहते थे कि अपने चित्रकार होने के लाइसेंस को भुनाना चाहिये। वे इसकी छूट ले लेते थे। महफ़िल से अचानक उठकर चले जाना। सब सोच रहे हैं कि आने वाली पीढ़ियों के लिये हुसेन की उपस्थिति उनकी अनुपस्थिति में ही मौजूद है यानी कि उनके चित्रों में। हुसेन ने कई बार ऐसे काम भी किये, जिससे यह आभास होता है कि वे पूरी तरह से स्लेट साफ़ कर फिर से लिखना चाह रहे हैं। हुसेन ने अपनी अनुपस्थिति को भी अपनी कलाकृतियों में बहुत गहरे से उपस्थित कर दिया है। अपने को ख़ारिज करने में हुसेन अपने को एक नये अर्थ में खोज निकालते हैं।

जल्द ही हुसेन एक मिथ में बदल जाएँगे, एक कथा-नायक की तरह दिखायी देंगे। अब हुसेन की भौतिक अनुपस्थिति दर्ज़ की जा सकती है बाक़ी वे उपस्थित हैं हर जगह।

2011

वर्ण और वर्णन : कुछ पहलू

वर्ण और वर्णन : कुछ पहलू

चित्रकला की क्या भाषा है? यदि है तो उसका क्या व्याकरण है? इन प्रश्नों के उत्तर पुस्तकों में नहीं मिलते, आपको कई भाषाएँ और उनके निजी व्याकरण दिखायी देते हैं। स्वामीनाथन की चित्रभाषा हुसेन की भाषा से भिन्न है। पिकासो का व्याकरण पॉल क्ली के व्याकरण से जुदा है। इन चारों चित्रकारों का इस दुनिया को देखने का ढँग अलग है और यह भेद इन्हें अलग-अलग ज़बान देता है। भाषा का एक अर्थ ज़बान भी है।

समकालीन भारतीय कला की भाषा क्या है? इसका व्याकरण और इसका चलन कैसा है? आदि प्रश्नों से जूझने पर इस भाषा का एक रूप हमें दिखलायी देना शुरू होता है और उसका अपनी बोलियों से क्या सम्बन्ध है, इसके धुँधले संकेत नज़र आते हैं। इस धुँधलके में इन चमकदार और उजले संकेतों के प्रमाण चौंकाते भी हैं। यहाँ यह स्पष्ट करना ठीक ही होगा कि भाषा शब्द का अर्थ उस भाषा के प्रचलित अर्थ में नहीं है जिसमें पढ़ा

और लिखा जा रहा है। लिखने और पढ़नेवाली भाषा के पाठकों का सीमित होना हम जानते हैं। पचास करोड़ हिन्दीभाषियों के बीच समकालीन सर्वोच्च लेखक निर्मल वर्मा और कृष्ण बलदेव वैद के पाठक पचास हज़ार भी होंगे, इस पर सन्देह किया जा सकता है। इस हिन्दीभाषी समाज में तमिल स्वामीनाथन, उर्दूभाषी हुसेन, स्पैनिश पिकासो और स्वीस पॉल क्ली की ज़बान प्रचलित है।

भाषा और ज़बान के इस विचित्र फ़र्क़ के सामने भाषा और बोलियों के फ़र्क़ को देखना और उसके साथ के सम्बन्धों के बीच तालमेल देखना, दिखलाना अब और कठिन जान पड़ता है। मोटे तौर पर चित्रकला की भाषा के अर्थ में हम समकालीन चित्रकला की उन प्रवृत्तियों को रख सकते हैं जो शहरी और महानगरीय कला गतिविधियों के केन्द्र में है, जिसे हम एक नक़ली धारणा—मुख्यधारा—के रूप में जानते हैं। इस तथाकथित मार्क्सवादी मुख्यधारा का मूल्यांकन, मुठभेड़, मुलाक़ात आदि राष्ट्रीय-अन्तरराष्ट्रीय स्तर पर काम कर रहे आधुनिक चित्रकारों, समालोचकों और कलाप्रेमियों आदि से होती रहती हैं, जबकि बोलियों के रूप में स्थानीय लोगों के आदान-प्रदान के बीच प्रकट हो रही कला की वे प्रवृत्तियाँ हैं जिन्हें हम आञ्चलिक, सामुदायिक और आदिवासी कला की तरह वर्गीकृत करते हैं। मधुबनी, कालीघाट, पटुआ, तँजावुर आदि चित्रशैलियाँ उन अनेक प्रकटनों में से कुछ हैं। मूलतः चित्रकला में बोलियों का असर दिखायी देता है। हर चित्रकार अपनी बोली का व्याकरण तैयार करने के संघर्ष में मारा जाता है। जिन चित्रकारों को यह सौभाग्य प्राप्त होता है कि वे अपनी बोली की एक ज़बान बना सकें, वे अपनी इस ज़बान से मनुष्य के 'देखने' को बदलना प्रस्तावित करते हैं। भारतीय चित्रकला के सन्दर्भ में मक़बूल फ़िदा हुसेन ने यह काम किया है। उन्होंने समकालीन कला को न सिर्फ़ तत्कालीन ब्रिटिश कला के यथार्थवादी रूमानियतभरे लिजलिजे कीचड़ से बाहर निकाला, बल्कि उसे सार्वकालिक समरूप बनाते हुए, अन्तरराष्ट्रीय पहचान भी दी है। देश के किसी अन्य कलाकार में इतनी निर्बाध ऊर्जा, दृढ़ता और स्थिरता नज़र नहीं आती। इसका एक कारण सम्भवतः यह भी हो सकता है कि आज़ाद भारत के युवा चित्रकार जिन दिनों इस यथार्थवादी कीचड़ को हटाने के लिये यूरोप की तरफ़ पलायन कर रहे थे, उन दिनों हुसेन हिन्दुस्तान के गाँवों में होने वाली रामलीला की मण्डली के पीछे घूमते हुए, इस देश में राम की सत्ता और राम की सहज उपस्थिति को महसूस कर रहे थे। वे सीख रहे थे इस देश की बोलियों को। समझ रहे थे विविध परम्पराओं को। इस देश में महात्मा गाँधी के बाद हुसेन दूसरे ऐसे व्यक्ति हैं जिनके इहलोक का ज्ञान भारतीय सँस्कृति और परम्पराओं में रचा-बसा है।

एक अर्थ में हुसेन की ज़बान समकालीन भारतीय चित्रकार की ज़बान है। इस ज़बान का, अपने पूर्ववर्ती और मौज़ूदा बोलियों से रिश्ता स्पष्ट देखा जा सकता है। हुसेन ने आज़ाद हिन्दुस्तान की कला को एक नया स्वतन्त्र

स्वरूप प्रदान किया है। इसका व्याकरण विपुल साँस्कृतिक चेतना को समेटता है। हुसेन के चित्र भारतीय जनमानस के चित्र हैं। उनमें प्रेम है, विछोह है, छींटाकशी है, अपने होने का विनय है, चकित चौकन्नापन है। वे उकसाती हुई कृतियाँ हैं। आनन्द में डूबी मौजूदगी है। मुखर है, मूक है, मुबारक है, मक़बूल है। यह सब उन बोलियों से आता है जिनका हुसेन सामना करते रहते हैं।

एक ऐसे समय में जब भाषा स्वयं अपने अभिव्यक्त न हो पाने का गहरा दबाव महसूस कर रही है, जब भाषा पर वैश्विक होने का बाज़ारू दबाव है, उस वक्त हुसेन के चित्र मनुष्य की आस्था और विश्वास को जिलाये हुए हैं। बाज़ार के तेजी से बदल रहे इस समय में यदि हम नज़र डालें तो पाते हैं कि छह अरब लोगों तक पहुँचने के लिये लगभग सभी भाषाएँ बेचैन हैं। हिन्दी में लिखे गये पाठ का चीनी भाषियों के लिये कोई अर्थ नहीं है जबकि उसे एक अरब लोग वापरते हैं। भाषा के इस कम से कमतर होते जा रहे पाठक के पास पहुँचने के भरोसे को, ज़्यादा से ज़्यादा पाठकों तक पहुँचाने के लिये, अनुवाद ही सहारा दिखता है। इस भागती दुनिया में भाषा को अपने अभिव्यक्त न हो पाने का अहसास उसे अव्यक्त भाषा में बदलता जा रहा है। अभिव्यक्त होने की यह आकाँक्षा सतह पर मुखर नज़र नहीं आती बल्कि अन्तश्चेतना में तुतलाती दिखती है।

इस आकाँक्षा के चलते भाषा में ऐसे शब्दों की भरमार दिखलायी पड़ती है जो उसकी स्थानीय बोलियों से नहीं आ रहे हैं। ये अन्तरराष्ट्रीय शब्द हैं। हिन्दी भाषा में पहले और बाद के दो शब्दों का उदाहरण लें तो बीसवीं शताब्दी की शुरुआत के आसपास शामिल हुए शब्दों में 'पनडुब्बी' शब्द submarine के गुणों को व्याख्यायित करता हुआ पाठक की कल्पना को उसके बिलकुल नज़दीक ले जाता है बल्कि उसके साथ डुबा देता है। पनडुब्बी शब्द में न पानी है न डूबना, फिर भी उसके अर्थ में पानी में डूबना उतने ही गहरे शामिल है जितने गहरे submarine चल रही है। दूसरी तरफ़ 'कम्प्यूटर' शब्द आपसे एक अर्थहीन शब्द की तरह आ कर टकराता है। इस शब्द से आप कम्प्यूटर के बारे में कुछ भी जान-समझ नहीं सकते। इस शब्द में हिन्दी भाषा की कोई स्थानीयता नहीं है, वह एक ठोस पत्थर की तरह भाषा को भीतर से घायल करता हुआ भाषा में भटक रहा है। भाषा का यह बधियाकरण तथाकथित वैश्वीकरण के कारण हुआ है। भाषा को इस वैश्विकी पा लेने की जल्दी वैसी ही है जैसी आज हिन्दी सिनेमा में दिखलायी जाती है। इसमें नायक-नायिका समुद्र तट पर एक-दूसरे की तरफ़ से दौड़ते हुए आते हैं और ज़ोर से टकराते हैं। यह ज़ोर से टकराना आपको धीमी गति से दिखलाया जाता है। नायिका भाषा है, जिसे नायक विश्व से, ज़ोर से टकराना है और इस ज़ोर से टकराने पर धीमी गति से कुछ भी जन्म नहीं

लेता, फिर भी उत्तेजना है और उसी से काम चल रहा है। यहाँ आपके देखने पर भी उन्हें सन्देह है अतः यह ज़ोर से धीमी गति से टकराना आपको तीन बार दिखलाया जाता है।

यहाँ एक विसंगति ग़ौरतलब है—भाषा को, स्त्रीलिंग को, बधिया किया गया है। हिन्दी भाषा का दूसरा बधिया हिंग्रेजी, चूँकि हिन्दी एक उदारवादी भाषा है, के नाम पर भी हो रहा है। अख़बारों, पत्रिकाओं, कविताओं और कहानियों में प्रचुर मात्रा में अँग्रेज़ी के शब्द और वाक्य देवनागरी में इस चुनौती के साथ लिखे जा रहे हैं कि यह वाक्य समझने पर दूसरा मुफ़्त।

इस वैश्विक स्थिति के प्रारम्भ में भाषा और उसकी बोलियों पर विचार करना अब और कठिन जान पड़ता है। इसका एक प्रमुख कारण यह भी है कि अन्य सभी कला विधाओं की चर्चा, समालोचना, मीमांसा उसी भाषा में होती है जिसे स्वयं अभिव्यक्ति का संकट घेरे है, जिसके भीतर कई आधुनिक पत्थर पाँव पटक रहे हैं। जाने-अनजाने यह संकट अन्य कला माध्यमों का भी बनता जा रहा है। पिछले पचास वर्षों में अन्य कला माध्यमों से यह प्रश्न प्रमुखता से पूछा गया है, कि वह क्या सम्प्रेषित करता है? यह दुःखद पहलू है कि जिन भाषाओं ने मनुष्य को अभिव्यक्त करने का जिम्मा अपने ऊपर ले लिया है, उसने जो प्रकट है, सम्प्रेषित है, संलग्न है, उसे प्रकट, सम्प्रेषित और अभिव्यक्त होने के लिये अश्लील हिंसा का सहारा लिया है। इस प्रश्न का इतना दबाव है कि गुलाम मोहम्मद शेख जब भोपाल विधानसभा में अपना चित्र लगाते हैं तब पास ही उसका वर्णन भी ठोकने पर बाध्य होते हैं।

कई चित्रकार इस दबाव को महसूस करते नज़र आते हैं, तभी वे अपने सम्प्रेषित न हो पाने, चुनांचे न जाने किससे पिछड़ जाने की शिकायत करते दीखते हैं। संगीत या चित्रकला पर यह दबाव कि 'कलाकृति क्या सम्प्रेषित कर रही है' या 'यह राग क्या प्रकट कर रहा है', यह भाषा का दबाव है, और भाषा पर दबाव है स्थानीयता ख़त्म कर वैश्विक समझ पैदा करने का, उपस्थित विश्व को कल्पित विश्व में बदलने का, एक ऐसी अवस्था पैदा करने का जिसमें मनुष्य यदि सम्प्रेषित नहीं कर रहा है तो वह योग्य नहीं है। यदि वह मानसिक या आध्यात्मिक रूप से वार्तालाप करने में सक्षम है, यह योग्यता नहीं है। सिर्फ़ भाषा में सम्प्रेषण कर पाना चाहिये। भाषा पर दबाव है एक ऐसे मनुष्य को जन्म देने का जो विश्वभर में बोलता हो, अभिव्यक्त होता हो, जिससे कुछ भी छिपा नहीं है, जिसके लिये कोई रहस्य नहीं है। कुछ भी अव्यक्त नहीं है। स्थानीय नहीं है। ज़ोर से दौड़कर आना है और धीमी गति से टकराना है। मानसिक या आध्यात्मिक संवाद नहीं, सिर्फ़ सम्प्रेषित होना है, भले ही यह रास्ता साम्प्रदायिकता से आता हो या साम्यवाद से। एक

योग्य मनुष्य अभिव्यक्त होता है और विडम्बना यह है कि वह सिर्फ़ भाषा में सम्प्रेषण करे। कला के अन्य माध्यम सम्प्रेषित नहीं कर पाते हैं। इसकी सूचना उसे उस भाषा में मिलती है जो स्वयं अभिव्यक्त होने को तरस रही है।

इस वैश्विक उपस्थिति को ललचाता मनुष्य अपनी स्थानीयता के बारे में अक्सर ग्लानि से भरा मिलता है। वह भाषा भी उसकी कोई सहायता नहीं करती जिसमें वह सम्प्रेषित कर रहा है। उस भाषा को वैश्विक न हो पाने की ग्लानि है। भाषा पाँव पटक रहे पत्थरों से घायल है। भीतरी रक्त-स्राव और बाहरी ज़ोर से धीमी गति से टकराना उसे मजबूर करता है कि वह अपने स्थानीय सम्बन्धों को छुपा, वैश्विकता की सुर्ख़ी लगाये।

दूसरी तरफ़ बोलियों का अपना संसार है। वह अपने भीतर विश्व को समेटे हैं। उसे अपने सम्प्रेषित न हो पाने का भ्रम नहीं है। उसका सम्प्रेषण सीधा और स्पष्ट है। मधुबनी, पटुआ, तँजावुर आदि अनेक शैलियाँ अपनी सम्पूर्णता में मौज़ूद हैं। पिछली कुछ शताब्दियों में भारतीय बोलियों का जिन दो अन्य ज़बानों से सम्बन्ध बना वह फ़ारसी और अँग्रेज़ी रही हैं। जहाँ एक ओर फ़ारसी से टकराने पर 'मुग़ल क़लम' जैसी अद्वितीय भाषा का जन्म हुआ, वहीं दूसरी तरफ़ अँग्रेज़ी से टकराने पर 'पञ्चांग कला' पैदा हुई। इस पञ्चांग कला के जनक राजा रवि वर्मा की स्थिति वैसी ही है जैसी स्वयं इस भाषा की है। अपनी स्थानीयता को जिस तत्कालीन वैश्विक अभिव्यक्ति की कल्पना में, रवि वर्मा ने छोड़ा था यदि वह उन्हें नहीं मिली तो इसका एकमात्र कारण रवि वर्मा की प्रतिभाहीन अवसरवादिता और अदूरदर्शिता है। वे उस स्थानीयता को अपनाने की कोशिश कर रहे थे जो उनकी अपनी नहीं थी। यथार्थवाद के चित्रकारों की नक़ल कर रवि वर्मा किस तरह वहाँ की स्थानीयता से अपने सम्बन्ध बनाते? लिहाज़ा, वे जिस भाषा को उसकी बोलियों में नहीं जानते थे, उस भाषा के अपने अज्ञान प्रदर्शन में हकलाते हुए नज़र आते हैं। उनके तमाम चित्र अपनी विषयक आक्रामकता के बावजूद, अभिव्यक्त होने की उत्तेजना में लड़खड़ाते और हकलाते नज़र आते हैं। उनके चित्रों की पौराणिक स्थानीयता भी उनकी अपनी नहीं बल्कि उनके मालिकों की देखी और सोची हुई अश्लीलता है। यह यथार्थवाद वही है जिसे सम्प्रेषित होने का लालच है। यह यथार्थवाद वही है जिसे विश्व हड़पने की इच्छा है, जिसके गन्दे राज्य में सूरज कभी अस्त न होता था और उसके गुलामों को क्या-क्या करना पड़ता था। इस यथार्थवाद का मक़सद सिर्फ़ साँस्कृतिक लूट था और उस लूट का अचूक असर ऐसा रहा कि आज भी कई प्रतिभाशाली? इस यथार्थवाद को ही भारतीय चित्रकला की परम्परा मानते हैं।

हमें अपने इस समकालीन कला संसार की इस अदृश्य समकालीनता में स्थानीयता के ही दर्शन होते हैं। हुसेन के चित्रों में गुप्तकालीन शिल्प हैं तो रज़ा के चित्रों में मालवा की स्मृति। स्वामीनाथन के चित्र आदिम अनुभव के संकेत हैं तो गायतोण्डे के चित्रों में मनुष्य का भाषा के प्रति सम्मोहन। चारों चित्रकारों की स्थानीयता एक वैश्विक स्थानीयता है। इनकी ज़बान सर्वसाधारण की ज़बान है जिसमें मिठास है, आत्मसम्मान है, अद्भुत वर्ण है। ये चित्र मनुष्य होने की आस्था के चित्र हैं। इन चित्रों में अभिव्यक्ति होने की ललक नहीं बल्कि सहज स्फूर्त प्रकटन है। भाषा और बोली को इन चित्रों में अलगाना कठिन है।

इन चारों की ज़बान हिन्दुस्तानी चित्रकला की ज़बान है।

2004

पहचान का प्रश्न

पाँच कुमारियाँ—पञ्च कन्या का अर्थ यही है—इनमें सभी ने एक से ज़्यादा पुरुषों के साथ संसर्ग किया है। इन कन्याओं में पहला नाम अहिल्या का है, गौतम ऋषि की पत्नी। वैदिक साहित्य में देवताओं के राजा इन्द्र को अहिल्या के 'जार' के रूप में याद करते हैं। द्रौपदी का विवाह पाँच भाइयों के साथ हुआ। तारा, बाली की पत्नी, राम के द्वारा बाली को मारे जाने पर उसके छोटे भाई सुग्रीव से विवाह करती है। तारा की ही तरह मन्दोदरी का विवाह राम के ही द्वारा रावण वध के बाद छोटे भाई विभीषण से हुआ। कुन्ती चार देवताओं को अपने पुत्रों को पिता बनने के लिये आमन्त्रित करती है।

कन्या शब्द 'कन्' धातु से बना है। जिसका अर्थ है 'सन्तुष्टि की इच्छुक' या वह जिसे सन्तुष्ट किया जाना है। पर जिसका हायमन, ग्रीक देवता, जो अपनी शादी के दिन ही मृत्यु को प्राप्त होता है, सुरक्षित है।

(वागीश शुक्ल—कैटलॉग पञ्च कन्या)

समकालीन कला के भारतीय मानक क्या हैं? इस प्रश्न के साथ जूझते हुए पञ्च कन्या का ज़िक्र संयोगवश नहीं आया है। पञ्च कन्या की उपस्थिति हर उस घटनाक्रम में है जहाँ कुछ नया रचा जा रहा है, जहाँ से संसार का देखना बदल रहा है। भारतीय पहचान को ले कर पिछले कुछ वर्षों में काफ़ी अटकलबाजी की जा चुकी है और यह पहचान मिथक, तन्त्र व गरीबी के चित्रण में सिमटकर रह गयी है। यह वह पहचान है जिसे ज़्यादातर भारतीय 'विदेशी दृष्टि' से पहचानते हैं। इन सब पहचानों में जैसा 'वे' देखना चाहते हैं, भारतीय पहचान तय की गयी है। इस भारतीय पहचान को समझने के लिये मैं दो चित्रों का उल्लेख यहाँ करना चाहूँगा, जिनका सम्बन्ध पञ्च कन्या से है और यह दोनों चित्र अलग-अलग स्थान और अलग-अलग चित्रकारों ने बनाये हैं। इन दोनों चित्रों के दो महत्त्वपूर्ण चित्रकार पाब्लो पिकासो और मक़बूल फ़िदा हुसेन हैं जो दो अलग सँस्कृतियों से आते हैं। बीसवीं शताब्दी के प्रारम्भ, 1907 में जब पिकासो 'ले देमोजेल दा आविन्यों' बना रहे थे, तो वे देख पा रहे थे उबाऊ यथार्थवादी चित्रों में अभिव्यक्ति की सीमित उड़ान के बीच से एक नया रास्ता। यहाँ से वे कला के विस्तार के लिये या यों कहें कि कला के टहलने के लिये एक और दरवाज़ा खोलते हैं। यह संयोग ही है कि भारतीय चित्रकला जगत में 49 वर्ष बाद यही काम हुसेन ने 'Between Spider and the Lamp' चित्रित कर किया। मक़बूल फ़िदा हुसेन भी जब यह चित्र रच रहे थे तो भारतीय चित्रकला जगत् वही उबाऊ यथार्थवाद मिथक का मुखौटा ओढ़े अपने वीभत्स रूप में फैला हुआ था। ग्राम्य जीवन का चित्रण, तन्त्र की अधूरी समझ, भारतीय चित्रकला की दिशा निर्धारित कर रही थी और यह सब वैभवशाली अतीत की दुहाई देते हुए रचा जा रहा था। इन दोनों ही चित्रों में पाँच स्त्रियाँ हैं : पञ्च कन्या। एक तरफ़ आविन्यों की पाँच कुमारियाँ हैं तो दूसरी तरफ़ पञ्च कन्याएँ मकड़ी और लालटेन के बीच अपना यौवन फैलाये हैं। यदि 'ले देमोजल' की पाँच स्त्रियाँ फ्रांस में रहकर कला जगत् की गतिविधियाँ बदल चुकी थीं तो 1956 में मकड़ी और चिमनी के बीच खड़ी पाँच स्त्रियाँ भी आज़ादी के बाद के भारत में नये कला संसार को जन्म दे रही थीं। 'ले देमोजेल' की स्त्रियाँ जितनी गतिशील और चञ्चल हैं उतनी ही शीघ्रता से यूरोप की कला गतिविधियाँ भी बदली हैं। एक के बाद दूसरे वाद का प्रचलन व लगातार एक से दूसरी मान्यताओं का खण्डन-मण्डन होता रहा। जिस तरह मकड़ी और चिमनी के बीच खड़ी पञ्च कन्या शान्त और निश्चल है। ठीक वही धीमा परिवर्तन भारतीय चित्रकला जगत् में देखने को मिलता है। पिकासो की पाँच स्त्रियाँ अपने होने में प्रतियोगी दिखायी पड़ती हैं जबकि हुसेन की पाँच स्त्रियाँ एक दूसरे को देखती-समझती, साथ हैं और उसी वक्त एक दूसरे से उदासीन खड़ी हैं।

मुझे याद आ रहा है जब मैंने पहली बार 'Between Spider and the Lamp' चित्र की अनुकृति देखी थी। मैं कला महाविद्यालय में तृतीय वर्ष का छात्र था। हमारे प्राचार्य स्व. चन्द्रेश सक्सेना ने यह चित्र उसी दिन महाविद्यालय

में आयी हुसेन की एक मोटी किताब से दिखाया और सभी विद्यार्थियों को वे बड़ी देर तक इस चित्र के बारे में बताते रहे। उनका यह मत था कि ये पाँच स्त्रियाँ देह का व्यापार करने वाली स्त्रियाँ हैं। साक्ष्य के तौर पर वे चित्रों में बने प्रतीकों का इस्तेमाल व उन स्त्रियों के हाव-भाव से समझाते रहे। जब हम लोग वापस अपनी कक्षा में पहुँच गये तो कुछ देर बाद उन्होंने मुझे व दो अन्य छात्रों को फिर से बुला कर किताब में वही चित्र खोलकर दिखाया और बोले, ''क्या तुम लोग यह बता सकते हो कि यह क्या लिखा है?'' चित्र के ऊपरी हिस्से में कुछ प्रतीक और देवनागरी लिपि के कुछ टूटे-फूटे चित्रित शब्दों को हम लोग बहुत देर तक ताक़ते रहे और पढ़ने में निष्फल रहे। हमारे मना करने पर उन्होंने पहले हम सबके चेहरे देखे मानो कहना चाहिये या नहीं, यह तय कर रहे हों फिर धीमी रहस्य-भरी आवाज़ में बोले, ''माँ की गाली लिखी है।'' कई दिनों तक हम लोग उस चित्र को लगातार जा कर देखते रहे और कोशिश करते रहे कि आख़िर किस भाषा में यह लिखा गया है? कुछ समय बाद यह बात आयी-गयी हो गयी, लेकिन इस चित्र से हम लोगों का एक सम्बन्ध बन गया। मेरे ख़याल से चन्द्रेशजी शायद यही चाहते थे। कई वर्ष बाद जब यह चित्र देखा तो पहले उसी गाली को ढूँढ़ता रहा।

इन स्त्रियों के अलावा इन दोनों चित्रों की रंग-योजना में भी कुछ समानता है। बाँयीं तरफ़ खड़ी स्त्री—गुलाबी और हल्के भूरे रंग से, दोनों ही चित्रों में हैं। साथ ही, चित्र की प्रमुख स्त्री, पीले रंग से बनी हुई है। स्त्रियों के कपड़ों में सफ़ेद अथवा पूरे चित्र में भूरे और काले रंग का भरपूर इस्तेमाल दोनों में ही दिखायी देता है। दोनों ही चित्रों में स्टिल लाइफ भी है। चित्र के पार्श्व में हुसेन ने यदि लाल रंग लगाया है तो पिकासो ने नीला रंग लगाया हुआ है। यही एक फ़र्क़ नज़र आता है।

यहाँ इन दोनों चित्रों का उल्लेख मैं इसलिये भी कर रहा हूँ कि इन दोनों चित्रों को देखते वक्त ख़याल नहीं आता है कि एक का चित्रकार स्पेन से आया है और दूसरे का भारत से। अक्सर चित्रों की विषय-वस्तु से हम उनकी पहचान निर्धारित करने लगते हैं, जैसे हाथी का चित्रण यूरोपीय चित्रकार के लिये वर्जित हो अथवा भारतीय चित्रकार न्यूड नहीं पेण्ट कर सकता। रंग रेखा अथवा रूप की तात्कालिकता चित्रों में स्थानीयता का प्रभाव ज़रूर पैदा करती है, किन्तु वह पहचान स्थान-विशेष की न हो कर चित्रकला की बन जाती है। फ्रांस की गुफ़ाओं में मिले प्रागैतिहासिक चित्र भीम बैठका की गुफ़ाओं में बने चित्रों से भिन्न नहीं हैं। अफ्रीका की जनजातियों द्वारा बनाये जाने वाले चित्र मध्यप्रदेश के बहुत से आदिवासी जनजाति के चित्रों से मिलते हैं। आस्ट्रेलियन एबोरिज़नल चित्रों का अलंकरण मण्डला की गौण्ड जाति द्वारा किये जाने वाले अलंकरणों की तरह ही है।

चित्रकला रूप, रंग, रेखाओं का वह अनुभवजन्य प्रकटन है जो किसी विशेष कारण से नहीं पैदा हो रहा है। हम उसे किसी विशेष कारण से पैदा हुआ मान कर उसमें 'मानक' देखने का फ़िज़ूल प्रयास कर रहे हैं। कवि अज्ञेय के शब्दों में ''एक सौन्दर्योपासना होती है जो वास्तव में भाव-विलासिता होती है। 'मेरे मन में करुणा उपजी : अहा-हा, देखो मेरी करुणा कितनी सुन्दर है।' लेकिन इसलिये सभी सौन्दर्यबोध को विलासिता ठहरा देना अन्याय भी है, मूर्खता भी : सभी भावों को आत्ममुग्ध मान लेना मूर्खता भी है और क्रूरता भी। ऐसे भाव होते हैं जो दूसरों की ओर बहते हैं, ऐसे भाव होते हैं जिनमें दूसरों से साझा करने की, अपने को सम्पूर्णतया बल्कि सम्पूर्णतर रूप से दूसरों को दे देने की एक अनिवार्य प्रेरणा होती है। ऐसे ही भाव सम्प्रेषण का सेतु बनाते हैं और ऐसा हर सेतु सुन्दर भी है, मूल्यवान भी। (और, हाँ, कल्याण भी, और टिकाऊ भी।) और ऐसे सौन्दर्य के साथ जुड़ने की चाहना, उसकी क्षमता, विलासिता नहीं है, मानवता का एक अमूल्य गुण है।'' (शेषा—अज्ञेय)

समकालीन कला में भारतीय मानक ढूँढ़ना, 'क्या भारतीय है' यह तय करने के बाद ढूँढ़ा जा रहा है। यह आत्ममुग्धता या आत्मरति है। अफ्रीकन कला के मुखौटों में छुपी चमत्कारिक शक्ति को पिकासो ने देखा और उसे उसकी स्थानीयता से मुक्त कर दिया। इसका कारण ढूँढ़ कर हम उसे अफ्रीका की स्थानीयता में पहुँचा तो सकते हैं किन्तु इससे चित्रकला में जो परिवर्तन हुए उन्हें नज़रअन्दाज़ नहीं कर सकते। मेरी दृष्टि में यह पिकासो की चित्रकला में अफ्रीकन कला का प्रभाव नहीं था, बल्कि अफ्रीकन कला की सम्भावना का पिकासो द्वारा पहचाना जाना था। यह काम पिकासो नहीं करते तो कोई और करता। इसमें पिकासो स्पेन से आ कर फ्रांस में बसे और अफ्रीकन चित्रकला से प्रभावित हो कर चित्र बना रहे हैं तो यहाँ किस तरह की पहचान उन पर चस्पां की जाए?

महत्त्वपूर्ण यह नहीं है कि उनकी पहचान क्या है? बल्कि यह है कि उन्होंने क्या रचा है। इसमें जो भाव 'दूसरों के साथ साझा कर रहे हैं' परिवर्तन उसी का परिणाम है। यह विस्तार है। उस विचार की निरन्तरता है। यही 'सेतु सुन्दर भी है'।

1997

नात्रदोम की सीढ़ियों पर मोनालिसा

हुसैन का बुलावा काफ़ी था मेरे लिये। जाने से पहले मैंने सोचा न था कि मेरा साक्षात्कार 'गजगामिनी' से होगा। मैं बम्बई पहुँचा और पाया कि हुसेन टाउन में नहीं हैं। भोपाल में 'टाउन' में नहीं होना भोपाल में नहीं होना है, किन्तु बम्बई में टाउन में नहीं होना भी बम्बई में होना होता है। मैं अभी-भी, बम्बई में बम्बई कहाँ है, जानना चाहता हूँ। बम्बई में रहने वाले दोस्त जब यह कहते हैं कि वे सप्ताह में एक बार बम्बई आते हैं तो यह शहर की कौन-सी सीमा है जहाँ से बम्बई शुरू होता है, यह मैं पिछले बीस बरसों में नहीं जान सका।

दूसरे दिन मैं हुसेन के घर पहुँचा। अब उनके घर का दरवाज़ा पहले जैसा नहीं रहा, जो आमन्त्रित करता-सा लगता था। उनके घर के दरवाज़े के बाहर भारी-भरकम लोहे का दरवाज़ा लग गया है जो संसार को दो भागों में बाँटता है। एक में सारा संसार है जिसमें शिव सैनिक और बजरंग दल भी रहता है, दूसरी तरफ़ अकेले हुसेन।

मैं घर में प्रवेश करता हूँ। कॉरिडोर में कुछ पुराने चित्र, ताने हुए तैनात कैनवास रखे हैं। उस छोटे कॉरिडोर से गुज़र कर जब मैं अन्दर पहुँचा तो पाया हुसेन चित्र बना रहे हैं। हुसेन ने बैठने का इशारा किया और चित्र बनाने में मशगूल रहे। कूँचीनुमा बड़े गोल ब्रश से वे रंग भर रहे थे। रंग भरना, आकार उभारना, मिटाना, गुनगुनाना यह सभी बला की फुर्ती से हो रहा था, किसी पुरानी सोलह फ्रेम की फ़िल्म की तरह। रंगों के बेतरतीब डिब्बों और बड़े से बाउल में कई ब्रश पानी में भीगे पड़े थे। मदर टेरेसा, हाथी, स्त्री और बच्चा, इनकी आकृतियों का बनना बिगड़ना, रंगों का घुलना-मिलना एक चित्र की रचना में शामिल थे।

बीच में वे काम-रोक कर बोले यह 'Pot boiler' है। फिर हँस दिये—''पॉट बॉइलर का अर्थ समझते हो। पॉट बॉइलर एक अँग्रेज़ी का मुहावरा है जिसका अर्थ 'दाल-रोटी' कमाना है।''

उनका आहिस्ता स्वर, बेखौफ़ हँसी, चञ्चल गति, गुनगुनाना, उस सुबह, उस अवकाश में मौज़ूद था। एक मुक़ाम पर उन्होंने चित्र बनाना छोड़ पूछा, ''गजगामिनी' के Rough-cuts देखोगे?'' मैंने सहमति ज़ाहिर की। वे सब सामान हटाने लगे; रंग, ब्रश, पानी से भरा बर्तन, कैनवास, आदि सभी।

यह पहला मौक़ा है जब हुसेन ने अपने चित्र की क़ीमत मुझे बतायी। हुसेन से पिछले हज़ारों वर्षों की मुलाक़ात में मैंने जाना कि यह शख़्स कभी-भी अपने चित्र की क़ीमत को ले कर बात नहीं करता। मैंने पाया कि इस चित्रकार में यह माद्दा है कि आधे घण्टे की बातचीत के बाद भी बात कर सकता है। वे अपना बायोडाटा बताने में रुचि नहीं रखते हैं, न ही अपने चित्रों की क़ीमतों को तमगे की तरह सीने पर टाँगे घूमते हैं। मैंने कई सीना-चाक किये घूम रहे चित्रकारों को देखा है। हुसेन के इर्द-गिर्द रचनात्मकता के अलावा कुछ नहीं है। एक ऐसा फ़क़ीर जो इस आलम में है और यह आलम उसे छू नहीं पाता। एक सूफी चित्रकार। वे बता रहे थे कि 'गजगामिनी' फ़िल्म बनाने के लिये उन्होंने यह तय किया था, किसी से उधार नहीं लेना है। छः करोड़ की लागत से बनी यह फ़िल्म किसी एक मोड़ पर पैसे की राह तक रही थी। हुसेन ने फ़िल्म की शूटिंग फिल्मिस्तान और मेहबूब स्टूडियो में पूरी की। फ़िल्म के सेट पर उन्होंने अपना स्टूडियो बना रखा था। बीच के अवकाश में वे वहीं चित्र बनाया करते थे। माधुरी दीक्षित यदि मेकअप-रूम में है तो हुसेन अपने स्टूडियो में।

फ़िल्म का काम रुकने-रुकने को था। पैसा ख़त्म हो चुका था। हुसेन की चिन्ताएँ बढ़ रही थीं कि एक दिन सेट पर मिलने आये एक व्यक्ति ने कहा—''मैं आपका चित्र ख़रीदना चाहता हूँ।'' हुसेन के 'पॉट बॉइलर' तैयार थे। इस व्यक्ति ने एक चित्र पसन्द किया। चित्र की क़ीमत चैक से अदा की। ''और तुम जानते हो जब वह

चैक मैंने देखा तो मन ही मन उछल पड़ा। मैं 'पड़ा' शब्द बहुत बोलता हूँ। सुनने में कैसा लगता है? ख़राब? हिन्दी में इस्तेमाल करते हैं न यह शब्द? ख़ैर! उन सज्जन ने मुझे एक चैक दिया जो कि फ़िल्म की शूटिंग जारी रखने के लिये काफ़ी था। मैंने फ़ोटो कॉपी कराकर रख लिया है।'' वे ज़ोर से हँस पड़े। मैं देख रहा था, मैं सुन रहा था, हुसेन अपने चित्र की क़ीमत बता रहे थे। उनकी हँसी। बहुत कुछ कहती-कहती-सी।

उन्होंने ओवेस को आवाज़ लगायी। (ओवेस हुसेन के सबसे छोटे बेटे हैं)। आवाज़ इतनी धीमी थी जिसे केवल मैं सुन सकता था। किन्तु आश्चर्य, ओवेस बाबा से आ कर पूछ रहा था, साथ ही बता भी रहा था, कि चित्र में धूसर रंग क्यों लगाया। ज़रा चमकदार चटकीले रंग लगाइए। हुसेन थोड़ी देर चित्र को देखते रहे और फिर ओवेस से ही पूछा, ''क्या ये रंग धूसर हैं?''

ओवेस से उन्होंने 'गजगामिनी' के रफ कट्स दिखलाने के लिये कहा। हम लोग 'गजगामिनी' के रफ कट्स से पहले पेरिस में लूव्र की शूटिंग देख रहे थे। बीच-बीच में हुसेन फ़िल्म निर्माण और उससे जुड़ी हुई तमाम बातों को बता रहे थे।

''शुक्रवार को हमारे घर दाल बनती है।'' खाने की मेज़ पर हुसेन अपने घर के क़ायदे बतला रहे थे। मेज़ पर पॉम्फलेट मछली, चावल, रोटी, 'बॉम्बे डक' और सब्ज़ी, रसोई से ला कर रखे जा रहे थे। ''वर्षों से हमारे घर का यह नियम है कि शुक्रवार को दाल बने।'' ''क्या आपके घर रोज़ मांस पकता है?'' ''नहीं। रोज़ तो नहीं पकता, किन्तु शुक्रवार को दाल ज़रूर पकती है।''

खाना खाने के बाद हम लोग 'गजगामिनी' देखने बैठे।

पेरिस में 'मोनालिसा' के सामने माधुरी दीक्षित मोनालिसा का रूप धरे खड़ी है। माधुरी लूव्र में तमाम चित्रकारों की कलाकृतियों को हुसेन की नज़र से देख रही है। वानगॉग के व्यक्ति-चित्र के सामने माधुरी खड़ी है। हुसेन बोले, ''इस छायाचित्र का शीर्षक है 'Oh! My Gogh!' '' माधुरी दीक्षित, पेरिस, हुसेन की नज़र से देख रही है। हुसेन छायाचित्र ले रहे हैं, माधुरी दीक्षित पेरिस के एक रेस्त्राँ में चेरी खा रही है, माधुरी का सहज स्वभाव, हुसेन के चञ्चल, कहीं एक जगह न टिकने वाले स्वभाव को आत्मसात् कर रहा है। लूव्र में मोनालिसा भटक रही है। नात्रदोम की सीढ़ियों पर मोनालिसा बैठी है। मोनालिसा का पुनर्जन्म है। मोनालिसा के चेहरे पर मुस्कान है। मोनालिसा बीसवीं शताब्दी के अन्त पर खड़ी है।

''हम लोग सुलेमानी कहलाने लगे। हमारे धार्मिक गुरु यमन से आ कर यहाँ बस गये थे। उनका नाम सुलेमान था। हमारा सम्प्रदाय यहूदी और हिन्दू धर्म के ज़्यादा नज़दीक है। बहुत सारी समानताएँ हैं। सुलेमानी सम्प्रदाय

के बहुत कम लोग यहाँ हैं। आप देखें मेरे नाक-नक़्श तो आप जान जाएँगे कि मेरा धर्म क्या है। सुलेमानी सम्प्रदाय के लोग तरक़्क़ीपसन्द, बुद्धिमान और खुले दिमाग़ होते हैं। तरक़्क़ीपसन्द 'प्रगतिशील' अर्थ में नहीं लेना।

"अब तो कला संसार में ओछे या कहें चोर दिमाग़ फैले पड़े हैं।"

"हुसेन हमारा सरनेम नहीं था। 1952 में पासपोर्ट बनवाते वक़्त मैंने हुसेन सरनेम लिखा दिया और अब हमारे परिवार का सरनेम है। मैं पहली बार जब विदेश गया, तो चीन गया था। चीन में उन दिनों औरतें भी वर्कर्स यूनिफॉर्म पहनती थीं। पूरे देश में तरक़्क़ी का जज़्बा फैला हुआ था। मैंने पहली बार चीनी चित्रकला नज़दीक से जानी। एक स्ट्रोक में चित्र पूरा करने का महत्त्व समझा।"

"बाबा यह देखिए, यह बहुत जमेगा, 'गजगामिनी' के होर्डिंग के लिये। देखिए, यह लेंस आँख से लगाकर, इस पारदर्शी को देखिए। बिल्कुल मक्खन है मक्खन।"

"नहीं, ये सब नहीं चलेगा। मैं माफ़ी चाहता हूँ। होर्डिंग पर ये सब नहीं चाहिये। मैं चाहता हूँ 'गजगामिनी' का पीछे से लिया गया छायाचित्र हो। गजगामिनी।"

"आप इन्हें कुछ इस तरह रखिए, देखिए! आप बुरा न मानें। ये दो आकार रखने पर बीच की ख़ाली जगह, बीच का अवकाश एक आकार में तब्दील हो। भूल जाइए 'गजगामिनी' और दूसरी सब बातें। इसको पास-पास रखने पर क्या आकार जन्म ले रहा है, मेरी दिलचस्पी इसमें है। आप कुछ भी रखें। एक कहावत है। चीनी कहावत—Master Painter creats where he has not touched his brush."

"मैं यह सब नहीं दिखाना चाहता हूँ। 'ताल' की क्या रिपोर्ट है? ऐश्वर्या राय की पहली इनिंग तो अच्छी थी, इस बार कैसा खेली?"

कार में बैठे हुसेन को सुनना कठिन जान पड़ता है। वे वर्षों से कार में आगे की सीट पर बैठते हैं। ड्राइवर के पास। शायद उन्हें पहले पहुँचना पसन्द है।

"भारतीय स्त्रीत्व में एक खास बात है। 'गजगामिनी' बनाने के पीछे यही कारण है। एक समय ऐसा आया कि मैं सिर्फ़ माधुरी को ही देख पाता था। हर स्त्री में मुझे वही दिखायी देती थी। 'हम आपके हैं कौन' जब पहली बार देखने गया तो इण्टरवल के पहले ही लौट आया था। इस कदर बुरी फ़िल्म है। दोबारा जब मैंने वो गाना देखा जिसमें माधुरी पीछे लौटती दिखायी देती है तो मैंने देखा कि कितनी सुन्दर 'चाल' है। यही मैं चाहता था।

गजगामिनी। गुप्तकाल की मूर्ति। आपने देखी होंगी वे मूर्तियाँ। वे नितम्ब। वो चाल। फिर मैंने कई बार फ़िल्म देखी। सेल्फ एडिटिंग करता था। सिर्फ़ माधुरी जब परदे पर आती तो मैं आँखें खोल लेता। बाक़ी समय आँखें बन्द किये कल्पना करता माधुरी की चाल की।''

वे देख रहे थे भारतीय स्त्रीत्व और पारम्परिक मूर्तिकला का आपस में सम्बन्ध और उनके बीच के अवकाश में जन्म लेती गजगामिनी। वे भारतीयता स्त्रीत्व के रास्ते देख पा रहे हैं।

सितम जरीफि-ए-उलफ़त तो देखिए या रब
कि जिस कली को सूँघा, बू-ए-यार आये।

''मेरी हालत अख़्तर शिरानी के इस शेर जैसी हो गयी। सब तरफ़ माधुरी। गजगामिनी नज़र आये।''

''बहुत-सी नायिकाएँ हैं फ़िल्म इण्डस्ट्री में, किन्तु किसी में वो बात नज़र नहीं आती। जो बॉडी लेंग्वेज़ माधुरी के पास है। जो उनका चलना है। वो ही ख़ास बात है। किसी में यह बात नहीं है। दूसरी बेहतर नायिका काजोल है।''

ड्राइवर से उन्होंने कहा, ''वो जो सँकरी गली है, वहाँ चलो। अरे! हम परसों शाम को गये थे उस जगह, जहाँ बहुत तंग रास्ता है। नीचे जाता हुआ-सा।''

उन्हें रास्ता पता नहीं था, न नाम। मंज़िल पता थी। वे बहुत अच्छी तरह से बता रहे थे उस जगह के बारे में, जहाँ जाना था।

''फ़िल्म बनाते हैं किन्तु सिनेमेटोग्राफ़ी लोग जानते नहीं हैं। ये समझ थी ऋत्विक घटक में। सत्यजीत रे की 'देवी' फ़िल्म देखी है आपने? सत्यजीत रे का घर ऐसा ही था, बिखरा हुआ, चारों तरफ़ सामान और किताबें। इन सबके बीच आराम कुर्सी पर वे बैठे रहते।

''फ़िल्म की भाषा अलग है। मैंने सारी रूढ़ियाँ इस्तेमाल की हैं। सारी फ़िल्मी रूढ़ियाँ। फ़िल्म के गाने कालिदास, रवीन्द्रनाथ टैगोर, जावेद अख़्तर और मैंने लिखे हैं।''

हुसेन एक ऐसे चित्रकार हैं जो रूढ़ियों से शुरू करते हैं और अन्तःप्रज्ञा तक पहुँचते हैं। चित्र बनाते हुए वे इन्तज़ार करते हैं अन्तर्दृष्टि तक पहुँचने का।

''गजगामिनी' बनाने में मैंने कई साल लगाये। शूटिंग छः माह में पूरी की। अब फ़िल्म टेबल पर है। शूटिंग से ज़्यादा महत्त्वपूर्ण है। फ़िल्म अब बन रही है।''

‘‘फ़िल्मी दुनिया में रैकेटियर्स हैं। ललित कला अकादेमी की तरह। ये रैकेटियर्स सिर्फ़ काम न करने देने के लिये हैं। प्रतिभाहीन लोगों का समूह प्रगतिशील बना घूम रहा है।’’

‘‘मुझे दो हज़ार बाँस चाहिये थे। जंगल का दृश्य था। रैकेटियर्स ने हिसाब लगाया—तीन लाख रुपये। पन्द्रह दिनों का किराया तीन लाख, लाना ले जाना, सब उसमें शामिल था; होर्डिंग बनाता था उन दिनों, काफ़ी लोगों से पहचान हो गयी थी। मैं उसी शाम घूमते हुए उस जगह पहुँचा, जहाँ ये लकड़ी, बाँस आदि सप्लाई करने वाले होते हैं। उनका काम ही फ़िल्म नगरी को यह सब सामान किराये पर उपलब्ध कराना है। आपको पता है कितना पैसा माँगा उन्होंने, नौ हज़ार। सिर्फ़ नौ हज़ार।

‘‘छः करोड़ रुपया लगा है फ़िल्म में। मैंने सब कुछ लगा दिया इसमें। एक बार तो फ़िल्म बनानी ही है। पूरी करनी है। फ़िल्म बेचना नहीं है। सिर्फ़ एक और वन मैन शो। कई डिस्ट्रीब्यूटर्स ख़रीदना चाह रहे हैं। मैंने सब को मना कर दिया है। फ़िल्म सिर्फ़ फ़िल्म नहीं है। फ़िल्म के साथ मैंने सोचा है एक चित्र प्रदर्शनी, किताबों की प्रदर्शनी, फ़िल्म के उपयोग में लाये आहार्य, सेट का कुछ हिस्सा यह सब ‘गजगामिनी’ जाने वाले को देखने को मिलेगा। जैसे गैलरी में जाते हैं प्रदर्शनी देखने। बस वैसी ही एक और प्रदर्शनी।’’

‘गजगामिनी’ हुसेन का सेल्यूलाइड पर चित्र है। छविगृह दीर्घा है।

कार, साउण्ड रिकॉर्डिंग के स्टूडियो पहुँच चुकी है। हुसेन देख रहे हैं जो अभी तक रिकॉर्ड किया जा चुका था। फ़िल्म में सिर्फ़ हवा और पानी की आवाज़ है और किसी आवाज़ का इस्तेमाल नहीं कर रहा हूँ। आप जानते हैं न उनको, अनुराधा पॉल, वे बहुत अच्छा तबला बजाती हैं, बाक़ी सारी आवाज़ें तबले पर होंगी। पहले सोचा था जाकिर को कहूँ, फिर उनसे मिला। बहुत ही अच्छा बजाती हैं, उन्होंने कई बड़े उस्तादों के साथ बजाया है। रविशंकर और कई।’’

हम लोग ‘चायना गेट’ नाम की चायनीज़ रेस्त्राँ में हुसेन की पसन्द का चीनी खाना खा रहे थे। लज़ीज और लाजवाब।

मक्खन है मक्खन, कहने वाले के पास हुसेन के लिये फ़ोन आता है। फ़ोन सुन कर वे बेचैन हो गये। फ़ोन वे ध्यान से सुनते हैं। सेंसर बोर्ड के सदस्यों ने प्रोमो के लिये रवीन्द्रनाथ टैगोर का गाना सेंसर कर दिया है, यह ख़बर उन्हें फ़ोन से मिली। ‘‘कितने अजीब लोग हैं। वे उस गाने को अभद्र कह रहे हैं। आप बताइए, क्या आपको लगता है वो गाना अभद्र है। गोविन्दा जब कमर को झटके देते हैं, उसे पास कर देते हैं। इस गाने में कुछ भी नहीं है और उसे नहीं दिखाने की सलाह दे रहे हैं। ‘ए’ सर्टिफिकेट दे दें। मैं फ़िल्म सिर्फ़ कुछ दोस्तों को दिखाना चाहता

हूँ। बस! मेरी इच्छा है फ़िल्म कुछ ही लोग देखें जिन्हें समझ है। वैसे भी यह फ़िल्म तो थिएटर के लिये बनायी ही नहीं। आपने देखी। बस ऐसे ही कुछ दोस्तों के साथ बैठकर देखना चाहता हूँ। पैसा कमाना मेरा उद्देश्य नहीं है।'' हुसेन उन तमाम ज़्यादतियों का ज़िक्र करते रहे जो फ़िल्म सेंसर बोर्ड ने कई निर्देशकों के साथ की हैं। हुसेन फ़िल्मी दुनिया के इंसाइडर की तरह बात कर रहे थे। उन्हें सारी ख़बर थी।

''आपने तो अपने चित्रकला के संसार से मुझे बाहर निकाल दिया; अब मैं फ़िल्म बना रहा हूँ।'' हुसेन ने मुझसे कहा। मैंने तत्काल ही जवाब दिया—''ऐसा नहीं है, आपने एक संसार की उस्तादी हासिल कर ली है, अब दूसरे को आज़मा रहे हैं।''

ये कौन-सा मोड़ है उम्र का, जिसमें हुसेन माधुरी को ले कर 'गजगामिनी' बना रहे हैं?

फ़िल्म का किरदार है लियोनार्दो दा विंची। अभिनेता नसीरूद्दीन शाह। वेशभूषा सोलहवीं शताब्दी की। मेकअप स्वामीनाथन का।

लियोनार्दो दा विंची के दो चित्र महत्त्वपूर्ण हैं—'मोनालिसा' और 'लास्ट सपर'। 'गजगामिनी' के एक दृश्य में 'लास्ट सपर' का अभिनय है। 'लास्ट सपर' की पुनर्रचना। इस बार टेबल के इर्द-गिर्द।

मैं उन्हें बता रहा था, अभी तक मैंने कई 'लास्ट सपर' देखे हैं। लियोनार्दो दा विंची का, लास्ट सपर, इन सबके केन्द्र में है। आन्द्रे सिरानो, सल्वाडोर डाली, एण्डी वारहोल, ख़ुद हुसेन के दो लास्ट सपर, फ्रांसिस न्यूटन सूजा आदि सभी चित्रकारों ने 'लास्ट सपर' में जीसस और उनके बारह शिष्यों को मेज़ के दूसरी तरफ़ ही खड़ा या बैठा दिखाया है। कुछ-कुछ फ़ोटोग्राफ़ खिंचवाने के लिये खड़े हैं की मुद्रा में। यह सम्भवतः लीनियर पर्सपैक्टिव की सीमा भी है। अन्यथा यह कैसे सम्भव है कि तेरह लोग एक मेज़ पर खाना खाने बैठें और सभी एक तरफ़। मैंने ओरछा में इसी विषय पर एक चित्र बनाया है। शीर्षक है—'लास्ट सपर अराउण्ड द टेबल'। इस चित्र में देखने का बिन्दु मेज के ऊपर है।

हुसेन के 'लास्ट सपर इन रेड' और 'लास्ट सपर इन ब्लू' में शिष्यों के अलावा अन्य कई वस्तुएँ हैं। मेज़ को तोड़ा भी गया है। लाल में देवदूत हैं और नीले में असुर।

रेम्ब्राँ के 'नाइट वॉच' को जब मैंने पहली बार देखा तो मेरी आँखों में आँसू थे। मैंने जाना कि रंगों का अध्यात्म क्या होता है। मुझे महसूस हुआ कि ब्रश की ताक़त क्या है!

एक चीनी कहानी है—''एक युवक धनुर्विद्या सीखने गुरु के पास गया। गुरु ने एक तीर देते हुए कहा, 'एक साल तक इसके साथ रहो। खाना-पीना-सोना-उठना-बैठना सभी, याने एक पल के लिये भी इसे अपने

से अलग न करना।' एक साल बाद युवक वापस लौटा। गुरु ने इस बार उसे कमान देते हुए वही दोहराने को कहा। अगले साल शिष्य फिर आया तो आदेश हुआ कि अब तुम दोनों के साथ एक साल रहो। बरस बीतने पर जब दोनों की भेंट हुई, गुरु ने एक बतख की ओर इशारा करते हुए कहा, 'इसकी गर्दन पर तीर चलाओ।' शिष्य ने सन्धान किया, तीर खच्च से गर्दन पर जा लगा। गुरु ने निराश स्वर में कहा, 'अभी तुम्हें साधना करनी चाहिये। तुम दूसरों के सामने ख़ुद को सिद्ध करना चाहते हो। धुनर्धर वो है जिसके हाथ से तीर न छूटे।''

मैं हुसेन के उस बड़े से ब्रश को देख रहा था जिसे वे हमेशा अपने साथ रखते हैं।

पेरिस में लूव्र, लूव्र में मोनालिसा शाँज़े-लिज़े पर मोनालिसा नात्रदोम की सीढ़ियों पर बैठी इन्तज़ार कर रही है शताब्दी के अवसान का।

''कल आप मेहबूब स्टूडियो आ जाइये। मैं बान्द्रा ही आ रहा हूँ। वहीं मुलाक़ात होगी। फिर साथ चलेंगे।'' मैं बतायी जगह पर पहुँचा और इन्तज़ार करता रहा। हुसेन इन्तज़ार करा रहे थे। लम्बे इन्तज़ार ने मुझे हुसेन के घर फ़ोन करने को प्रेरित किया। पता चला हुसेन निकल चुके हैं। मैंने मोबाइल नम्बर लगाया। हुसेन ने कहा मैं रास्ते में हूँ, पहुँच रहा हूँ जब तक आप एक-दो फ़िल्मों में रोल कर लीजिए। महबूब स्टूडियो में कई शूटिंग चल रही थीं। मुझे टहलते देख चौकीदार को निश्चय ही शक हुआ होगा कोई क़िस्मत का मारा फिर बम्बई हीरो बनने आ गया।

हुसेन के साथ सनी देओल के रिकॉर्डिंग स्टूडियो पहुँचे जहाँ कोई न था। वहाँ से हुसेन जुहू गाँव की गली में ले गये जहाँ वे एक पुरानी नयी-नयी-सी दुकान पर चाय पीने और मराठी अख़बार पढ़ने अक्सर जाते हैं।

वहाँ से हम दोनों टहलते हुए लौट रहे थे। मैंने देखा कि सामने से दो लड़कियाँ और उनके साथ दो लड़के आ रहे हैं। लड़कियाँ हुसेन को देख कर बातें कर रही थीं। हम लोग चलते-चलते उनके पास से गुज़र गये। थोड़ा-सा आगे जाने पर मैंने पाया कि वे दोनों लड़कियाँ पीछे से भागती आ रही हैं। मैंने कहा, ''आपका आटोग्राफ़ लेने लड़कियाँ आ रही हैं।'' हुसेन ने पलटकर देखा।

''लड़कियाँ बहुत बोल्ड होती हैं।'' हुसेन ने कहा।

हुसेन बहुत बातें करते हैं। लगातार बोलते रहते हैं। उन्हें यह ख़याल नहीं रहता कि वे अपने को दोहरा रहे हैं। स्वामीनाथन की भी यही आदत थी। अम्माजी अक्सर उन्हें टोक देती थीं। किन्तु हुसेन और स्वामी दोनों ही अपने दोहराने को हमेशा नये की तरह सुना जाते हैं।

सेंसर बोर्ड द्वारा प्रोमो के लिये रवीन्द्रनाथ टैगोर के गाने को सेंसर किये जाने पर हुसेन दुखी हैं। 'चार अध्याय' का अन्तिम दृश्य जो कुछ ही सैकण्ड का है, का काटा जाना दर्शाता है कि बोर्ड के सदस्य फ़िल्म के प्रति उदासीन रहकर मनमानी करते हैं। छोटे दिमाग़ के पास शक्ति आने का परिणाम मनमानी ही हो सकता है। स्वामी इन्हें मँझोली समझ का कहते थे। मीडियॉकर।

''तैय्यब के यहाँ चलें?'' हुसेन ने पूछा और ड्राइवर से कहा, ''चलो।'' ''...तैय्यब इस फ़िल्म का थिंक टैंक हैं। उन्होंने बड़ी अच्छी फ़िल्म बनायी है—'बुल'। आपने देखी है? फ़िल्म में तैय्यब की खोपड़ी है।'' हुसेन ने यह बात श्लेष में कही। फ़िल्म में तैय्यब मेहता का शिल्प 'बुल्स हेड' आहार्य के रूप में मौजूद है।

सकीना जी ने चाय बनायी और हुसेन ने बताया कि कैसे तैय्यब चाय नहीं ज़हर बनाते हैं।

हुसेन तैय्यब के साथ देर तक सेंसर बोर्ड के प्रति नाराज़गी व्यक्त करते रहे।

'I afford to be a fool' यह वाक्य हुसेन ने हँसते हुए कहा, ''मैंने अपने चार संग्रहालय बनाये। अब मैं सोचता हूँ क्यों? क्या ज़रूरत थी इनकी? चारों संग्रहालयों में से सिर्फ़ बैंगलोर में काम हो रहा है। बाक़ी मेरे बस में नहीं है। मैंने बिला-वजह अपना समय बरबाद किया।''

''मैं चित्रकार बनना नहीं चाहता था। मैं तो फ़िल्म बनाने के लिये ही बम्बई आया था।''

''गजगामिनी' के बारे में मैं लगातार सोचता था। जब मेरी यह हालत घर वालों ने देखी तो सोचा अब मैं सठिया गया हूँ। अस्सी साल की उमर में मेरा हाल बुरा था। लगातार मेरे सिर पर 'गजगामिनी' सवार थी। हर वक्त उसी की बातें करना, चित्र बनाना, स्क्रिप्ट लिखना, एक जुनून-सा तारी था मुझ पर। मेरी हालत कुछ इस तरह बयाँ की जा सकती है—

ज़ोक़ ए फिराके यार में इतना नहीफ हूँ
कि नादिम हुई क़जा मेरा बिस्तर टटोलकर।

लखनऊ के बड़े पुराने शायर ने कहा है यह। मौत मेरा बिस्तर टटोलकर शर्मिन्दा हो गयी। 'मायानगरी' में माधुरी और मुझे ले कर बहुत-सी बकवास लिखी जा रही थी। मुझे ख़राब लगा। मेरे कारण एक स्त्री की बदनामी हो रही है। एक दिन मैं माधुरी के घर गया और उनके माता-पिता सबके सामने कहा, 'देखिए, आपकी काफ़ी बदनामी हो रही है। मैं अत्यन्त शर्मिन्दा हूँ कि आपको यह सब सहन करना पड़ रहा है। मैं सोचता हूँ फ़िल्म बन्द कर दूँ।'

माधुरी बहुत समझदार है। उन्होंने कहा 'आप फिक्र न करें। यह सब चलता रहता है। फ़िल्म बनेगी।'

"एक दिन मैंने माधुरी से कहा, आप अस्सी बरस की होतीं और मैं पैंतीस का तब भी 'गजगामिनी' आपको ही ले कर बनाता।"

मैं सोच रहा था फ़िल्म माध्यम को अस्तित्व में आये बमुश्किल सत्तर बरस हुए होंगे, और ऋत्विक घटक, मणि कौल, कुमार शाहनी, हुसेन जैसे अत्यधिक जटिल और अमूर्तता में माध्यम को बरतने वाले फ़िल्म निर्देशक शायद ही किसी देश में इतने हुए हों।

हुसेन, मैं और ओवेस खाने की मेज़ पर थे। खाने में आज चिकन बिरयानी थी, एक और आकर्षण था—सेवैंया। 'गजगामिनी' फ़िल्म की शूटिंग है। फ़िल्म के लोग आये हुए हैं; ओवेस उनके साथ व्यस्त हैं। हुसेन फ़िल्म का कथासार लिख रहे हैं।

"मैं चीन के बाद रूस गया। उन दिनों प्रगतिशील संघ और इप्टा बहुत सक्रिय थे। मेरा उठना-बैठना इन्हीं लोगों के साथ था। सभी ये मानते थे कि मेरा झुकाव मार्क्सवाद की तरफ़ है। सूज़ा तो थे ही सदस्य। किन्तु मैं इन सबसे दूर था। न इधर, न उधर, मेरा रास्ता बीच में था। यह बात मुझे साफ़-साफ़ पता थी। दोस्त मुझसे कहते थे, तुम पहले चीन गये फिर रूस, तुम्हें अमरीका का वीसा नहीं मिलेगा। पहले अमरीका वीसा लेने के लिये शपथ लेनी होती थी। हाथ उठा कर कहना पड़ता था मेरा कम्युनिस्ट विचारधारा से कोई सम्बन्ध नहीं है। मैं गया। अमरीका गया और पाँच दिनों में लौट आया। रॉकफेलर फैलोशिप मिली थी मुझे। कोई अमरीकी महिला थी। उनके तीन मंज़िला मकान में ठहरने का प्रबन्ध था। तीन दिन हो गये थे मुझे आये हुए और रोज़ सुबह मुझे एक स्लिप मिलती थी, आज यहाँ जाना है या यह देखना है, वह करना है। मुझे लगा मैं यहाँ छात्र की हैसियत से नहीं आया हूँ। चित्र बनाने हैं। बड़ी नज़र रखी जाती थी मुझ पर। मैं बेचैन हो गया। एक दिन सुबह मैंने अपना सारा सामान वहीं छोड़ा और सीधा एयरपोर्ट पहुँचा। रिटर्न टिकिट था ही मेरे पास। बस वापस आ गया।"

हुसेन ने फ़िल्म में कई समय गूँथ दिये हैं। कामदेव और दा विंची साथ-साथ घूम रहे हैं। मोनिका और शाहरुख उसी समय में हैं जहाँ कालिदास और सी.वी. रमन हैं। शकुन्तला और संगीता 'गजगामिनी' और मोनिका। मल्लिका बिलग्रेट आने वाली शताब्दी की नायिका, ये सब एक साथ हैं एक समय में; यह अनन्त काल में विचरण करती गजगामिनी है।

यह कई समय, हुसेन का अपना समय है।

''एक बार आपने अपने किसी कैटलॉग में लिखा था Let history cut across me. यह फ़िल्म इतिहास को नकारने का उद्यम है।''

''हाँ, मैंने लिखा था। बड़ा अहंकार है उस वाक्य में। क्या आपको नहीं लगता?''

फ़िल्म में प्रेम है। फ़िल्म अतियथार्थवादी है। फ़िल्म प्रतीकों से भरी है।

फ़िल्म के कई दृश्यों में 'बिटवीन स्पाइडर एण्ड द लैम्प' का लैम्प जल रहा है।

''मैंने छः साल पहले गजगामिनी बनायी थी। गजगामिनी का रोल रईसा ने किया। रईसा मेरी बेटी है। फ़िल्म छः मिनिट की है। फिल्मिस्तान किराये पर ले कर बाक़ायदा शूटिंग की।...ओवेस।'' हुसेन ओवेस को आवाज़ लगाते हैं।

छः मिनिट की फ़िल्म में दिखायी देता है हुसेन कितनी शिद्दत से गजगामिनी बनाना चाह रहे थे।

1999

मक़बूल

1.

बाद की मुलाक़ातों में जिन दिनों वे अपनी आत्म-कथा लिख रहे थे पढ़कर सुनाते थे—कभी एक अध्याय, कभी कोई दूसरा। एक दिन उन्होंने बताया कि अब बहुत सारे अध्याय इकट्ठे हो गये हैं और यह पुस्तक रूप में छप रहे हैं। मैंने कहा, "फिर आप इसे हिन्दी में भी छपवाइये।" वे आत्मकथा उर्दू में लिख रहे थे और यह पठन-पाठन अक्सर अचानक हुई मुलाक़ातों में जारी रहता था। मैं यह बोलकर चला आया। सालभर बाद उनका फ़ोन आया कि तुम आ जाओ, किताब का हिन्दी में अनुवाद हो गया है, उसे सम्पादित कर डालो, मुझे उसमें कुछ गड़बड़ नज़र आ रही है। मैं चला गया। उनकी मित्र कामना प्रसाद ने अनुवाद किया था। हुसेन ने अनूदित पाण्डुलिपि मुझे दी। मैंने देखा कि सम्पादन की ज़रूरत है—कहीं वाक्य

संरचनाएँ ठीक नहीं थीं, कहीं कुछ और दिक़्क़त। कुछ-कुछ जगह लगा कि यहाँ से पंक्तियाँ ग़ायब हैं। मैंने सम्पादित करना शुरू किया। सम्पादन चलता रहा। मैं दो-तीन दिन रहता फिर लौट आता। फिर अगली बार चला जाता। लगभग एक साल होने को आया। एक बार पता चला वह पाण्डुलिपि जिस पर मैं काम कर रहा था, गुम हो गयी है। हुसेन बोले, ''पता नहीं कहाँ गुम हो गयी है, मिल ही नहीं रही।'' उन्हें पता था मैं आ रहा हूँ और उन्होंने ढूँढ़नी शुरू की होगी। अब वह मिल नहीं रही थी। बोले, ''चलो, हैदराबाद चलते हैं वहाँ होगी।'' हैदराबाद जाकर ढूँढ़ी। वहाँ नहीं मिली। उन्हें लगा अहमदाबाद हो सकती है। कभी वहाँ जाकर ढूँढ़ी होगी। एक बार उनका फ़ोन आया कि दिल्ली में हो सकती है। लेकिन वह मिली नहीं।

मुम्बई की किसी एक मुलाक़ात में वे बोले, ''तुम्हीं क्यों नहीं लिखते। इतनी सारी बातचीत होती रही है। तुम उस पाण्डुलिपि को भूल जाओ—अब वह गुम गयी तो गुम गयी।'' हुसेन के हुसेन होने का एक कारण यह भी है कि वे पीछे पलटकर नहीं देखते। मैंने उनसे कहा कि मुझे आपसे बात करनी पड़ेगी, रिकॉर्ड करना होगा। उन्होंने दादीबा पण्डोल को फ़ोन किया कि एक टेप रिकॉर्डर ख़रीदना है। दादीबा एक जेबी रिकॉर्डर ख़रीद लाये। मुझे जब भोपाल से छुट्टी मिलती मैं वहाँ चला जाता। हम दो या तीन दिन साथ होते थे। फिर अगली बैठक होती। इस तरह सिलसिला चलता रहा। वे इस रिकॉर्डिंग प्रक्रिया से तंग आ गये। बोले, ''आप छोड़ें इसे। जो भी बातचीत हो वह याद रखिए। जो याद रहे वह लिखिये और बाक़ी छोड़ दीजिये। मुझे माइक पकड़कर बोलना अच्छा नहीं लगता।'' एक दिन हम लोग बातचीत कर रहे थे तब उनका बेटा ओवेस वह पाण्डुलिपि लेकर हमारे सामने से गुज़रा। यह वही पाण्डुलिपि थी जिसे मैं हिन्दी में सम्पादित कर रहा था। हुसेन उछल पड़े। बोले, ''अरे! यह तो हम कब से ढूँढ़ रहे थे। तुम कहाँ ले गये?'' ओवेस शायद फ़िल्म बना रहे थे। उसके लिये रख ली थी। हुसेन ने उसी वक्त तीन-चार फ़ोटो-कॉपी करवायीं। एक कॉपी ओवेस को दी। मैंने पाण्डुलिपि में आगे के काम पूरे किये, राशीदा जी ने हाथ से लिखी 'हुसेन की जीवनी'। इस बीच उनके जीवन पर हमारी बातचीत उनके निक़ाह तक पहुँच गयी थी। मैंने उसे वहीं समाप्त किया। उनके बचपन से लेकर शादी तक।

रिकॉर्डिंग वाला हिस्सा मैंने कभी सुना नहीं। वे सारे कैसेट्स/Cassetes रखे हुए हैं। मैंने स्मृति के आधार पर ही लिखा। कई बार ऐसा लगा कि प्रतिलेखन करवा लूँ। लेकिन जब लिप्यान्तरण के लिये भरत आये तब कैसेट न मिले, जब कैसेट मिले तब भरत न मिले। अभी तक वे कैसेट्स ऐसे ही रखे हैं।

2.

"मक़बूल" का स्वरूप लिखने के दौरान तो नहीं लेकिन लिखने के बाद तय होना शुरू हुआ। उसमें कालक्रम देखा जा सकता है। हुसेन के बचपन से शुरू होकर उनके निक़ाह तक। बचपन से शुरू होकर निक़ाह तक पहुँचने का कारण सिर्फ़ यह है कि इतनी बातचीत के बाद हुसेन से मुलाक़ात होनी बन्द हो गयी। वे हिन्दुस्तान छोड़ बाहर चले गये। इस व्यवधान के चलते पाठ यहीं तक रहा। उन्हीं दिनों उनसे बातचीत के दौरान ही यह तय हुआ कि पुस्तक को निक़ाह तक ही रहने दिया जाय। पुस्तक के लिये पहले तय यही हुआ था उनसे बातचीत के बाद यह लिखी जाएगी। यह सिलसिला सन् 1990 से लेकर 2001 तक चला। बीच बीच में अन्तराल रहे। कुछ मुलाक़ातें पहले से तय हो जाती थीं, लेकिन ज़्यादातर मिलना आकस्मिक होता था जिसे थोड़ा आगे बढ़ा लिया जाता था। एक दिन के लिये मैं मुम्बई गया और हुसेन मिल गये तो दो दिन और रुक जाता। इन मुलाक़ातों में कुछ घण्टे ऐसे मिल जाते जिसमें हम बातचीत रिकॉर्ड किया करते थे। बाक़ी समय हुसेन की अपनी व्यस्तताएँ इतनी ज़्यादा हैं कि वे उसमें आपको भी शामिल कर सकते हैं। आप उसमें शामिल होते हैं तो हो सकता है कि आपका अगला एक महीना उसमें चला जाय। वे एक ऐसे रचनात्मक केन्द्र हैं जिसके नज़दीक जाने से आप उसके अन्दर बिला जा सकते हैं। उनका प्रभामण्डल आकर्षक व सशक्त है। हुसेन की सक्रियता अकल्पनीय है। आप उनके साथ रहकर महसूस न करे तब तक समझा नहीं जा सकता है। सक्रिय होने का अर्थ यह भी है कि वे लगातार चित्र बना रहे हैं या एक जगह से दूसरी जगह जा रहे हैं या हो सकता है कि वे आपके साथ बैठकर घण्टों बात ही कर रहे हों, किसी एक रेस्तराँ या अपनी पसन्द की चाय की दुकान पर या शहर के किसी एक कोने में हैं। आप उसमें शामिल हो जाते हैं या उसका एक अंग बन जाते है जो वे कर रहे हैं।

इसी दौरान पुस्तक की कल्पना बनती बिगड़ती भी रही। जब मैंने सारे अध्याय स्वतन्त्र रूप से लिख लिये और उन्हें सुनाये तब पुस्तक का क्रम हम लोगों ने तय किया। "मक़बूल" के अध्याय उन्हें अध्याय की तरह नहीं सुनाये। बहुत-सी बातें मैंने छोड़ दी हैं। जैसे अपने बचपन में वे बक्से चित्रित करते थे। उस ज़माने में उनके समुदाय में बक्से चित्रित करने के लिये पैसा मिला करता था। दो-तीन पैसे मिल जाते थे। इसका एक लम्बा विवरण उन्होंने मुझे दिया लेकिन यह प्रकरण मुझे किताब में जाता हुआ नहीं लग रहा था, मैंने छोड़ दिया। कई प्रकरण हुसेन ने बताये लेकिन उन्हें पुस्तक में शामिल नहीं किया। कई चीज़ें जोड़ी गयीं, कई हटायी गयीं। जैसे "माँ" अध्याय है। हुसेन के साथ बातचीत "माँ" अध्याय के रूप में नहीं हुई।

उनकी बातचीत में कभी भी माँ का ज़िक्र आ सकता है। उनके बचपन की कई स्मृतियों में, जिसमें माँ मौजूद नहीं है, जिसमें नयी माँ है या जिसमें दोनों माँ नहीं हैं या दोनों माँ हैं। उन सभी को एकाग्र व एकत्रित कर उनमें से कुछ अध्याय में संयोजित किया है। इसके लिये अलग से मैंने कोई नोट्स नहीं लिये। वे सुनाते रहे, मैं सुनता रहा।

मेरा ख़याल है कि वे जो भी बोल रहे थे उनकी कल्पना मेरी स्मृति का आधार बनी बजाय उनके शब्द। उनके शब्द से जो चित्र उपजे और उन चित्रों से जो शब्द निकले हैं वे इस पुस्तक को गल्पात्मक बनाते हैं और वे ही उसको अलगाते होंगे। ''मक़बूल'' की भाषा चित्र भाषा के रूप में ही मुझे नज़र आयी, स्वयं भाषा के रूप में नहीं। चित्र संकेत बन रहे हैं या चित्रों का रूपांकरण संकेत में हो रहा है। मक़बूल का जीवन-रूप देखने की कोशिश में मैंने सिर्फ़ कल्पना का सहारा लिया है। हुसेन ने जीवन के जो प्रसंग बतलाये वे बहुत बिखरे हुए थे : किसी एक प्रसंग का कोई टुकड़ा उन्होंने दो साल बाद कहा। उन टुकड़ों को जोड़कर देखना चित्रभाषा का ही काम था। पहेली/puzzle के टुकड़ों की तरह इन्हें जोड़ा और वह पूरी हुई। भाषा की गल्पात्मकता इसी कारण बन रही है जो हुसेन से बातचीत के दरमियान मेरे मन में उभरती चली गयी। मैं उनके बचपन के इन्दौर के काफ़ी क़रीब जा सका क्योंकि मैं इन्दौर की उन्हीं गलियों में घूमा हूँ जहाँ पर हुसेन बड़े हुए हैं, जिन विद्यालयों में वे पढ़े हैं। हुसेन का घर हमारे घर के बहुत ही नज़दीक था। वह सारा स्थान-विशेष जब हुसेन सुना रहे थे तब मेरे सामने सजीव भी होता जा रहा था कि संयोगितागंज मतलब यहाँ गये होंगे। यह ज़रूर होगा कि अब कुछ वृक्ष नहीं रहे होंगे और कुछ ऐसे सार्वजनिक उपक्रम सामने आ गये होंगे, जो उनके समय में नहीं थे। जब मैं अपने बचपन की ओर देखता हूँ तब वहाँ बहुत ज़्यादा अवकाश नज़र आता है। कल्पनाओं से भरा अवकाश। इतना सीमेंट-कंक्रीट के जंगल से भरा हुआ नहीं है जैसा अब हो गया है। एक दिन हुसेन ने पूछा, ''वह तुम्हारा मकान कहाँ पर है?'' मकान हम लोग बेच चुके थे। जिसने ख़रीदा था उसने मकान तोड़कर ख़त्म कर दिया था। हमारा मकान ऐसा मकान था जिसके एक तरफ़ धर्मशाला थी, दूसरी तरफ़ पाठशाला, मकान के चारों तरफ़ सड़क थी। वह एक द्वीप की तरह था। हुसेन के लिये landmark था अपने घर तक पहुँचने का। इस बीच हुसेन कभी वहाँ गये होंगे। चूँकि घर वहाँ नहीं था इसलिये वे कुछ पहचान नहीं सके। उन्होंने उस दिन मुझसे कहा, ''मैं अपना घर ढूँढ़ नहीं पाया क्योंकि तुम्हारा घर नहीं दीखा।'' मैंने बताया कि हमने मकान बेच दिया है। उन्होंने कहा, ''वहाँ इतनी सारी दुकानें थीं कि मुझे लगा कि मैं ग़लत जगह आ गया हूँ।'' जबकि

वे ठीक जगह पहुँचे थे, किन्तु दृश्य बदल चुका था। ज़ाहिर है वे असमंजस में डूबे वापस चले आये। मेरे बचपन की स्मृतियाँ उन सारी जगहों की हैं जो ख़ाली हैं, जो मेरे घर और हुसेन के घर के आसपास फैली थीं। हुसेन का वर्णन मेरे स्मृति दृश्य के बहुत नज़दीक था। पुस्तक की गल्पात्मक रीति उसी से उपजी है। अब शायद सम्भव नहीं है कि कोई बच्चा उस परिवेश में बड़ा हो और हुसेन की कहानी सुन उसे लिखने की कोशिश करे। कल्पनाशीलता उसका साथ नहीं दे पाएगी। यह सब बदल चुका है। सीमेंट के मकान, बेतरतीब अतिक्रमण, कल्पनाहीन, अव्यावहारिक बदलाव भरा इन्दौर शहर ही नहीं बल्कि आज़ाद हिन्दुस्तान के शहरी विकास की पहचान बन चुका है। इसमें अब किसी भी शहर का चरित्र दूसरे से अलग नहीं नज़र आता। जिन पारसी मोहल्ले की गलियों से हुसेन गुज़रते ये वे गलियाँ अब वहाँ नहीं हैं। अब मुझे ख़ुद भी पहचान में नहीं आता है कि यह कौन-सी जगह है।

'मक़बूल' की भाषा, मक़बूल के जीवन-रूप के नज़दीक चली गयी। यह इसलिये भी सम्भव हो सका कि मैंने उन सब जगहों को देखा-जाना और पहचाना हुआ था जिनकी बात हुसेन कर रहे हैं। जब वे चिमनी बनाने के कारख़ाने में दादा की बात कर रहे हैं तो वह वहाँ हैं। वह पूरी एक गली है जहाँ ये सारी दुकानें हैं। उन दुकानों में हम लोग जाया करते थे और घण्टों खड़े हो यह सब देखा करते थे। सब कुछ एक जादू की तरह होता था। कोई बहुत बूढ़ा व्यक्ति कुशलता से किसी चीज़ से कोई और चीज़ बना देता था। यह सब बातें "मक़बूल" के पक्ष में जा सकीं। स्मृति के आधार पर ही पुस्तक लिखी गयी। अध्याय इतने ही लिखे और इतने ही रहे, कोई अध्याय जोड़ा न कम किया गया। पुस्तक का वर्तमान स्वरूप उन्हीं के साथ बातचीत में बनाया गया है। उनका आग्रह था कि इस पाठ के साथ मैं अपने रेखांकन करूँ। अमूर्त रेखांकन जिनका कहानी के साथ कोई सम्बन्ध न हो। मेरा उनसे यह आग्रह था कि वे स्वयं रेखांकन करें। फिर एक बार तय हुआ कि हर अध्याय के लिये पहला वे और बाक़ी के रेखांकन मैं करूँगा। सालों बाद जब दुबई में मुलाक़ात हुई तब उन्होंने कहा कि मैं इस पुस्तक के लिये नये रेखांकन करना चाहता हूँ। मैं ख़ुश हुआ। यही मैं चाहता भी रहा हूँ। हाल ही में मैं लन्दन इसी उद्देश्य से गया भी लेकिन उनकी व्यस्तता के कारण रेखांकन बन नहीं सके। यह सम्भवतः पहली किताब है जिसमें हुसेन ने कुछ भी न किया हो वरना वे अपनी हर किताब के प्रकाशन में कुछ न कुछ हस्तक्षेप ज़रूर रखते हैं। अब "मक़बूल" में यह सम्भव होता नज़र आ रहा है कि मक़बूल का हस्तक्षेप नहीं है।

2011

हुसेन की याद में

यह लिखते वक्त मुझे अनेकों ऐसे प्रसंग याद आ रहे हैं जिन्हें हुसेन ने मेरे साथ बाँटा था। उनमें से कुछ ऐसे भी हैं, जो उनके व्यक्तिगत जीवन के पहलुओं को छूते हैं और हम दूसरे हुसेन से परिचित होते हैं, जो एक साधारण व्यक्ति भी है। हुसेन की लापरवाह मुस्तैदी को दर्शाती एक घटना ऐसी ही है, जो लंदन में दो वर्ष पहले घटी। जब पूरा दिन साथ गुज़ार लेने के बाद देर रात उन्होंने कहा—'तुम मेरे नये घर में ही रुक जाओ, बल्कि ठहरो, हम दोनों वही चलकर सोयेंगे।' और वे तैयार होने भीतर चले गये; जब हम टैक्सी में बैठकर चलने लगे, तब अचानक उन्हें याद आया और वे बोले—'तुम रुको, मैं ऊपर पैसे भूल आया हूँ।' यह कहकर, मैं कुछ कहूँ, उसके पहले ही उतरकर अपने स्टूडियो में चले गये। कुछ देर बाद लौटे अपनी जेबों में काग़ज़ों के पुलिन्दे भरकर।

चलती टैक्सी में वे काग़ज़ों के बीच पैसे ढूँढ़ते रहे और पाया कि वे ग़लत काग़ज़ के पुलिन्दे उठा लाये हैं।

''आपके पास पैसे हैं?'' उन्होंने मुझसे पूछा।

''हाँ, आप चिन्ता न करें।'' मैंने कहा।

वे निश्चिन्त होकर दूसरी बातें करने लगे।

इस नये घर में वे भी पहली बार रात में आये थे, अतः अगला आधा घण्टा हमें उस घुप्प अँधेरे में बिजली का खटका कहाँ है ढूँढ़ने में लगा। उन्होंने एक कमरा, जो वातानुकूलित था, मुझे दिया और कहा आप यहाँ सोइये, वे ख़ुद दूसरे कमरे में चले गये। जहाँ ख़ूब गर्म था। मैंने उनसे इसरार किया कि वे इस कमरे में सोयें और मैं बाहर सो जाऊँगा। जिसे उन्हें मानना ही था। फिर हम लोग चाय पीते हुए सोने के समय तक बतियाते रहे।

बम्बई में एक शाम हम लोग गजगामिनी के एक कट्स देख रहे थे और वे निर्माण सम्बन्धी मुश्किलों का ज़िक्र कर रहे थे, जिसमें से ज़्यादातर रचनात्मक नहीं थीं। उन्होंने बताया कि वे किसी का उधार नहीं रखना चाहते हैं। जिस भी कलाकार या सहयोगी ने जो भी उसकी फीस माँगी उन्होंने दी है, सिर्फ़ एक गीतकार रह गया है जिसकी क़ीमत बीस हज़ार होगी और वह एक चित्र माँग बैठा है। वे दुविधा में थे। 'माँगे मिले न भीख' की तर्ज़ पर अब वो उसे एक भी चित्र नहीं देना चाहते थे। हुसेन अपनी दरियादिली के लिये विख्यात हैं। उन्होंने बग़ैर माँगे कई चित्र, रेखांकन अपने मित्रों को, अनजान लोगों को दिये हैं।

यह इसलिये भी उल्लेखनीय है कि हुसेन के चित्रों की क़ीमत है। बाद में सम्भवतः हुसेन ने उन्हें कुछ दिया ही होगा। हुसेन एक संकोच वैशिष्ट्य के शिकार थे। शर्मीले और संकोची हुसेन अपनी रचनाशीलता में मुखर और हठी थे।

चूँकि इस लेख के लिये मुझसे आग्रह किया गया कि मैं व्यक्तिगत अनुभवों को रेखांकित करूँ, अतः हुसेन की अगली मुलाक़ात या हुसेन के देश छोड़कर चले जाने के बाद की मुलाक़ातें कम और अपूर्ण होने लगीं। उन्हें फ़ोन करने का अर्थ यही होता था कि कल आ जाओ, फिर बात करते हैं। दिल्ली, बम्बई, हैदराबाद या देश का कोई शहर पहुँच से बाहर नहीं था, किन्तु जब फ़ोन पर लंदन से उन्होंने कहा—'पता लिख लो, कल आ जाना, यहीं बात करेंगे।' तब मुझे बताना पड़ा कि हम लोग VISA नियमों से बँधे हैं और

मुलाक़ात दस दिन बाद ही हो सकती है। मैं जब पहुँचा हुसेन अपना कामकाज छोड़ मेरे लिये चाय बनाने किचन में घुस गये। लम्बी यात्रा की थकान मिटाने के लिये उन्होंने मेरे लिये आमलेट भी बनाया और मेज़ पर नाश्ता लगाते हुए इन्दौर के सेव रखना नहीं भूले।

इन्दौर में जन्मे, पले और पढ़े हुए हुसेन के लिये इन्दौर के नमकीन और मिठाइयाँ अन्त तक पहली पसन्द बनी रहीं।

दुबई की एक शाम जब मैंने उनसे पूछा कि क्या आपने 'फेरारी कार' ख़रीदी है? वे हल्के से मुस्करा दिये और बोले—हाँ। यह सब कारें डिज़ाइन के अद्‌भुत प्रमाण हैं। उनकी बनावट और सजावट किन्हीं कारीगरों का काम नहीं बल्कि कलाकारों का काम है। मैं यह सब कारें ख़रीद रहा हूँ एक शिल्प में इस्तेमाल करने के लिये। 'Horse Power' नामक संस्थापन (instellation), जो वे घोड़ों के संग्रहालय के लिये बना रहे हैं, वहाँ ये कारें जो 'Horse Power' की ही मिसाल हैं, लगायी जाएँगी। 'ये भी कबाड़ा ही है।' उन्हीं दिनों उन्होंने 'रोल्स रायल्स' ख़रीदने का मन बनाया हुआ था, जिसमें घूमते हुए 'इंग्लिश लैण्डस्केप' करने की योजना थी।

दूसरे दिन चाय पीते वक्त उन्होंने ड्राइवर को बुलाकर फेरारी निकालने को कहा। हम लोग चाय पीकर नीचे आये, वहाँ ड्राइवर फेरारी लेकर खड़ा था। हुसेन ने आग्रहपूर्वक मुझसे आगे बैठने को कहा और ख़ुद पीछे की सीट पर जा बैठे। यह कार हुसेन के लिये विशेष रूप से बनायी गयी थी, जिसमें पीछे बैठने की व्यवस्था भी थी अन्यथा फेरारी स्पोर्ट्‌र्स कार मानी जाती है, जिसमें दो ही सीटें होती हैं। उन्होंने ड्राइवर से किसी जगह का नाम लिया, जो लगभग दुबई से बाहर थी। कार शुरू होने के बाद हुसेन बोले—'आवाज़ सुनियेगा, शेर की तरह गरजती है'। हम लोग दूर किसी समुद्री किनारे, जहाँ ढेरों नावें खड़ी थीं, पहुँचे और उन्होंने कहा—'चलिये, आपको ब्रिटिश ब्रेकफास्ट कराया जाए'। वे एक रेस्तराँ में ले गये और हम दोनों ने अपना 'आर्डर' दिया, तब उन्हें पता चला कि वे पैसा रखना भूल चुके हैं। हुसेन ने मुझसे कहा—'आपके पास पैसे हैं?' जब तक मैं चुका-चुका था। उस सुबह दुबई के बाहर उस रेस्तराँ में देर तक बैठे जहाँ हुसेन दुबई में बन रहे इस संग्रहालय की योजना बताते रहे। फिर हम लोग चार अलग-अलग घरों/स्टूडियो में गये, जहाँ इन चारों संग्रहालयों के चित्रों पर काम किया जा रहा था। हुसेन की स्मरण-शक्ति अन्त तक उनके साथ रही। कभी-कभी वह भूलने का नाट्य भी कर लेते रहे।

हुसेन के कुछ छूट गये, कुछ अधूरे रह गये काम अब शायद ही किसी तरह पूरे हो सकेंगे। शायद वे ख़ुद भी उन्हें कुछ अधूरा ही छोड़ना चाहते रहे होंगे। हुसेन की निरन्तरता ही उनके हज़ारों काम के पूरे होने का कारण रही और उनके अधूरे छूट गये कामों की भी।

2011

हुसेन का घर

हुसेन का क़तर चले जाना एक व्यक्ति का स्वतन्त्र निर्णय है। चर्चा इसलिये हो रही है कि हुसेन एक साधारण नागरिक नहीं चित्रकार हैं जिनकी रचनात्मक उपस्थिति इस देश के लोगों की आदत बन चुकी है और जो अपनी लगातार नयी-नयी गतिविधियों से ख़बरों में बने रहते हैं। उनके क़तर जाने के पीछे यह कुतर्क़ किसी मूर्ख क्षण में सोचा जा सकता है कि हुसेन अब आयकर नहीं चुकाना चाहते हैं। हुसेन पिछले अस्सी सालों से देश में रह रहे हैं और आज तक की चोरी का उदाहरण उनके साथ पेश नहीं हुआ। हुसेन का जाना यदि तकलीफ़ दे रहा है उसके पीछे बात सिर्फ़ यही नहीं है वो एक ऐसे चित्रकार हैं जिसने इस देश की कला सम्भावना को अनुभव किया और उसे विश्वास के उस मुक़ाम तक ले गये जहाँ जनमानस के साथ एक सीधा रिश्ता बन पाया। पिछले कई सालों से देश की कई पीढ़ियाँ चित्रकला के नाम पर हुसेन को पढ़ती समझती और जानती रही हैं। यह भी हुआ कि हुसेन ने जनमानस के सामने उदाहरण रखा कैसे

एक साधारण घर का लड़का अपनी ज़िद पर उस मुक़ाम तक पहुँच सकता है जो इस देश के हर नागरिक को उपलब्ध है। हुसेन न सिर्फ़ कला की अन्तरराष्ट्रीय ऊँचाइयों तक पहुँचे बल्कि युवा पीढ़ी के आदर्श भी बने। कला महाविद्यालय जाने वाले विद्यार्थी का आत्मविश्वास बने। कला के नये प्रतिमान बनाये और पहले भारतीय चित्रकार हुए जो पिकासो के साथ प्रदर्शित किये गये। हुसेन इस देश में जनसाधारण के साथ आज़ादी के अनिश्चित बहाव के साथ बहे और लगातार सक्रिय रहे। उनका किया-धरा सबके सामने उतने ही संकोच और उसी आत्मसम्मान के साथ रखा जो एक मनुष्य का हो सकता है। लोगों ने भी हुसेन को वही प्यार और स्नेह दिया जिसके वे हक़दार थे। हुसेन के चित्रों के विषय विविध रहे और वह उन्होंने सब भी चित्रित किया जो इस मुल्क़ में हो रहा था—उसके सुख यदि हुसेन का विषय बने तो उस पर आयी विपत्तियों से उपजे दुःख को भी हुसेन ने अपनी कूची से बर्दाश्त किया। दिनचर्या से लेकर भारतीय मिथक भी चित्रित किये और घोड़े बेचकर सोए भी ख़ूब। हुसेन का हर कर्म करिश्मे की तरह भी देखा गया और उस पर छींटाकशी भी ख़ूब हुई। हुसेन दैनन्दिनी के साथ परम्परा भी चित्रित करते रहे। यह भी समझते रहे कि इस देश में नग्नता का अर्थ पश्चिम की नग्नता से अलग है। भारतीय परम्परा में काम का अर्थ उसके यौन कर्मों के अलावा आध्यात्मिक ऊँचाई से भी है। वात्स्यायन जैसे अनेक लेखकों ने उसके आध्यात्मिक अर्थ के विस्तार में जाने की कोशिश की है। हुसेन अर्थ के इसी विस्तार में गये और भारतीय संकेतों का भरपूर उपयोग किया। इन्हीं चित्रों के ऊपर बवाल खड़ा किया जाना ही हमारी समझ के विकार का क्षेत्र है जिसके परिणाम में हुसेन को देश छोड़ना पड़ा।

हुसेन का दुबई चले जाना निस्सन्देह भारतीय लोकतन्त्र की लचर अक्षमता का प्रमाण है।

हुसेन के कतर जाने के पीछे यह भी कहा जा रहा है कि यह एक ग़ैरज़िम्मेदार क़दम है। उन्हें यहीं रुककर अपने कोर्ट केस के फ़ैसलों का इन्तज़ार करना चाहिये।

हुसेन का विरोध किसलिये हो रहा है? उन पर आरोप है कि हिन्दू देवी-देवताओं के अर्धनग्न चित्र बनाये। यह भी कि भारत माता का अश्लील चित्रण किया। कुछ चित्र जिनमें सरस्वती प्रमुख हैं। सबसे ज़्यादा विवादित है।

इस विवाद के शुरू होने के पहले भारत सरकार ने उन्हें समय-समय पर सम्मानित किया है। भारतीय समकालीन कला के प्रति उनके विशाल योगदान के लिये पहले पद्‌मश्री और बाद में पद्‌मभूषण से नवाजा।

छह साल राज्यसभा के सदस्य के रूप में नामांकित किया। वर्षों तक वे एकमात्र निर्विवाद हिन्दुस्तानी कलाकार रहे और अचानक उनके चित्र अश्लील हो गये? जिस विवादित सरस्वती का ज़िक्र है, वह चित्र नहीं बल्कि रेखांकन है। 1977 में बने इस रेखांकन को 1996 में अश्लील चित्र में तब्दील होना है। यह हुसेन क्या ख़ुद वाग्देवी, सरस्वती भी नहीं जानती थीं। उस बेचारी को यह अंदाज़ा नहीं होगा कि कुछ लोग उसी की दी वाणी का इस्तेमाल कर उसे ही अश्लील ठहराने की कोशिश करेंगे। यह भी दिलचस्प है कि उसके बरक्स जिस सरस्वती को पवित्र चित्रण की तरह रखा जा रहा है, राजा रवि वर्मा की सरस्वती है। रवि वर्मा के चित्र भारतीय चित्रकला के अश्लील चित्र उदाहरण हैं। इस पर एक लेख ''देवी'' नामक प्रदर्शनी के कैटलॉग में भी मिल जाएगा, जो कुछ वर्ष पूर्व वाशिंग्टन के स्मिथसोनियन संग्रहालय ने छापा है और इस अश्लील भद्दे चित्रण पर कई विद्वतजन लिख चुके हैं जिसे सुधी पाठक जानते हैं।

रवि वर्मा की सरस्वती को देखें। पहली बार एक हिन्दुस्तानी चित्रकार अँगरेज़ी तरीक़े से चित्र बनाना सीखता है। उसके विषय हिन्दू पौराणिक मिथक से चुनता है। पहली बार ही यथार्थवादी चित्र बनते हैं और इसमें सरस्वती का शरीर प्रमुखता से चित्रित होता है जो एक साड़ी से लिपटा हुआ है। साड़ी का चित्रण कुछ इस तरह है कि सरस्वती के अंग उभार स्पष्टता से दीख पड़ें। नग्नता अश्लील नहीं हो सकती, अरुचिकर अवश्य जान पड़ती है किन्तु छिपाए गये अंग व्यक्ति की कल्पना का रास्ता खोलते हैं जो सम्भवतः अश्लील भी हो सकता है। रवि वर्मा ने सरस्वती के शरीर को तन्मयता से चित्रित किया है। चित्र का शेष भाग इसका गवाह है। रवि वर्मा के इन्हीं प्रयासों के साथ अश्लीलता की शुरुआत भारतीय चित्रकला में होती है।

इसके पहले हमारी चित्रकला में यथार्थवादी चित्रण की जगह भाववादी चित्र बनाये जाते रहे हैं जहाँ 'विषय' नहीं भाव प्रमुख है। अँगरेज़ों की चित्रकला परम्परा में 'विषय' महत्त्वपूर्ण हैं और यह दावा भी कि वही हूबहू चित्रण है। इस विधि से यथार्थ को प्रकृति में जैसा है प्रस्तुत करने का प्रयास किया जाता है। प्रकृति में मौजूद यथार्थ का चित्रण चित्रकला की एक विधा हो सकती है किन्तु सत्य की तरह उसे बरता नहीं जा सकता। संसार की कई चित्रशैलियाँ हैं और वे सभी प्रामाणिक हैं। हूबहू चित्रण में चित्रकार का कौशल उसकी कल्पना से ज़्यादा जो दिख रहा है उसे ठीक-ठाक चित्रित करने में है, यही वो दरार है जहाँ से अश्लीलता प्रवेश करती है। रवि वर्मा के लिये यह सम्भव न था कि अपनी प्रेमिका को देवी की तरह चित्रित कर सकें। यहाँ गौरतलब है कि रवि वर्मा चूँकि इस परम्परा के बड़े चित्रकार नहीं हैं इसलिये उनके सारे चित्र इस तरह यथार्थवादी अधकचरे प्रयास कहे जा सकते हैं। यथार्थवादी चित्रण में भी कल्पना की

उड़ान सम्भव है। इसके उदाहरण भी हैं, किन्तु यह सब उन उस्तादों की बातें हैं जो इस परम्परा में पीढ़ी दर पीढ़ी कम हो रहे हैं। उन उदाहरणों से यहाँ काम नहीं चलेगा। उनके विषय अपने हैं और उनका स्थान विशेष है। रवि वर्मा हमारे अपने देश के चित्रकार हैं और उनके प्रति पूरे सम्मान के साथ यह बात लिख रहा हूँ। भारतीय चित्रकला में हूबहू चित्रण नहीं होने से चित्रकार अपनी कल्पना से उन जगहों पर भी जाने की कुशलता रखता है जो यथार्थवादी चित्रण में सम्भव नहीं हो पाता। खजुराहो या ऐसे अनेक उदाहरण भारतीय चित्र और शिल्प कला में मौजूद हैं जहाँ स्त्री शरीर नग्न है किन्तु नंगा नहीं। देवियों के शरीर का चित्रण विषयवस्तु की तरह नहीं बल्कि एक उपस्थिति की तरह रहा है जिसका होना उसी चित्र में दूसरे की तरह ही है। भारतीय कला में नग्नता विषय नहीं रहा जबकि न्यूड चित्रण के बड़े उदाहरण पश्चिमी चित्रकला में मौजूद हैं। इस कारण यहाँ की कला में स्त्री शरीर अश्लील नहीं लगता और न ही उसकी मांसलता आकर्षित करती है बल्कि उसकी लयात्मकता ही कल्पना के आश्चर्यचकित कर देने वाले उदाहरण हैं। चित्र का प्रभाव देवी के प्रभाव की तरह चित्रित किया गया है और शिल्प में देवी के शरीर के अतिरेक भरे स्तन और नितम्ब उसकी आस्था के पीछे हुए जाते हैं। उसकी देह ग्रीक कला के मानदण्डों से भोंड़ी और अनुपातहीन लग सकती है जिस पर पश्चिमी चित्रकला टिकी है। हमारे यहाँ अनुपात चित्रकला का ध्येय नहीं रहा। कल्पना की उड़ान ही कलाकार की सीमा हो सकती है।

यहाँ किसी को लग सकता है कि मैं पश्चिमी कला को कमतर आँक रहा हूँ तब यह उसकी ग़लती की तरह देखा जाना चाहिये। मेरी नज़र में उनका स्थान उतना ही विशिष्ट है जितना भारतीय चित्रकला का। किन्तु यह सम्भव नहीं है कि मैं भारतीय चित्रकला को पश्चिमी मानदण्डों से नापकर हुसेन पर फ़तवा जारी करूँ।

मैं अँगरेज़ों का गुलाम नहीं हूँ, आज़ादी के बाद भारत में पैदा हुआ इसलिये गुलाम की तरह नहीं सोच सकता कि जो कुछ भी श्रेष्ठ है वह पश्चिम से आया है या कि मेरे देश की कला अश्लीलता से भरी है। हुसेन एक भारतीय चित्रकार हैं और वे उसी परम्परा में चित्रण करते हैं जो इस देश की है। दुर्भाग्य से हम उनके चित्र पश्चिम के कला मानदण्डों से तौलकर उन्हें मजबूर कर रहे हैं देश से बाहर रहने के लिये।

चित्रकला को पश्चिमी और पूर्वी कला में बाँटना भी एक अज्ञानता ही है किन्तु इसमें बँटा मन एकमत होगा यह उससे बड़ी अज्ञानता है। मेरे लिये सभी कलाएँ मनुष्य को सम्बोधित हैं और उसकी स्थानीयता ही उसे दूसरे से अलग करती है। यही स्थानीयता रवि वर्मा को भी उपलब्ध थी किन्तु वे चित्र बनाते हैं दूसरी

परम्परा में शायद इसलिये भी कि मालिक की कला है। मालिक ख़ुश होगा। रवि वर्मा मालिक की पसन्द के विषय बनाते हैं जो स्थानीय हैं। अँगरेज़ों के लिये यह समझना निश्चित ही मुश्किल रहा होगा कि इतने सारे देवी-देवता एक जनमानस के पास कैसे हो सकते हैं। जबकि उनका ईश्वर सिर्फ़ एक है। रवि वर्मा के लिये ये देवी-देवता आसान विषय बन गये होंगे जिनके रास्ते वे मालिक को भी अचम्भित कर सकते थे। देखो मैंने जीसस नहीं बनाया ये कोई और देवता है!

रवि वर्मा को यथार्थवादी परम्परा में रखें तो उनका नाम दुनिया के पहले पाँच सौ कलाकारों में भी नहीं आता। इस शैली के अनेकों उस्ताद हैं। रवि वर्मा को तो ठीक उनके गुरु बेन जानसन का नाम भी कहीं दिखायी नहीं देता। हम किसके उदाहरण से अपने देश के बड़े चित्रकार को तौल रहे हैं जिसके लिये भारत सिर्फ़ एक विषय था। अपने कलैण्डरनुमा चित्रों से भारतीय चित्रकला को कलंकित ही किया। उसमें कल्पना और रचनाशीलता की जगह चापलूसी और ख़ुशामद को जगह दी। साधारण लोगों की जगह ख़ास चित्र ख़ास लोगों के लिये बनाये। वर्मा के कलैण्डरनुमा चित्रों से भारतीय कला में कुछ श्रेष्ठ रचा गया हो ऐसा उदाहरण आज तक नहीं मिलता बल्कि उसके कारण कई अधकचरे चित्रकार दावा पेश करते दीख पड़ते हैं। रवि वर्मा को इस बात का श्रेय जाता है कि उन्होंने भारत में पहली लिथो प्रेस लगाई। अपने यथार्थवादी चित्रों की हज़ारों नक़ल तैयार कर हिन्दुस्तान में फैलाया। उसका दूरगामी परिणाम भी ख़तरनाक रहा कि आज तक हिन्दी सिनेमा उस छिछली, सतही, अश्लीलता से आगे नहीं जा पाया।

रवि वर्मा ने सरस्वती बनायी जिनकी मांसल देह एक चिपकी हुई साड़ी से उजागर हो रही है। सरस्वती के चित्रण में इतना ध्यान नहीं दिया गया जितना उसके शरीर को हू-ब-हू चित्रित करने में। चित्र बनाने का ढँग चूँकि यथार्थवादी है अतः इस मांसल देह को पहली बार आम आदमी ने महसूस किया और उसकी उत्तेजकता भी। आम आदमी को जो स्वप्न हिन्दी सिनेमा दिखा रहा है उसका मूर्त रूप कलैण्डर घर में टँगा है। यहाँ वो काल्पनिक नायिका से रू-ब-रू हो सकता है जो उसकी पकड़ से बाहर है। अँगरेज़ों के लिये उनका एक ग़ुलाम उन्हीं की नक़ल कर रहा था इसलिये उसे भारतीय कला की तरह दुनिया भर में गाया। इतना कि हम भी उसी को अपनी परम्परा समझ बैठे। आज भी हमारे महाविद्यालयों में यही पढ़ाया जाता है। कई तथाकथित विद्वान भी यही मानते हैं कि आधुनिक भारतीय चित्रकला की शुरुआत यहीं से होती है। अँगरेज़ों के इस ग़ुलाम को सरकारी सहायता भरपूर थी क्योंकि यही था जो संस्कृति में छेद कर रहा था।

अँगरेज़ जानते थे कि वह जिस परम्परा में चित्र बना रहा है, इन चित्रों से उस परम्परा का कुछ नहीं बिगड़ेगा किन्तु इधर वो सफल होंगे इस देश के लोगों के बीच उन्ही की संस्कृति के बारे में एकरेखीय समझ फैलाने में। हिन्दुस्तान में सरस्वती की कोई एक शक्ल मौजूद नहीं थी या कि किसी भी देवता के बारे में हिन्दुस्तानी मानस एकमत रहा। अँगरेज़ों के लिये यह समझना भी मुश्किल रहा होगा कि जीवन-भर मन्दिर गये बग़ैर कैसे कोई हिन्दू बना रह सकता है? हिन्दुस्तानी समाज की विविधता ही विशेषतः उनकी उलझन रही होगी कि इस भूमि पर एक-दूसरे के विपरीत ख़याल रखने वाले बिना हत्या किये शास्त्रार्थ से सहमत हो सकते थे। यह सब शासन करने में बाधक भी रहा होगा और ऐसे में एक चित्रकार-रूपी राज्याश्रय प्राप्त राजा के लिये ज़्यादा आसान रहा होगा अपनी कला से हिन्दू धर्म की एकरूप छवि लोगों तक पहुँचाना। हिन्दू धर्म की बहुवचनात्मकता पर यह भरा-पूरा वार था। वैविध्य और अनेकता की बड़ी शिकस्त थी। जिस हिन्दू धर्म में 'एकमूर्ति प्राण स्थापना' अँगरेज़ आज तक नहीं कर पाये थे वो एक साधारण चित्रकार कर रहा था। उनके लिये आसान था कि जनमानस एक ईश्वरवादी हो जिसे ईश्वर भय से नियन्त्रित किया जा सके। यहाँ हर ईश्वर अलग था और उसके मानने वाले भिन्न थे, इन चित्रों से यह काम पहली बार हो सकता था कि एक ईश्वर प्रतिमा घर-घर पहुँचे।

रवि वर्मा एक चित्रकार के रूप में बहुत प्रतिभाशाली नहीं हैं, उनके चित्र प्रमाण से मैं कह रहा हूँ। मैंने पहले मैसूर फिर मुम्बई में रवि वर्मा की चित्रित कमज़ोरियों को देखा। एक चित्रकार की तरह मैंने पहली बार जाना कि रवि वर्मा ने ख़ुद को चलताऊ ढँग से बरता है। शायद इसका कारण यह भी हो कि वे अन्त तक तैलचित्र बनाने की तकनीक को नहीं साध पाये। ज़्यादातर चित्र जैसे-तैसे निपटाये गये चित्र हैं। चित्रकार की सीखी कुशलता शरीर बनाने में चुक जाती है उसके बाद का चित्र सिर्फ़ पूरा करने के लिये बनाया गया है। एक चित्रकार की प्रतिभा उसकी कल्पना से जानी जा सकती है और इसी कल्पना के सहारे वो तकनीक पर भी महारत हासिल करता है। किन्तु यहाँ विषय-वस्तु और तकनीक दोनों ही मोर्चों पर विफल रहे वर्मा को अन्तरराष्ट्रीय ख्याति भी मिल चुकी थी। रवि वर्मा की धाक जमाने के लिये चालाक अँगरेज़ ने विएना द्विवार्षिकी में रवि वर्मा को पुरस्कार भी दिलवाया। एक गुलाम के डंके बजाने के लिये सारे दाँव पेच खेले गये। विएना में पुरस्कार प्राप्त ग़ुलाम चित्रकार से अपने व्यक्ति चित्र बनवाना शेष ग़ुलाम राजाओं का शग़ल हो गया था। उस पर एक ग़ुलाम चित्रकार गुलाम राजा का चित्र बनाने के लिये अपनी रेलगाड़ी से जाता है, यह बात उस वक़्त प्रसिद्धि के लिये काफ़ी थी। रवि वर्मा के रास्ते अँगरेज़, ग़ुलाम

समाज की सोच को प्रभावित करने में सफल रहे। उस विविध हिन्दू समाज को बाध्य कर पाए एक कलैण्डर पूजने के लिये। रवि वर्मा के इन्हीं चित्रों को हिन्दू देवी देवताओं के पवित्र चित्रण प्रमाण के रूप में रखना क्या यह नहीं बताता कि आज भी हम ग़ुलामी से मुक्त नहीं हो पाये।

मुझे रवि वर्मा से कोई शिकायत नहीं है। हो सकता है कि वे एक उदासीन देशभक्त हों और उनका ध्यान चित्रकला में ही बसा हो। एक राजा की हैसियत से हो सकता है अपनी प्रजा का बदतर इस्तेमाल करते हों, रवि वर्मा ख़ुद राजा थे और जानते थे उनकी प्रतिष्ठा क्या है किन्तु चित्रकार वे अत्यन्त साधारण थे यह बात पूरे सम्मान और विश्वास के साथ कह रहा हूँ।

हुसेन और रवि वर्मा के चित्रों की बराबरी नहीं हो सकती। हुसेन एक प्रतिभाशाली, आत्मसम्मानी, देशभक्त, कल्पनाशील चित्रकार हैं जिन्होंने न सिर्फ़ भारतीय परम्परा को समझा बल्कि उसकी आधुनिक भाषा भी गढ़ी। रचनात्मक जोख़िम उठाए और वैचारिक निवेश भी किया। उनके लिये आसान था रवि वर्मा की नक़ल करना और प्रसिद्ध पाना, फिर भी वे भारतीय परम्परा में गये पूरी समझ और गहरे विश्वास के साथ। वे जानते हैं इस संस्कृति की बहुवचनात्मकता। उसका बहुविध वैभव। उसके द्वैत। उसकी वैचारिक स्वतन्त्रता जिसका अनुभव उन्होंने जीवन भर किया और शान से जिया भी बग़ैर किसी की भावना को चोट पहुँचाये।

हुसेन एक ऐसे चित्रकार हुए जिसने यह समझा इस देश का सांस्कृतिक मानस कुचला गया है। उसके विश्वासों को तोड़ा गया है। उसकी समझ पर एकरेखीय प्रभाव उकेरा गया है। बिखरा टूटा यह मानस क्षमता रखता है फिर जुड़ सकने की। यही विश्वास हुसेन को आज़ादी के बाद विदेश जाने से रोकता है। उस वक्त जब देश आज़ाद हुआ ही था और लगभग सभी साथी कला को समझने विदेश गये। कला के केन्द्र पेरिस, लन्दन और न्यूयॉर्क उन्हें आकर्षित कर रहे थे। आज़ाद मुल्क का चित्रकार अपनी आज़ादी इन्हीं केन्द्रों में देख पा रहा था। हुसेन गाँव की गलियों में भटकते रहे, इस देश के लोगों के दिलों में राज करने वाली रामलीला के पीछे-पीछे घूमते देखते महसूस करते हैं टूटे हुए, बिखरे हुए आज़ाद भारत को। हुसेन का सामना कुचले हुए लोक मानस से होता है। देश की माटी की गन्ध से वे सराबोर होते हैं और उनका साक्षात्कार होता है सहजता से, समानता से, सहभागिता से। देश के लोगों का मन बिंधा हुआ था किन्तु आत्मविश्वास लौटाया जा सकता था। इसी दौरान हुसेन यह भी देखते हैं कि भारतीय चित्रकला का ऐसा कोई रूप प्रचलन में नहीं है जो उसकी बहुविध जीवन शैली को समेटता हो। भारतीय चित्रकला का रूप जैसा अँगरेज़ बता गये प्रचलन में है। एकरूपता बनी रहे इसके लिये कई महाविद्यालय खोले गये हैं जहाँ

उसी अँगरेज़ी समझ वाली शैली को पढ़ाया जाता है। गाँवों के दृश्य, पानी भरती स्त्रियाँ, ग्रामीण भारत, ग़रीब जनता आदि ही विषय हैं जिसमें कोई कलात्मक अनुभव की शायद ही गुंजाइश हो। हुसेन शुरू करते हैं विविध विषयों के चित्रों से। मैं यह बिलकुल नहीं कह रहा हूँ कि यह सब हुसेन ने 1947 में सोचकर शुरू किया किन्तु उनके चित्र प्रमाण से यह कहा जा सकता है। हुसेन के पहले अमृता शेरगिल, रवीन्द्रनाथ टैगोर, यामिनी रॉय, बेन्द्रे आदि अनेक कलाकारों ने भी कला की अपनी आवाज़ को सुनकर कुछ इसी दिशा में अलग काम किये थे किन्तु सरस्वती का वरदहस्त हुसेन पर था।

जिस सरस्वती को विवाद में घसीटा जा रहा है वह एक रेखांकन है। और हम सब जानते हैं कि रेखांकन में मांसलता पायी ही नहीं जा सकती जिससे उतेजना हो, जो अश्लील विचारों तक ले जा सके। एक रेखांकन में चित्रकार का कौशल कम रेखाओं में अधिक व्यक्त करने में दीखता है और इस हिसाब से यह एक सशक्त रेखांकन है। रेखांकन को वस्तु का ढाँचा कहना ठीक होगा। वह इन्द्रियगोचर नहीं होगा, उसमें शारीरिकता का अभाव होगा। जो ढाँचा है उसका शारीरिक अहसास कैसे किया जा सकता है जिसमें अश्लीलता का अहसास हो सके? यह चित्र, पहले तो बीस साल बाद अश्लील हुआ, दूसरा बग़ैर शरीर के अश्लील लगने लगा? यह कौन-सी संवेदना है जिसका ज्ञाता अज्ञात है?

क्या यह राजनीति की विवशता है कि प्रामाणिक होने के लिये देश के एक बुज़ुर्ग चित्रकार के रेखांकन को मुद्दा बनाये हुए है?

क्या हमारे राजनीतिक दलों को एकमत होकर इसका विरोध नहीं करना चाहिये? ताकि इस मुल्क के लोग अपने सांस्कृतिक लाभ से वंचित न हो सकें। भारत सरकार के पास अब तक कोई संस्कृति नीति नहीं है। अँगरेज़ों के लिये यह ठीक था कि अपने ग़ुलामों की संस्कृति नीति क्यों बनाये किन्तु क्या हमें नहीं बनानी चाहिये जिससे इस तरह के उदाहरण और न बन सकें और हुसेन के लिये ससम्मान वापस आने का रास्ता खुल सके। यह सब आदर्शवादी लग सकता है और मैं यह कहना चाहूँगा कि आज़ादी के तिरसठ साल बाद ही सही, देश की संस्कृति नीति बने जिसका प्रचार विदेशों में सिर्फ़ प्राचीन सांस्कृतिक देश के रूप में किया जाता है जहाँ कई संस्कृतियाँ साथ रह रही हैं। जो हमारा Incredible India है।

हिंसा का सहारा लिये बिना इस देश को अगर आज़ादी मिल सकती है तो हम क्यों नहीं हुसेन के रेखाचित्रों का निपटारा बैठकर कर सकते हैं।

जब मैं कह रहा हूँ कि हुसेन भारतीय परम्परा में काम कर रहे हैं तब मेरा इशारा इस तरफ़ भी है कि हम ब्रह्मा, विष्णु, महेश में से किसी को बड़ा या छोटा नहीं मानते। तीनों के बीच उच्चावचन नहीं है। वे साथ हैं और नहीं भी। तीनों समय पड़ने पर एक-दूसरे की मदद करते हैं। इनके बीच कोई भेद नहीं है। इनके भक्तों के बीच ख़ूब भेद हैं। फिर भी मन्दिर के गर्भगृह में रखे लिंग का विवाद नहीं है। लिंग भी योनि में रखा है। यह संकेत है कि जो गर्भ में है वही सत्य है। जो अजन्मा है सत्य है, शेष माया सभी के लिये समान है।

हुसेन इसी माया का चित्रण करते हैं। हुसेन इस माया को जानते हैं। जानने की कोशिश करते हैं। कोई दावा नहीं करते, अपनी कल्पना से माया का चित्रण भी करते हैं और सब व्यर्थ है यह भी समझते हैं तभी एक वार्ता में कहते भी हैं कि उनकी अन्तिम इच्छा अपने सारे चित्रों को जलाने की है।

यह विवाद कहाँ से शुरू हुआ उसका एक किस्सा है :

ओम नागपाल किन्हीं कमज़ोर क्षणों में यह गुस्ताख़ी कर गुज़रते हैं कि हुसेन से एक चित्र की माँग करते हैं और हुसेन शालीनता से चित्र नहीं देते हैं। कुछ दिनों बाद भोपाल से निकलने वाली एक पत्रिका 'विचार मीमांसा' के सितम्बर के अंक में ओम नागपाल हुसेन पर अपना गुस्सा निकालते हुए एक लेख 'चित्रकार है या कसाई' लिखते हैं। जिसमें पहली बार हुसेन पर यह आरोप लगता है कि वे मुसलमान हैं और हिन्दू देवी-देवताओं का नग्न चित्रण कर रहे हैं।

ओम नागपाल यह जानते हैं कि हुसेन मुसलमान नहीं सुलेमानी सम्प्रदाय से हैं जिन्हें मुसलमानों ने यमन से मारकर भगाया तब वे आकर हिन्दुस्तान में बसे थे।

इसी अंक में सरस्वती का वह विवादित रेखांकन भी छापा। तीन दिनों तक इस पत्रिका की तरफ़ किसी का ध्यान नहीं गया। सबने उसे एक साधारण भड़काऊ लेख की तरह ही देखा जिसका महत्त्व 'मनोहर कहानियाँ' में छपने वाले उन लेखों की तरह था जो किसी सनसनीखेज़ सत्य को उजागर करने का निर्लज्ज दावा कर रहा हो। चौथे दिन एक राजनीतिक दल के प्रमुख ने सरकार के किसी मोर्चे पर निष्फल रहने पर जनता का ध्यान बँटाने के उपायों को खोजते हुए इस लेख को देखा।

अगले दिन कई मोर्चों पर यह अंक और हुसेन के पुतले जले और अख़बारों के रास्ते हमने जाना कि हमारी सरस्वती बीस साल बाद अश्लील हो गयी। आज तक यह ग़लती सुधारी नहीं गयी। कलाकार समुदाय चुप

है। जैसे यह हुसेन का मसला है। देश के बुद्धिजीवी जब लिखते हैं तब पता नहीं चलता कि वे क्या कह रहे हैं। शशि थरूर हुसेन को पिकासो कहकर दोनों चित्रकारों का अपमान करते हैं।

क्या हम एक विचारहीन समाज होने की तरफ़ बढ़ रहे हैं जो अपनी परम्परा से कटा हुआ है और जो इसको समझने के लिये बिलकुल तैयार नहीं है कि राजनीति उनकी मदद करने के लिये है और राजनीतिज्ञ उनके नौकर।

एण्डरसन शान से चला जाता है। और उफ तक नहीं होती। हुसेन आना चाहते हैं और प्रयास भी नहीं किया जाता? आत्मसम्मान बिना हम किस तरह का समाज बनाना चाहते हैं?

अँगरेज़ों को रवि वर्मा को बढ़ाने का फल अब मिला। हम लोग अपने देश के प्रमुख चित्रकार पर हमले का आधार ईसाई विचारधारा से प्राप्त कर रहे हैं जहाँ मरियम का कुँवारी होना एक मूल्य है जबकि कुँवारेपन का आशय हमारी संस्कृति में कुछ दूसरा है। प्रातः पूजनीय पंच कन्या, अहिल्या, तारा, मन्दोदरी, द्रौपदी, और कुन्ती सभी एक से ज़्यादा पति की पत्नियाँ हैं और फिर भी कुँवारी हैं। अँगरेज़ों का दोष अब उतना नहीं रहा जितना हमारा। हमें एक आज़ाद मुल्क की तरह सोचने-समझने के क्षेत्र तय करने होंगे। जहाँ हम इस तरह की नैतिक ज़िम्मेदारियाँ ख़ुद तय कर सकें।

क्या अभी भी हमें असली मुद्दों पर सोचने के लिये किसी मैकाले की ज़रूरत होगी कि वो आये और हमारी शिक्षा प्रणाली में परिवर्तन करें ताकि हम अपने देश के सन्दर्भ में सोच सकें?

हमारे सामने सवाल यही है कि क्या सरस्वती का यही चित्रण हमारी परम्परा के अनुकूल है तो जवाब होगा हाँ। जितने भी लोग इसका विरोध कर रहे हैं या तो उन्होंने इस रेखांकन को देखा नहीं है और यदि देखा भी तब वो पहली बार किसी कलाकृति पर अपनी राय व्यक्त कर रहे हैं। बिना कला की बारीकियों को जाने।

चित्रकला के इतिहास में यह भी पहली बार हुआ है कि एक कलाकृति बनने के बीस साल बाद अश्लील हो गयी।

यहाँ उल्लेखनीय यह भी है कि देश में तिरसठ सालों में कोई कला समीक्षक नहीं हुआ। सरस्वती पर कोई विशेषज्ञ नहीं बोला। इसका एक ही कारण है कि हिन्दुस्तान में कोई विशेषज्ञ है ही नहीं। सैंतालिस में आज़ादी पाने के बाद से अब तक एक भी ऐसा समीक्षक नहीं हुआ जो अपनी राय रखता हो और इस

वक्त भी यह हालत है कि आने वाले पच्चीस सालों में कोई आता नहीं दीख रहा। इस विशेषज्ञ-शून्य देश में अब कला जैसे नाजुक मसले पर भी कोई बोलने वाला नहीं है। कलाकार समुदाय चुप है कि उसकी कौन सुनता? सरकार ने अपनी सुरक्षा का इन्तज़ाम पक्का किया। लोग मरते रहें।

एक वाकया याद आ रहा है। गाँधीजी जब हिन्दुस्तान लौटे वे दक्षिण अफ्रीका में एक राजनीतिज्ञ के रूप में प्रसिद्धि पा चुके थे। वे आकर गोखले से मिलते हैं और गोखले उनसे एक वादा लेते हैं कि वे एक साल तक कोई राजनीतिक वक्तव्य नहीं देंगे और इस एक साल वे देश घूमकर देखें कि किन लोगों की राजनीति करेंगे। गाँधीजी का एक साल बनारस में पूरा होता है और उस दिन वहाँ गवर्नर आया हुआ था, उसकी सुरक्षा व्यवस्था देख उस सभा में गाँधीजी ने कहा कि गर्वनर साहेब की सुरक्षा व्यवस्था देखकर लगता है कि उन्हें डर है कि प्रजा उनकी हत्या कर सकती है, यदि ऐसा है तब उन्हें मर जाना चाहिये।

क्यों ऐसा नहीं हुआ कि हुसेन शान से इस देश में रह सके? क्या इसका जवाब है किसी नेता के पास?

यहाँ एक दिलचस्प वाकया याद आता है। घनश्यामदास बिरला ने खजुराहो देखा और उन्हें अत्यन्त अश्लील लगा। वे गाँधीजी को चिट्ठी लिखते हैं और इन मन्दिरों को सीमेंट से भरवा देने का प्रस्ताव रखते हैं। गाँधीजी ने खजुराहो नहीं देखा था वे कुछ कहने की स्थिति में नहीं थे। उन्होंने प्रख्यात चित्रकार नन्दलाल बोस को चिट्ठी लिख उनके विचार जानने चाहे। नन्दलाल बोस ने लिखा ये महान कलाकृतियाँ हैं। इस तरह व्यावहारिक विवेक से खजुराहो के मन्दिर हमें आज भी देखने के लिये उपलब्ध हैं।

यह घटना अद्भुत उदाहरण है व्यावहारिक बुद्धि के इस्तेमाल का।

देखने को परिभाषित नहीं किया जा सकता है। मैंने भारत भवन में बीस साल से ज़्यादा काम किया और अपने अनुभव से बात सकता हूँ लोग देखते नहीं। चित्रों को बिलकुल ही नहीं। वहाँ आने वाला शहरी दर्शक चित्र के सामने एकदम हथियार डालते हुए कहता है कि हमें समझता नहीं समझाओ। देखने के पहले देखना बन्द कर देता, अब आप कुछ भी बताओ, जाते वक्त उसे कुछ याद नहीं रहता कि क्या देखा था। पूर्वग्रह से बाहर आने पर ही देखना शुरू हो सकता है। मेरा दावा है कि विरोध करने वाले से एकान्त में पूछो कि क्या तुमने सरस्वती देखी है? वह एक वाक्य नहीं बतला सकता। उसने ध्यान से देखना पहले ही बन्द कर दिया था और कलाकृतियाँ देखना उसे याद ही नहीं कब देखी थी।

एक अच्छी कलाकृति सबको अच्छी लगेगी।

कला के सौन्दर्य प्रतिमान नहीं बदलते, वे वही हैं। क्या हम अनुभव और उसके रस को बदलकर देख रहे हैं? कौन से प्रतिमान बदले हैं?

कलाकृतियों में रस वही है जो आज से कई वर्ष पूर्व कलाकृतियों में था, रहेगा भी। पचास साल पहले अँगरेज़ों के लिये हिन्दुस्तानी कला ग़ुलामों की कला थी जो कभी अच्छी नहीं हो सकती थी, अब एक आज़ाद मुल्क की कला की तरह उसे देखना पड़ रहा है इसलिये वे ही अब श्रेष्ठ कलाकृतियाँ हैं। चित्र वही हैं। कुछ बदला नही है।

अपनी नग्नता छिपाने के लिये मनुष्य दूसरों को नंगा कहता है, यह एक पुराना ढँग है। किन्तु यह अब प्रासंगिक नहीं है। देखने के ढँग में श्लील-अश्लील नहीं है वह सब एक जैसा ही होगा—उसको ग्रहण कैसे किया जा रहा है या करवाया जा रहा है यहाँ फ़र्क़ पैदा होता है। मेरा दावा है कि हुसेन की सरस्वती का विरोध कर रहे व्यक्तियों का निजी संसार हुसेन के प्रति श्रद्धा से भरा होगा क्योंकि हुसेन ने आज़ाद भारतीय की स्वतन्त्र पहचान बनाने में अपने बल पर दुनिया में प्रदर्शनी की है। कुछ ही लोग थे जिन्होंने आज़ादी के बाद दुनिया में हिन्दुस्तान के स्वतन्त्र व्यक्ति की तरह अपने को बरता। स्वतन्त्र भारत की सांस्कृतिक पहचान बनायी। हुसेन का राजनीतिक हिन्दुस्तानी मानस कितना ही विरोध करे किन्तु प्रतिभा के प्रति हमेशा कृतज्ञ रहा है। प्रतिभा का एक अर्थ सरस्वती भी है। सरस्वती के दिये वरदान की क़ीमत उसके भीतरी मन में है बाहरी मन भले ही राजनीतिक शक्तियों से उजड़ा हो।

अपने देश के लोगों के प्रति यही विश्वास हुसेन का भी है जिसे वे व्यक्त कर चुके हैं।

स्वामीनाथन ने कहा है—'कला कला के लिये है किन्तु मनुष्य को सम्बोधित है—अनजान की तरफ़ से एक चामत्कारिक वस्तु के उपहार की तरह', इस उपहार में श्लील-अश्लील कैसे आ सकता है? हम उपहार में यह तय नहीं करते कि यह अच्छा या बुरा है बस उसे स्वीकार करते हैं और अच्छा नहीं लगने पर ढिंढोरा नहीं पीटते कि बुरा है।

मुझे याद है जब 1977 में टेलीविज़न शुरू हुआ तब ये दावा किया गया था कि इसका इस्तेमाल शिक्षा के प्रचार-प्रसार में होगा और इससे लोगों में जागरूकता आएगी। आज न्यूज़ चैनल तक फ़िल्मों के बारे में ख़बर दे रहे हैं या दिखाए जा चुके सीरियल फिर दिखा रहे हैं। अख़बार के मुखपृष्ठ पर कैटरीना के अस्पताल में भर्ती होने की ख़बर प्रमुख होती है। हमारे मीडिया को पढ़कर, देखकर, हिन्दुस्तान में सिर्फ़ फ़िल्मी समाज ही

रहता है, जो नक़ली है, ऐसा किसी को भी लग सकता है। हम लोग इस बात से बिलकुल बेख़बर हैं कि कैसा समाज आने वाले बच्चों के लिये छोड़कर जा रहे हैं?

मैं जानता हूँ भोपाल में रहने वाले परिवार कभी भारत भवन अपने बच्चों को नहीं लाते जहाँ हिन्दुस्तानी कला का श्रेष्ठ संग्रह प्रदर्शित है। वे यह नहीं जानते हैं और यह जानने की कोशिश भी नहीं करते कैसे हम अपने बच्चों को संस्कृति से परिचित कराएँ? दिल्ली में कितने लोग अपनी रुचि से जाकर राष्ट्रीय कला दीर्घा देखते हैं। क्या यह बात मन में आयी है कि आज़ादी के बाद चित्रकला की दुनिया में कितने लोगों ने कुछ सार्थक रचा है जिसे जाकर देखें या फिर यह जानने की कोशिश करें कि क्या अश्लील है या श्लील?

कला में कुछ भी वर्जित नहीं है किन्तु समाज की वर्जनाएँ उस पर लागू की जाती रही हैं और कालान्तर में वे हास्यास्पद ही सिद्ध हुई हैं। कलाकार भी इसी समाज का हिस्सा है और ठीक इसीलिये वो ऐसा कुछ नहीं करता जो समाज में स्वीकार्य न हो।

हुसेन जो कर रहे हैं वह हमारी परम्परा का अंग है। हमारे यहाँ नग्नता अश्लील की तरह नहीं देखी जाती रही जिसके उदाहरण मैं ऊपर दे आया हूँ न ही किसी तरह के आदर्शवादी समाज की कल्पना की गयी है। जिस तरह महात्मा गाँधी ने आत्मसम्मान खो चुकी भारतीय लोक चेतना को समझा और इकट्ठा किया ठीक वैसे ही हुसेन ने हिन्दुस्तान की कुचली हुई सांस्कृतिक चेतना को समझा और जागृत किया।

इन दोनों के उदाहरण किसी देश के इतिहास में नहीं मिलेंगे।

भारतीय समाज विचित्र है, यहाँ वो सब सम्भव है जो एक तरह से मनुष्य का 'मन' है। जब तक वो किसी को तक़लीफ़ नहीं दे रहा, अपने पागलपन में रह सकता है, यह मन ही है जो शिव को मानता है और उसकी पूजा करने मन्दिर नहीं जाता, यहाँ के नास्तिक के लिये आस्तिक न होने की घोषणा करना ज़रूरी नहीं, और आस्तिक की दिनचर्या उसे नास्तिक ठहरा सकती है। कोई नास्तिक दावा नहीं करता भगवान के मरने की और कोई शंकराचार्य भक्त को बाध्य नहीं कर सकता मन्दिर जाने के लिये। फिर भी कुम्भ छह करोड़ लोग पहुँचते हैं। यह मन है जो उनको वहाँ ले जाता है जिसकी आस्था इस स्नान में है। यह सहजता ही उसका जीवन ढँग है। जहाँ बाध्यता नहीं विश्वास उसका साथी है।

इस भारतीयता का रंग यहाँ आने वाले सभी पर चढ़ा है चाहे वो अँगरेज़ हो या मुसलमान। अँगरेज़ चालाक

रहा फिर भी इस देश के वासी का मिज़ाज क्या है आज तक समझ नहीं पाया? इसके बावज़ूद असल तोड़फोड़ अँगरेज़ ने ही की। उसने न सिर्फ़ यहाँ के सामाजिक ढाँचे को तोड़ा बल्कि अविश्वास की गन्ध भी फैलायी।

इस तोड़फोड़ को कोई शशि थरूर, हर्ष मन्दर, अरुंधती राय, चेतन भगत या इस तरह के कई अख़बारी विद्वान दूर नहीं कर सकते। इनमें क्षमता नहीं है विशेषज्ञ होने की। समग्रता में देखने की। हम सबके लिये हिन्दुस्तान विषय है जिस पर लिखकर पुरस्कार प्राप्त किया जा सकता है।

हुसेन की सरस्वती उतनी ही पवित्र है जितना वह रेखांकन। उनकी अप्रतिम प्रतिभा से निकला यह रेखांकन देश की धरोहर है जिसे अगली पीढ़ी तक पहुँचाना भी हमारी ही ज़िम्मेदारी है। हुसेन एक पारम्परिक चित्रकार हैं वे कतर में रहें या काबुल में, उनका मन इन्दौर की उन्हीं गलियों में भटकता है जहाँ बड़े गणपति के सामने से दुलदुल घोड़ा भी निकलता है। जहाँ खान नदी बहती है और नौलखा के बग़ीचे में हुसेन का बचपन भटकता है।

2010

हुसेन का (न) जाना

मैंने अपने जीवन में जो कुछ भी किया है, आसानी से हासिल किया जा सकता है। ईश्वर भेदभाव नहीं रखता। : मक़बूल फ़िदा हुसेन

जिन्दादिल और जहीन, मनमौजी मगर मक़बूल, जिद्दी जबरदस्त, शर्मीले निडर, मज़बूत, लचीले मक़बूल फ़िदा हुसेन का इस दुनिया से रुख़सत होना, इन सब ख़ासियतों का एक शख़्स के साथ चला जाना नहीं है, बल्कि बिखर जाना है। अब शायद ही किसी एक व्यक्ति में यह सारे गुण देखने को मिले। मनुष्यों की दुनिया में हुसेन का होना निश्चित ही एक अजूबा रहा। हम सब उनकी अविश्वसनीय ऊर्जा और चित्रकला के लिये लबरेज़ लगन से अक्सर प्रेरणा पाते रहे। पिचानवें साल की उम्र में भी उनकी व्यस्तता और अपने काम के प्रति चौकन्नापन किसी भी युवा चित्रकार के लिये मनचाही मुराद की तरह है। हुसेन की

सक्रियता, सृजनात्मक क्षमता, आवारगी और मक़बूलियत अब दुर्लभ हुई।

पिछले कई सालों की मुलाक़ातों में उनका स्नेह मेरे लिये ही नहीं, बल्कि युवा कलाकारों—साथ ही युवा कवियों—के प्रति भी मैंने कम होते नहीं देखा। वे उत्सुक रहे नयी उपलब्धियों के लिये। नये विचारों को सहज ही आत्मसात कर उसके विस्तार में चले जाना उनकी प्रतिभा का ही कमाल था। वे नयी कविता के प्रति अपनी रुचि अन्त तक बनाये रहे। पिछले बरस ही उनके अनुरोध पर मैं दस युवा कवियों की कुछ कविताएँ साथ ले गया था, जिसे उन्होंने सबसे पहले सुनना पसन्द किया। शेष खोज-ख़बर बची रही। हुसेन का कविता प्रेम का एक उदाहरण 1966 में स्वामीनाथन की पत्रिका 'कान्ट्रा' में छपी एक कविता से देना चाहूँगा, जिसमें हुसेन की कविता छपी, जो उनकी चित्र-भाषा से भरी है—

मुझे अहसास है
रेम्ब्रां के चित्रों की तड़कन का
जिनके कत्थई मुझमें जलते हैं

हालाँकि

चट्टानी गेरू सी धूल से सने जूते
गहरे धँसे हैं

फिर भी
वह रेशमी सूरज वहाँ
मुझे तीखी आवाज़ देता है

अनुवाद : शिवदत्त शुक्ल

अक्सर उनका फ़ोन आने पर मेरी पहली घबराहट यही होती थी कि अन्त में वे यह न कहें 'कल यहाँ आ जाओ, यहीं बात करते हैं'। उनका अधिकारपूर्वक कहना और उसके जवाब में जाने के अलावा कोई चारा न

होता। मैं ख़ुद फ़ोन करने में हमेशा डरता रहा कि वे इस अधिकार का इस्तेमाल न कर लें। मुझे नहीं पता कि अन्य युवा कलाकारों के साथ उनके सम्बन्ध किस तरह के रहे हैं, किन्तु यह विश्वास ज़रूर है कि वे भी उतने ही स्नेहिल अधिकार भरे होंगे।

मक़बूल की मक़बूलियत का कायल मैं ही नहीं सारा जहाँ है। मुझे नहीं याद पड़ता कि किसी भी चित्रकार ने अपने देश की कला के लिये इस क़दर रचनात्मक अन्तरराष्ट्रीय स्तर का योगदान दिया होगा। चित्रकला के लिये अनेकों चित्रकारों द्वारा ज़रूर कुछ न कुछ किया गया है और वे सब अपनी तरह से अनूठे चित्रकार रहे हैं। मक़बूल के लिये हम उन्नीस सौ सैंतालीस के नये-नये आज़ाद हिन्दुस्तान की समकालीन कला पर नज़र डालें, तो एक दो या कुछ प्रतिभाशाली चित्रकारों के अनूठे प्रयासों के अलावा पूरा कला संसार अँगरेज़ी ढँग की भारतीय चित्रकला के लिजलिजे, पिचपिचे, रूमानियत से भरे, भावुकतावादी ग्रामीण जीवन के अश्लील चित्रों से भरा पड़ा था।

यथार्थवाद की अधकचरी समझ की बदबू राजा रवि वर्मा के चित्रों से आती थी। इस कचरे की सफ़ाई का जिम्मा उठाने वाले युवा पीढ़ी के अधिकांश चित्रकार आज़ादी प्राप्त होते ही संसार के बड़े कला-केन्द्रों—पेरिस, लंदन और न्यूयार्क—की तरफ़ चल दिये। हुसेन हिन्दुस्तानी लोक संस्कृति की जीवनदायी रामलीला के पीछे-पीछे उन अनेकों गाँवों की यात्रा कर बैठे, जहाँ सादे, सहज, सरल; किन्तु जीवट जीवन से उन्होंने वह सब सीखा जो दुनिया के किसी कला-केन्द्र में सीखा नहीं जा सकता था। मक़बूल के चित्रों की ताकत, कथ्य की सपाट बयानी और अबूझ रहस्यात्मकता इन्हीं यात्राओं की देन रही होगी, वो सहज सरल होते हुए भी कला के कड़े मानदण्डों पर खरी उतरती रही, जहाँ विशेषज्ञता की कसौटी की कठिन परीक्षाएँ हुआ करती हैं।

भारतीय चित्रकला में मक़बूल फ़िदा हुसेन और स्वामीनाथन—ये दो ऐसे चित्रकार हुए हैं, जिन्होंने अपनी शर्तों पर काम किया। जिनके लक्ष्य हमेशा ऊँचे रहे, जिनका ध्येय कला का संवर्धन और उसकी पवित्रता रही है। स्वामीनाथन पर फिर कभी कहीं। यहाँ मक़बूल की बात करते वक्त मैं नहीं भूल सकता कि हुसेन को किसी बात के लिये राज़ी कर लेना आसान नहीं था, जबकि वे आसानी से नये विचारों के प्रति समर्पित हुआ चाहते रहे। ऐसे कई मौक़ों का गवाह रहा हूँ, जहाँ हुसेन ने अपनी ही शर्त पर काम किया और एक सीख भी दी कि 'कलाकार होने का लायसेंस' कब और कैसे इस्तेमाल किया जाना चाहिये। वे उतना ही खुले थे जितना एक आसमान और किसी भी नये विचार को सोख लेने की क्षमता उनमें सूखी धरती पर गिरती

पानी की बूँद की तरह रही, जहाँ से एक नया 'बिरवा' पैदा होने की सम्भावना हमेशा रहती है।

हुसेन की ज़िद ही आज समकालीन कला की दशा और दिशा तय कर रही है। आज भी एक नौजवान चित्रकला महाविद्यालय में प्रवेश के लिये हुसेन के जगाये आत्मविश्वास के साथ ही जाता है। उसके मन के भीतरी कोने में कलाकार की छवि हुसेन की ही है। यह अद्वितीय जगह किसी और भारतीय चित्रकार को प्राप्त नहीं है। हुसेन की सहज समझ ही उनसे वह सब करवाती रही है जिसका भरोसा उन्हें अपनी यात्राओं से मिला था। वे घटनाओं से सीधा सम्बन्ध उसी तरह बनाते रहे, जैसे एक आम आदमी अचम्भित या द्रवित होता रहा है। वे अमिताभ बच्चन को चित्रित करते वक्त उसकी फ़िल्मी छवि को छिटका चित्र छवि रचते हैं, जिसका नाम अमिताभ है। यह आसान काम नहीं है। अमिताभ की लोकप्रियता के बीच उस छवि को नष्ट करते हुए नयी छवि चित्रित करना हुसेन की अकल्पनीय प्रतिभा का ही प्रमाण है। उनकी रूप की समझ अद्वितीय है। वे कहीं से भी शुरू करते हुए कहीं भी रुकते हुए लगातार रूपाकारों के साथ खेलते हुए उन्हें रचते हुए बिगाड़ सकने की ताकत रखते रहे हैं। साथ ही बिगाड़ते हुए रचने की क्षमता रखते हैं। वे अकेले ऐसे चित्रकार हैं, जो चित्रण के दौरान ही रूप रचना करते चले जाते हैं, जिसका प्रमाण सिर्फ़ वही चित्र हो सकता है। दूसरा चित्र अगला रूप प्रमाण होगा। वे निरन्तरता की रचनात्मक प्रक्रिया से बिंधे थे, जिसमें जिस्मानी आराम हराम था। हुसेन को स्वामीनाथन अक्सर 'भीष्म पितामह' कहा करते थे। मुझे लगता है कि कर्त्तव्यपरायण होने की गहरी आत्मचेतना से जगे हुसेन भारतीय कला साम्राज्य के निर्धारक, पोषक, पालक और निर्माता रहे हैं। भीष्म पितामह की तरह कला संसार के प्रति कर्त्तव्य-बोध, कर्त्तव्य-नीति का पालन उन्होंने जीवन भर किया। वे अपनी सहज बुद्धि से यह सारे काम बग़ैर किसी दावे के करते रहे। वे बनाते रहे, रचते रहे और उसके सेहतमन्द होने की सलाहियत रखते रहे। यह सब वे 'गोरिल्ला छापामार' की तरह करते रहे।

वे विद्रोही थे, जिसका विद्रोह रचनात्मक था। वे पोर-पोर से स्वतन्त्रता को महसूस करते रहे, जो गुलामी के हर रेशे को नेस्तनाबूद करता जाता था। उनके लिये देश की स्वतन्त्रता उसके नागरिक की स्वतन्त्रता का गहरा अहसास रही, जिसे उन्होंने अपनी चित्रभाषा से रचा, महसूस किया और उसका अहसास दूसरों को कराया। उनकी आत्मचेतस् चित्रभाषा में शास्त्रीयता, परम्परा, समकालीन आधुनिकता का मिश्रण दर्शक के लिये अक्सर कई समय को एक साथ महसूस करने जैसा रहा है। उन्होंने चित्रकारों के लिये आज़ाद मुल्क की स्वाधीनता का पाठ लिखा। उनकी दूरदृष्टि में साधारण जनजीवन की सांस्कृतिक चेतना भरपूर थी। वे

आधुनिक होने की शर्तों पर पारम्परिक थे। उनकी चित्रभाषा समकालीन होते हुए पारम्परिक शास्त्रीय रचनाशीलता से निकली थी, जिसके विषय जनमानस में बसी मिथकीय समझ को सम्बोधित थे। वे कभी भी भारतीय समझ से बाहर नहीं गये, बल्कि उन्हें लम्बी सांस्कृतिक विरासत के अनछुए पहलू हमेशा प्रेरणा देते रहे, जिसके साथ उन्होंने हर बार एक नया सम्बन्ध बनाते हुए उसे पुर्नपरिभाषित किया। गजगामिनी फ़िल्म में कालिदास और सी.वी. रमण साथ-साथ हैं। शकुन्तला और गजगामिनी की युति अद्वितीय है। वे प्रेमचन्द और श्रीकान्त वर्मा के साथ अनायास ही अतिक्रमित रूप खोज लेने की प्रतिभा रखते थे। मक़बूल की अपनी समझ का कोई ऐसा दावा हमें नज़र नहीं आता, जहाँ वे निर्लज्ज घोषणा करते मिलते हों। उनके चित्र और छवि चित्र भी एक के बाद एक सृजनशील नैरन्तर्य का प्रमाण हैं, जहाँ वे निर्माणाधीन हैं। सक्रिय रचनाकार की तरह वे खामोश हैं, मुखर हैं अपनी चित्राकृति में।

पिछले साल अगस्त में हुई मुलाक़ात में हुसेन साहेब ने अपनी व्यस्तताओं को दरकिनार कर पूरा समय साथ गुज़ारा। उन दिनों वे लंदन में भारतीय संस्कृति, कतर में अरब संस्कृति, दुबई में भारतीय सिनेमा और घोड़ों के संग्रहालयों पर काम कर रहे थे। घोड़ों के संग्रहालय के लिये काँच के पाँच घोड़ों के शिल्प इटली की कार्यशाला में बना रहे थे। वे लगातार यात्राएँ और उसके बीच चित्रण कर रहे थे। उनका लंदन वाला स्टूडियो चित्रों से भरा हुआ था। चारों तरफ़ चित्र, रंग और ब्रश बिखरे हुए थे, बीच में यहाँ-वहाँ पुस्तकें और एक मेज़ पर घोड़ों के शिल्प का मैकेट, जो काँच में बनकर आया हुआ था, रखा था। वे जितने उत्साह से अपनी इन योजनाओं के बारे में बता रहे थे, उतनी ही जिज्ञासा से हिन्दुस्तान के बारे में ताज़ा जानकारी लेते जा रहे थे।

उनसे मिलने में एक ख़तरा अक्सर बना रहता था कि वे मिलने वाले को उसके बिना जाने ही अपनी रचनात्मकता में इतनी ख़ामोशी से शामिल कर लेते कि उससे बाहर निकलने के लिये उसे प्रयास करना होता था। उसके चले जाने पर भी वही निरन्तरता उनकी प्रेरणा बनी रहती। वे चित्र बनाते, चित्र पहनते, चित्र बिछाते-ओढ़ते रहते। उनके साथ रहना एक 'चित्र-संसार' में रहना है।

मेरे पहुँचने पर मेरे लिये चाय और आमलेट बनाकर लाना उनके उस बड़प्पन का परिचायक है, जहाँ पहुँचने की उम्मीद अनेकों कलाकारों की होती होगी, किन्तु होता कोई एक है। यह भी आसान नहीं है किसी चित्रकार के लिये, कि वह मुझ जैसे 'खद्योत सम' के लिये अपना कामकाज छोड़ मुझे लंदन घुमाने ले जाए और रात एक बजे मुझे घर तक छोड़ आने की ज़िद करे। हुसेन साहब का आगाज़ और अन्दाज़ अविश्वसनीय

रहा है। वे कब क्या करने वाले हैं, क्या कहने वाले हैं, इसका अन्दाज़ा लगाना मुश्किल है। वे अपने इन्हीं अनआभासित अचम्भों के चलते वह सब कर सके जिसकी प्रेरणा उन्हें—उन्हीं के शब्दों में कहूँ—"यहाँ मैं अकेला प्रतिभाशाली नहीं हूँ"—इस बात के अहसास से हमेशा मिलती रही है।

उनका जाना इन सारी योग्यताओं का बिखर जाना है। वे अद्वितीय हैं, अनूठे और अकेले मक़बूल हैं, जिस पर हम सब फ़िदा हैं। वे हुसेन हैं और रहेंगे आने वाली पीढ़ी के लिये भी और जाती हुई पीढ़ी के लिये भी।

2011

तखन करि नि नाथ कोनो आयोजन

रवीन्द्रनाथ के अधिकांश चित्र उनके जीवन के उत्तरार्द्ध में बनते हैं। गुरुदेव की उम्र लगभग छियत्तर वर्ष की होगी। उन्नीस सौ सैंतीस में वे गम्भीर रूप से बीमार होते हैं और इस बीमारी के दौरान वे काफ़ी दिनों तक बेहोश रहे। बीमारी से लौटे रवीन्द्रनाथ के जीवन के उत्तरार्द्ध में सिर्फ़ चित्र ही नहीं बनते हैं, उनका ध्यान सांसारिक वैभव, प्रकृति प्रेम, अनन्त वैश्विक सम्भावना से हटकर मृत्यु पर भी केन्द्रित होता है। बाद की अधिकतर कविताओं के केन्द्र में मृत्यु ही है। रवीन्द्रनाथ का विवाह तय होते ही उनकी भाभी 'कादम्बिरी' ने चौबीस वर्ष की उम्र में आत्महत्या कर ली थी। रवीन्द्रनाथ का अपनी भाभी के प्रति आकर्षण सर्वविदित है। इस बेहोशी से लौटने के बाद की चित्र-शृंखला का नाम रवीन्द्रनाथ 'कादम्बिरी' ही रखते हैं। इन्हीं चित्रों में वे उदात्त अवस्था से हटकर आत्मकेन्द्रित होते हैं।

रवीन्द्रनाथ इसके पहले भी चित्र बनाते रहे—अधिकांश चित्र, कविताओं के लिखने के दौरान उनको सुधारते

हुए, बनते-बिगड़ते हुए रूपाकारों के हैं। जिन चित्रों के लिये रवीन्द्रनाथ प्रसिद्ध हैं, वे इन्हीं अन्तिम चार वर्षों के हैं, मानो इन वर्षों में रवीन्द्रनाथ का ध्यान रूपाकारों ने सोख लिया है।

रवीन्द्रनाथ पर पश्चिमी जीवनशैली का भरपूर प्रभाव था, जिससे वे मुक्त भी हुए। उन्होंने शान्तिनिकेतन की कल्पना की और अपनी जीवनशैली की तरफ़ लौटे। उनका यह लौटना इतना अधिक रहा कि वे सम्भवतः एकमात्र भारतीय कवि हैं, जिन्होंने परम्परा को बहुत कुछ दिया, सँवारा, पुनर्परिभाषित किया। रवीन्द्र संगीत के बिना बंगाल बूचा नज़र आयेगा। बंगाली संस्कृति की थाती बन चुके रवीन्द्र गान राजनीतिक सीमाओं के पार भी उतने ही स्वतन्त्र हैं जितने जातिगत विभाजन के भीतर।

रवीन्द्रनाथ का लौटना, ख़ासतौर पर बीमारी के बाद लौटना आसान न रहा होगा। सम्भवतः मृत्यु से साक्षात्कार भी हुआ होगा। इस बीमारी में काफ़ी दिनों तक वे मरणासन्न रहे। इस दौरान एकान्त के अवसाद से भी गुज़रे होंगे। यहीं कहीं कुछ दरकता है, जीवन मोह छूटता है। इसी मनःस्थिति में किसी एक क्षण, क्षणभंगुर संसार निरर्थक, अर्थहीन और उपेक्षा योग्य जान पड़ा होगा। सांसारिकता की संस्कृति को परिष्कृत करने वाले महाकवि को सम्भवतः मरणासन्न दिनों में अकेले मनुष्य होने की मजबूरी का अहसास हुआ। लौटने पर उन्होंने पाया कि एक और संसार है अकेले होने, रहने, करने और नाचने का। वे स्वस्थ जीवन में लौटते हैं, गुरुदेव रवीन्द्रनाथ टैगोर की तरह नहीं, व्यथित मन लिये रवीन्द्र की तरह जिसको निस्सारता का अनुभव हुआ है, जो सांसारिक अर्थ के परे आध्यात्मिक अर्थ भरे संसार को भुगतकर लौटा है, जिसका अन्तर्मन आज़ादी की उन गहराइयों में साँस ले रहा है, जो राजनीतिक आज़ादी के ऊपर मनुष्य की आत्मा की आज़ादी का स्वप्न है।

रवीन्द्र के चित्र सीधे बनना शुरू नहीं होते, वे लौटते हैं कविताओं की तरफ़, अपने लेखन की तरफ़। लिखना अब आसान न था। भरे-पूरे वैश्विक रवीन्द्रनाथ टैगोर, जो भटक रहे थे इस अप्रतिम, अद्भुत, अचम्भित कर देने वाली दुनिया के आश्चर्यों में—अब कीलित भी हैं दुःख के अकेलेपन में। बिछोह की दुखदायी कादम्बिरी स्मृति में। लेखन में संशय की स्याही फैलना शुरू होती है। इस स्याही में अहंकार का फैलना नहीं है, जो कई कवियों की लेखनी से निकलता रंगों तक जा पहुँचता है, जिसके अत्यन्त कमज़ोर और अधकचरे उदाहरण शमशेर बहादुर सिंह, मलयज और श्रीपत राय के चित्र हैं।

रवीन्द्र की स्याही संकोच से सत्य की तरफ़ जाती दीखती है। इसमें आत्म सच का प्रकाश फैला है, इन

रेखांकनों में दावा नहीं कवि का कातर भाव है। रवीन्द्र के चित्र रचनाकार की सहज विविधता से भरे दीखते हैं :

> *कवि के चित्र और रेखाचित्र विविध प्रभाव लिये हैं, उन्हें किसी वर्ग में नहीं रखा जा सकता। कुछ अभिव्यक्तिवाद, अभिव्यंजनावादी कुछ और कुछ आदिम अनगढ़ता लिये हैं।* : स्वामीनाथन, लिंक पत्रिका, 1961

रवीन्द्रनाथ अपने चित्रों के लिये विषय ढूँढ़ने नहीं जाते हैं। रवि वर्मा की तरह वे भारतीयता भुनाने की कोशिश नहीं करते। वे परम्परा को खँगालते, सँभालते नज़र नहीं आते। रवीन्द्रनाथ के लिये लोक और आधुनिक, सभ्य या अपढ़, अभिव्यक्तिवाद या किसी अन्य वाद और चित्र परम्परा भी उतनी ही निस्सार थी जितनी कि पश्चिमी संस्कृति, जिसके वे ज्ञाता थे। वे जाते हैं अपने दिल के भीतरी कोनों में छिपी थरथराती उस आदिम आकांक्षा के पास, जो बाहर फैले मृत्यु ताण्डव में साँस ले सकेगी के डर से, काँप रही थी। यही कम्पन रवीन्द्र के शुरुआती रेखांकनों में दीखता है। वे जाते हैं विरह के पास, जिसके उदास वर्ष उन्हें बींधते रहे। यही उदासी चित्रों में फैलती है।

वे जाते हैं शब्दों के रूपाकार के पास।

वे अनायास बह जाने वाली क़लम के साथ टहलते हैं।

वे 'अचानक' से मिलते हैं, जिसका रूप बदलता रहता है।

वे आकस्मिकता से जा टकराते हैं।

वे अपने को छोड़ देते हैं उस नर्तक की तरह जो लगातार चक्कर लगा रहा है—जिसका उद्देश्य नाचना नहीं है।

जो रचना नहीं चाहता, रचने के भीतर बसना चाहता है। वे बहते हैं, रचते हैं और अचम्भित हम देखते हैं कि रवीन्द्र के इन चित्रों को, रेखांकनों को, जो निरुद्देश्य रचे गये हैं। रचना सम्बन्ध रचना जगत् है। जगत् का कुछ नहीं, जगताधीश का है। वे अपने चित्रों को लिखी कविताओं की तरह ही देखते हैं। वे लिखते हैं :

> *मेरे चित्र लकीरों के बीच की पद्य रचना है। यदि उसमें कुछ जाना-पहचाना जा सका है तब पहले*

तो लयात्मक अभिप्राय ही होगा, जो अन्तिम सत्य है। वह किसी भी तरह के विचार का प्रस्तुतिकरण या यथार्थ की व्याख्या नहीं है।

इन चित्रों का रचयिता उस आदिम आत्म से संचारित है, जिसकी आँख की किरकिरी बीसवीं शताब्दी की आधुनिक होती जा रही विभीषिका भी है। विश्वयुद्ध की स्मृति, निरपराध, निर्दोष हत्याओं की सिहरन, मनुष्यता खोते जा रहे मनुष्य की विडम्बना। कमतर मनुष्य होते जाने की निरन्तरता, आदि झेलते, देखते, समझते इस रचनाकार की उन अनजान छवियों के न पहचाने जा सकने वाले चेहरों में फैली उदासी और निराशा अनजान मन के फीके उजास की तरह फैली है। रवीन्द्रनाथ के चित्र व्यक्तिगत विषाद का सार्वभौम प्रकटन है। शाश्वत और क्षणभंगुर के नाज़ुक सम्बन्धों के सक्षम चित्र हैं। संसार की निरन्तरता और उसकी टूटन के अहसास का प्रभाव है। ये आस्था के दरकने के आस्थावान चित्र हैं। रवीन्द्र सम्भवतः देख पा रहे थे—आधुनिक होते जाते मनुष्य की मजबूरी और उससे अपने को न बचा पाने का दर्द। वे महसूस कर रहे थे साधारण मनुष्य की मुश्किलें बढ़ाता औद्योगिकीकरण और उसके इर्द-गिर्द बुनी जा चुकीं विचारधाराएँ।

लौटे हुए रवीन्द्र को अहसास हुआ होगा मनुष्य मन के साधारण से असाधारण हो जा सकने की क्षमता का जहाँ वे लिखना छोड़ चित्र बनाने लगते, चित्र बनाना छोड़ नाचने लगते। यह अहसास और चित्र बनाने, नाचने का आदिम बोध ही उन्हें ले चला होगा उस अनजान, अव्यक्त, अपरिचित संसार की ओर जहाँ चिड़िया का चहकना सुनाई नहीं दे रहा, बल्कि दिखायी दे रहा है। जहाँ दुःख व्यक्त नहीं हो रहा—फैल रहा है।

रवीन्द्र काली स्याही के अंधकार से रचते हैं प्रकाश में डूबते-उतराते इन चित्रों को; उभरते इन रूपाकारों को, जो आत्मसात् कर लेने वाला है। वे उन आकारों को भी रचते हैं, जिनका सम्बन्ध सभ्यताओं, संस्कृतियों और मनुष्यता की परम्पराओं से नहीं था, बल्कि स्वतन्त्र होते जा रहे मनुष्य की अवस्था से था—जिसका भान उन्हें कुछ था, कुछ नीम-बेहोशी थी।

शब्दों की बनावट में छिपे रूपाकारों से सम्बन्ध बन रहा था।

वाक्यों में नये अर्थाकार प्रकट हो रहे थे।

ये चित्र भारतीय कला की स्वतन्त्र अभिव्यक्ति के प्रमाण रूप थे, जो राजनीतिक स्वतन्त्रता पाने के पूर्व धरा पर रूप धर चुके थे।

स्वामीनाथन के निधन के बाद के पहले जन्मदिवस पर उनकी स्मृति में बोलते हुए प्रख्यात चित्रकार रामकुमार ने कहा :

> *रवीन्द्रनाथ टैगोर, अमृता शेरगिल, मक़बूल फ़िदा हुसेन और स्वामीनाथन के बग़ैर आधुनिक भारतीय कला की शुरुआत नहीं मानी जा सकती।*

रामकुमार इसे आज़ादी के पहले से शुरू कर आज के वर्तमान तक ले आ रहे हैं, जहाँ अभी भी कई जगहों पर इसके लक्षण दीख पड़ते हैं। भारत की गुलाम मानसिकता के प्रतिफलन को चित्रों में हम आज भी देखते हैं, जिन पर लिखना कागद कारे करना होगा। इनके लिये कई कला पत्रिकाएँ छप रही हैं, जिन्हें आज़ाद भारत का गुलाम प्रबुद्ध पाठक पढ़कर लगातार उपकृत हो रहा है। इस विषयान्तर में हम नहीं जा सकते, किन्तु इस सामूहिक चेतना की अभिव्यक्ति के ठेकेदार बनने की कोशिश में 'ग्लोबलाइज़्ड/Globelized' होने की महत्त्वाकांक्षा के बाहर हैं रवीन्द्रनाथ के अन्तर्मुखी चित्र।

इन चित्रों में संदेश देने की तड़पन नहीं है। वे मनुष्य की आत्माभिव्यक्ति का दावा भी नहीं करते हैं। वे आत्माभिमान लिये संकोच-भरे चित्र हैं। वे संशय की उलझनों से गर्भित हैं। वे आज़ाद होने जा रहे देश की आज़ाद अभिव्यक्ति की चेतना के चित्र हैं, जो आज़ादी के आन्दोलन में शामिल होने का न आह्वान करते दीखते हैं, न शामिल होने की कोशिश करते हैं। वे तथाकथित सामाजिक-राजनीतिक चेतना के चित्र नहीं हैं जो आत्मग्लानि का रोना रोते नज़र आते हों।

> *रवीन्द्रनाथ अपने रेखांकन के लिये, जो निहायत सादगी से भरे हैं, मिथक और कथाओं की तरफ़ नहीं आकर्षित होते हैं। उनके कई अभ्यास चित्र चिन्तातुर विषयात्मकता, जो अर्धचेतन की गहराई से निकलने वाले अर्थों से भरे हैं—जिन्हें हम ख़ुशी से आधुनिक भारतीय कला का 'नायक' कह सकते हैं। :* स्वामीनाथन, मार्च 1959

अर्धचेतन की गहराई से निकलने वाले जिन अर्थों की तरफ़ स्वामी का इशारा है, यह 'अर्धचेतन', बेहोशी में उस शाश्वत मृत्यु से साक्षात्कार कर चुका होगा, जो रवीन्द्रनाथ की लम्बी बेहोशी/Coma में उनके साथ रही होगी। बीमारी के बाद इन्हीं चित्रों, मृत्यु सम्बन्धी कविताओं और आल्हादित नृत्य के बीच बीते इन चार सालों में बनाये रवीन्द्रनाथ के चित्र उन अर्थों से परे नज़र आते हैं, जो इस सांसारिकता में उन्हें वापस

खींच लाने का प्रयत्न मात्र हैं। ये चित्र अन्तर्मन में बसे उस नाथ को सम्बोधित हैं, जो जाने कब चुपचाप हृदय में चला आया है, जिसका अनुभव उन्होंने कभी किया था और उसका वर्णन वे गीताञ्जलि में शामिल इस कविता में करते हैं :

तखन करि नि नाथ, कोनो आयोजन।
विश्वेर सवार साथे, हे विश्वराजन्,
अज्ञाते आसिते हासि आमार अन्तरे
कत शुभ दिने; कत मुहूर्तेर परे
असीमेर चिह्न लिखे गेछ। लड़ तुलि
तोमार-स्वाक्षर-आँका सेइ क्षण गुलि—
देखि तारा स्मृति-माझे आछिल जड़ाये
क्षणिकेर कत तुच्छ सुख-दुःख घिरे।
हे नाथ, अवज्ञा करि जाओ नाइ फिरे
आमार से धुलास्तूप खेला घर देखे।
खेला-माझे शुनिते पेयेछि थेके-थेके
जे चरणध्वनि, आज शुनि ताइ बाजे
जगत् सङ्गीत-साथे चन्द्रसूर्य-माझे

2010

बेन्द्रे का सौवाँ जन्मदिन

इक्कीस अगस्त की सर्द सुबह मैं वायदानुसार हुसेन साहेब के मकान का दरवाज़ा खटखटा रहा था। राशिदा जी ने दरवाज़ा खोला। मुस्कराते हुए मुझे अन्दर आने की जगह दी और वे रसोईघर में चली गईं। हुसेन साहब ने आवाज़ देकर चाय बनाने को कहा और मैंने उन्हें याद दिलाया कि आज उनके गुरु की सौवीं जन्मतिथि है। वे उछल पड़े। उनके चेहरे पर ख़ुशी देखने लायक थी। वे उठे और भीतर जाकर एक बड़ी-सी पुस्तक उठा लाये और उन्होंने मुझे देते हुए कहा—''यह आपके लिये। गुरु जन्मदिवस पर छोटी-सी भेंट।''

यह पुस्तक हुसेन की कविताओं की थी। पुस्तक देखकर मैंने उन्हें लौटा दी। हस्ताक्षर करने के लिये। हुसेन उस पर हस्ताक्षर करने लगे।

बेन्द्रे उनके गुरु नहीं थे। उनके गुरु हैं दतात्रेय दामोदर देवलालीकर। किन्तु हुसेन बेन्द्रे को अपना गुरु मानते

हैं। बेन्द्रे उन दिनों दृश्य चित्रण के लिये इन्दौर की गलियों में भटका करते थे। इसी भटकन के दौरान एक दिन उन्होंने हुसेन को काम करते हुए देखा। हुसेन के काम में उन्हें चमक दिखलायी दी। बेन्द्रे ने उनसे कला विद्यालय में भर्ती होने के लिये कहा, जिस पर शर्मीले हुसेन ने अपनी असमर्थता ज़ाहिर की। बातचीत में बेन्द्रे को पता चला, हुसेन के पिता चाहते हैं कि वे फ़ोटोग्राफ़ी सीखें, ताकि चार पैसे कमा सके, घर की ज़िम्मेदारी उठा सके। बेन्द्रे फ़िदा हुसेन से मिलते हैं और उन्हें बताते हैं, न सिर्फ़ बताते हैं बल्कि मना लेते हैं कि हुसेन का चित्रकला महाविद्यालय में प्रवेश हो सके।

यह घटना 1930 की है, जब हुसेन पन्द्रह साल के थे और ख़ुद बेन्द्रे बीस वर्ष के युवा नौजवान। बेन्द्रे हमारी संस्था, इन्दौर स्कूल के पहली बैच के विद्यार्थी रहे। इस युवावस्था में ही बेन्द्रे की पारखी नज़र का परिचय उपर्युक्त घटना से होता है। बेन्द्रे के साथ पहली बैच के सिर्फ़ डी.जे. जोशी ही आगे चित्रकार की तरह काम करते नज़र आते हैं। बेन्द्रे की कुशलता, लगन और प्रतिभा ने आरम्भिक दिनों की कठिनाइयों को आड़े नहीं आने दिया।

बेन्द्रे सम्भवतः पहले भारतीय चित्रकार थे, जिन्होंने समकालीनता का महत्त्व समझा और उसके सम्पर्क सूत्र बने। वे पहले चित्रकार थे, जिन्होंने देशभर के कला-केन्द्रों में रहकर काम किया और अपने समकालीनों से सम्बन्ध बनाये। इसी दौरान उन्हें इस देश का वैविध्य भी नज़र आया होगा और वैचारिक, सांस्कृतिक भिन्नता भी। बेन्द्रे इन सबको आत्मसात् करते हुए क्रमशः आत्मकेन्द्रित होते गये। अपने जीवन के उत्तरार्द्ध में वे लगभग एकान्तिक हो गये थे, जहाँ उनकी जिज्ञासा का छोर रंगों के विविध छापों पर जा छिपा। युवा बेन्द्रे की रचनात्मक जिज्ञासा उन्हें युवा चित्रकारों के स्टूडियो तक खींच ले जाती थी। वे देश के किसी भी कोने में हों, उन्हें युवा चित्रकारों से बात करने या उनके चित्रों पर बहस करते देखा जाता रहा। सम्भावनाशील, प्रतिभाशाली कलाकारों के विचारों को प्रोत्साहित करना, उनसे कला क्षेत्र की सम्भावनाओं पर बात करना, उन्हें प्रेरित करना—यह सब बेन्द्रे सहज ही करते रहे।

‘‘1934 में उन्हें बाम्बे आर्ट सोसायटी का सिल्वर मेडल 'Vagabond' नामक चित्र पर मिला था। इस चित्र के लिये उन्होंने अपने छोटे भाई को मॉडल बनाया था।’’ हुसेन बात करते जा रहे थे, साथ ही रेखांकन की। उनकी स्मृति साफ़ है। वे दिन याद हैं जब यह चित्र देखा था। वे चित्र के बारे में विस्तार से बतला रहे थे। चित्र में जिप्सी की तरह एक लड़का है—कुछ-कुछ पठानी वेशभूषा में। सिर पर नीले रंग का कपड़ा लपेटे, जिस पर लाल रंग की बिन्दियाँ हैं। पीला, लाल और फ्रेंच अल्ट्रामेरिन/French Ultramarine

रंगों का ख़ूबसूरत संयोजन है। ''बेन्द्रे के इस चित्र के साथ किसी चित्र को नहीं रखा जा सकता।'' वे चौंतीस की दुनिया में चले गये और उन स्मृतियों को खोज लाए, जो अब सन्दर्भ बन चुकी हैं।

बेन्द्रे की उपलब्धियाँ यहीं से शुरू होती हैं, जब वे 'वेगाबान्ड' चित्र पर पुरस्कृत होते हैं और इसके साथ सम्मिलित दूसरे चित्र पर भी पुरस्कार मिलता है। दोनों ही चित्र ख़रीद लिये जाते हैं। इतना ही नहीं इसके बाद अगले नौ साल तक उन्हें लगातार बाम्बे आर्ट सोसायटी का सिल्वर मेडल मिलता रहा। उन्हें बनारस के दृश्य-चित्रों पर गोल्ड मेडल 1941 में जाकर मिलता है। बेन्द्रे ने काम की उत्कृष्टता से सबका ध्यान अपनी तरफ़ आकृष्ट किया। उसकी नयी चमक, नया विचार, खुलापन और व्यक्तिगत हस्तक्षेप सभी को आकर्षित कर रहा था। बेन्द्रे के पूर्ववर्ती कलाकारों में अधिकांश अँगरेज़ों द्वारा रेखांकित भारतीयता का चित्रण कर रहे थे और उनमें कोई अलग था, तो वे अमृता शेरगिल थीं, जिनका पूरा प्रभाव बेन्द्रे पर पड़ा। बेन्द्रे जब दृश्य-चित्रण से आकृति-चित्रण पर आते हैं, तब यह प्रभाव स्पष्ट नज़र आता है और यह अन्त तक बना रहता है। बल्कि बेन्द्रे अमृता की आकृतियों को अपनी उन ऊँचाइयों तक ले आते हैं जहाँ उसमें कुछ आभास, कुछ अमूर्तता और थोड़ी-सी अमृता दीख पड़ती है।

यहाँ हमें यह नहीं भूलना चाहिये कि बेन्द्रे आज़ाद भारत के पहले सक्रिय चित्रकार हैं, जिनका सम्बन्ध काश्मीर से कन्याकुमारी और बम्बई से कलकत्ता तक के उन सभी कलाकारों से जीवन्त रहा, जो अपनी स्थानीयता से सराबोर थे। बेन्द्रे इन सबके साथ थे, सबके बीच थे। बेन्द्रे को शान्तिनिकेतन में कलाकार के रूप में पैंतीस वर्ष की उम्र में आमन्त्रित किया गया था, जो कि एक उदाहरण ही है—जिसका कारण उनकी राष्ट्रीय सक्रियता ही रही होगी। इसी उम्र में वे 'गवालिया टैंक' बम्बई के काँग्रेस अधिवेशन के लिये अपना प्रसिद्ध चित्र 'भारत छोड़ो' भी चित्रित करते हैं और यहीं बेन्द्रे को 'प्रिंस ऑफ़ वेल्स म्यूज़ियम' में प्रदर्शनी लगाने का निमन्त्रण भी मिलता है, जो कि चित्रकारों के लिये दुर्लभ अवसर हुआ करता था। इस प्रदर्शनी में उनके पैंतीस चित्र बिक जाते हैं। यह एक युवा चित्रकार के लिये उसकी कला की पहचान व उसकी कम उम्र प्रसिद्धि के लिये बहुत था। बेन्द्रे इस यश से लक्ष्यहीन नहीं होते हैं। कम उम्र में ही राष्ट्रीय ख्याति प्राप्त कर चुके बेन्द्रे की कला का सीधा सम्बन्ध उनके दर्शकों और कला विशेषज्ञों से बन चुका था।

देवलालीकर के शिष्यों के काम की विशेषताओं पर हम ध्यान दें, तब उनके चित्रों को बाँधने वाला एक सूत्र दिखायी देता है। बेन्द्रे, पी.ए. गावड़े, सोलेगाँवकर, मनोहर जोशी, डी.जे. जोशी से लेकर रामनारायण दुबे,

चन्द्रेश सक्सेना तक के चित्रों में कुछ समान बातें हैं। ये सभी चित्रकार देवलालीकर की तरह अपारदर्शी जलरंगों का अभूतपूर्व प्रयोग करते हैं। बेन्द्रे और डी.जे. जोशी में यह बात साफ़ दिखलायी देती है कि इन चित्रकारों पर प्रभाववाद/इम्प्रेशनिज़्म (impressionizm) का गहरा प्रभाव है। वे सभी अँगरेज़ों द्वारा थोपी जा रही भारतीय कला की समझ के इतर अपना सम्बन्ध प्रकृति और परिवेश से बना रहे थे। इन चित्रकारों का उत्साह, कर्मठता और नये से जूझने का जोश उन्हें जोख़िम उठाने में मदद करता है। ये सभी धुन के पक्के और रागदारी में अनूठे थे। सब एक दूसरे से भिन्न चित्र समझ रखते हुए अपनी भिन्नता में एक थे।

देवलालीकर के सम्बन्ध अपने शिष्यों के साथ सीधे, तीखे और स्नेहभरे होते थे। बेन्द्रे के चित्रों को देखकर देवलालीकर की यह घोषणा करना कि यह आगे चलकर रंगबाज/colourist बनेगा, कुछ हद तक सच होती दिखलायी देती है, किन्तु बेन्द्रे रंगों से आगे जाकर, बाद के चित्रों में रंग प्रभाव की तरफ़ बढ़ते जाते है। उनके समकालीन कलाकारों के बरक्स वे अचूक रंग प्रयोग के महारथी हैं। इन रंग प्रयोगों का सम्बन्ध अमृता शेरगिल के चित्रों से भी बनता है और मालवा लघुचित्रों से भी। बेन्द्रे की रंगों की परतें, उनके आपसी सम्बन्ध और रंगतें आदि उनके चित्रों में मिठास घोल देते हैं। यह मिठास अन्त तक बनी रहती है। वे रंग और रंगतों पर ज़्यादा ध्यान देने लगते हैं। इस तरह के चित्रण से उनमें ठहराव-सा दिखलायी देता है। उनके चित्रों का साफ़-सुथरापन आकर्षक है। वे चित्र की रंग योजना तैयार करते वक्त एक रंग पर ज़ोर देने लगे। उसे केन्द्र में रख उसके विपरीत रंग प्रयोग और उसी प्रमुख रंग की रंगतें उनके चित्र में प्रधानता रखने लगीं। ठिठके रंग, ठहरा समय, ठसक से भरी आकृतियाँ बेन्द्रे की विशेषता बन गयीं।

यह ठहराव उनके स्वभाव के विरुद्ध जाता है। इस बदलाव का श्रेय बड़ौदा स्कूल के उन कलाकार साथियों को जाता है, जिनके विरोध स्वरूप बेन्द्रे को बड़ौदा स्कूल ऑफ़ आर्ट से इस्तीफ़ा देना पड़ता है, जिसकी स्थापना के लिये उन्होंने अपना सब कुछ दाँव पर लगा दिया था। दुःख से बींधे बेन्द्रे बम्बई लौटकर अपने को संयत करते हुए नये चित्रों में रंगों को सँभालते रंग-योजना में बदलाव लाते दीखते हैं, जिसमें व्यथित मन रंग सुकून के प्रयास करता दीखता है। रंग संयोजन सधता नज़र आता है। औचक और अचूक रंग प्रयोग की जगह सुविचारित, सधा-सँभला रंग उनके चित्रों में आहत मन पर मलहम की तरह फैलता चला जाता है।

बेन्द्रे के समकालीनों की रंग-योजना में चटख रंगों का अभाव साफ़ नज़र आता है। बेन्द्रे प्रकृति से काफ़ी कुछ ग्रहण करते हैं, फिर उस रूपाकार को रंगाकार में एक कुशल चितेरे की तरह बदल देते हैं। वे अपनी

ज़मीन से किस क़दर जुड़े हैं, यह बात ग़ौर करने की है। वे कहते हैं :

> *मैं इस धरती का वारिस हूँ। इस धरती पर चलता हूँ, इस धरती पर खाता हूँ और मैं धरती के अलावा किसी और चीज़ का विचार नहीं रखता।*

बेन्द्रे का जुड़ाव अपनी दुनिया से और दुनियावी बातों से कितना ज़्यादा है, इसका उदाहरण उनका चित्र है। वे बर्तन बाज़ार से लेकर ट्रेन में बैठी लड़की तक को इसी दुनिया से उठाकर अपने चित्र-फ़लक पर फैला देते हैं। बेन्द्रे की यायावरी इस दुनिया जहान को समझने, फिर चित्रित करने के केन्द्र में है। बेन्द्रे यात्राएँ करते हैं और दर्शक को उन यात्राओं से उपजे कल्पनालोक की यात्रा पर ले जाते हैं। दर्शक के लिये बेन्द्रे के चित्र मीठे स्वप्न की तरह हैं, जहाँ दुनिया सजी-सँवरी, साफ़-सुथरी, सीधी-सादी, सूना-सन्नाटा लिये है। दृश्य ठहरा हुआ है। छायाचित्र की तरह। यथार्थ, दुनियावी यथार्थ नहीं है। चित्र का यथार्थ दर्शक का स्वप्नलोक है। वह ठगा-सा निहारता है और ठहरे सन्नाटे में डूबता जाता है। बेन्द्रे का लक्ष्य यथार्थ चित्रण नहीं है। बेन्द्रे की दृष्टि यथार्थ से बिंधी है, वे धरती के वारिस की तरह धरती के अजूबे को यथार्थ की तरह रच देते हैं। बेन्द्रे के चित्रों की शुरुआत मालवा के भूदृश्यों और हाट-बाज़ार से होती है। भूदृश्य अन्त तक बेन्द्रे के चित्रों में दिखायी देते हैं, किन्तु हाट-बाज़ार की चहल-पहल, धड़कती ज़िन्दगी धीरे-धीरे उस सूने एकान्त में तब्दील होती जाती, जिसे बेन्द्रे ने उस बाज़ार में बैठकर अपने अकेलेपन में महसूस की थी। बेन्द्रे के चित्रों में लगातार बदलाव आते दीखते हैं, जिसमें रूप के साथ खिलवाड़ प्रमुखता से नज़र आता है। बेन्द्रे की रचनात्मक उलझनें भी उसी 'रूप' में बुनी जाती हैं। रूपाकार बदलते नज़र आते हैं और बेन्द्रे गहरे आत्मसंकोच के साथ यथार्थवाद से पीछा छुड़ाते हैं।

बेन्द्रे के शुरुआती चित्रों में भी यह यथार्थवाद प्रमुखता से नहीं दीखता है। वे विद्यार्थी जीवन के प्रभाव से मुक्त होना शुरू कर देते हैं—1937 के आसपास। उनके रंग प्रयोग प्रारम्भ से ही सबका ध्यान खींचते रहे। हुसेन ने पहली बार उन्हें बर्तन बाज़ार में दृश्य-चित्रण करते हुए देखा था, तब वे रंगीन काग़ज़/Tinted Paper पर अपारदर्शी रंगों का उपयोग कर रहे थे। हुसेन के लिये यह अचम्भा था। उन दिनों सभी दृश्य-चित्रण सफ़ेद काग़ज़ पर जलरंगों से किया करते थे। बेन्द्रे उस वक्त विपरीत धारा में तैर रहे थे। बेन्द्रे की रचनात्मक भूख उन्हें न सिर्फ़ रंग प्रयोग की तरफ़ ले जाती है, बल्कि वे रूपाकारों के साथ भी मनमानी करते हैं। बीच के चित्रों में घनवाद/Cubism का प्रभाव भी है और शैली ढूँढ़ने, अपनाने की जद्दोजहद भी।

बाद के चित्रों में बेन्द्रे का ठहराव साफ़ दीखता है, जहाँ अमृता की आकृति और बेन्द्रे का अकल्पनीय सूनापन है।

हुसेन अपना रेखांकन पूरा करते हैं। उन्होंने 'Vagabond' चित्र का रेखांकन किया था। हुसेन की स्मृति में वह चित्र आज भी उतना ही साफ़ है। हुसेन बोले—''चित्र की रंग-योजना चटकीली थी और उन दिनों इस चित्र की चर्चा आम हुई। चलिये, उनका सौवाँ जन्मदिन साउथ हाल में मनाया जाए। हिन्दी सिनेमा भी देखें।'' हुसेन साहेब बच्चों की सी ख़ुशी और उत्साह से भर उठे। जन्मदिन मनाने की ख़ुशी। पकवान, सिनेमा और तफ़रीह।

हम लोग थोड़ी देर बाद हुसेन की नयी रोल्स रॉयल में साउथ हाल की तरफ़ उड़े जा रहे थे।

2011

भोपाल गैस त्रासदी

अनुवाद : मीनू मंजरी

स्थानीय अख़बार के लिये जब मुझे चित्रकला पर नियमित कॉलम लिखने के लिये कहा गया, तब मैंने पाया कि यह एक अत्यन्त मुश्किल काम है, जिसके लिये मैंने अनजाने में हाँ कर दी। कई दिनों तक दोस्तों से भी विचार-विमर्श किया और नतीजा सिफ़र ही रहा। भोपाल का अख़बार, जो पूरे प्रदेश में जाता है, बहुत ही शिद्दत से चाहता था कि मैं जल्द ही शुरू करूँ। फिर एक दिन किसी क्षण, शायद वह सोमवार का दिन था और मैं भारत भवन की दीर्घा में रोज़मर्रा के ज़रूरी काम निपटा रहा था, मेरा ध्यान किशोर उमरेकर के रेखांकन की तरफ़ गया। यह रेखांकन 'भोपाल गैस त्रासदी' पर है और उसी वक्त मुझे अपना कॉलम शुरू करने का संकेत मिल गया। भारत भवन के संग्रह में भोपाल गैस त्रासदी से सम्बन्धित कई चित्र

हैं, किन्तु उनमें जो प्रमुखता से मुझे पसन्द हैं, वे के.जी. सुब्रमण्यम, जेराम पटेल और किशोर उमरेकर के क्रमशः—चित्र, छापा और रेखांकन। मैंने इसी से अपने कॉलम की शुरुआत की। यह कॉलम अँगरेज़ी में था। इन्हें मैंने लम्बे अन्तराल के बाद पुनः पढ़ा, अतः कुछ जोड़-घटाव करना ही पड़ा।

किशोर उमरेकर : पीपल / People

कला पर किसी स्तम्भ की शुरुआत त्रासदी से करना कुछ विचित्र लग सकता है, लेकिन मुझे यह उचित लगता है, क्योंकि इस त्रासदी ने कितने ही कलाकारों को अभिव्यक्ति के लिये प्रेरित किया। भारत भवन की कलादीर्घा में किशोर उमरेकर द्वारा भोपाल त्रासदी के चार वर्ष बाद बनाया गया रेखांकन 'पीपल/People' है। यह चित्र इस विषय पर बनायी गयी बेहतरीन तसवीरों में से एक है। आप इसे देखेंगे तो सिर्फ़ कुछ सजावटी लकीरें नज़र आएँगी, लहराती, घूमती, एक दूसरे से जुड़ी, एक दूसरे में घुसती, बाहर निकलती रेखाएँ। जिनमें बहुत कम रूपाकार हैं। बस कुछ अराजक लकीरें यहाँ-वहाँ तैरती दिखेंगी। आप धैर्य के साथ देखते रहें, तब यह तसवीर त्रासदी के बाद के विषण्ण भोपाल की छवि दिखाती है। भोपाल के दुर्दान्त क्षणों को खोलती, छिपाती छवि। रेखाओं के जाल में औरतें, पशु-पक्षी, पौधे, भूदृश्य, मकान और झील भी दीखती है। सभी घातक गैस से भाग रहे हैं और भाग रहे हैं रूपाकारों से। ये रेखा समूह, यह रूपाकारों की अराजकता स्पष्ट रूप से कुछ नहीं कहती, लेकिन कुछ कहती ज़रूर है, जो दर्शक को भीतर तक साल देती है। किशोर ने रेखाओं की इस अराजकता को त्रासदी का बिखराव, विभीषिका में बिछुड़न और भुगतने की सामूहिकता दर्शाने के लिये चुना। इसके द्वारा वे एक शान्त यंत्रणा दर्शाते हैं, जो भोपाल के वासियों के अस्त-व्यस्त जीवन की छाया है।

यह चित्र त्रासदी को यथार्थवादी ढँग से व्यक्त नहीं करता। किसी भी त्रासदी को सरल यथार्थवादी तौर पर व्यक्त करना लगभग असम्भव है। किशोर ने फूलों वाले नमूने चुने हैं, जिनसे आमतौर पर डिज़ाइन बनाये जाते हैं। लचीली घुमावदार रेखाएँ जो सुन्दरता की धारणा को धारण किये हैं। गोलाइयाँ हमेशा स्त्रीत्व का प्रतीक होती हैं। त्रासदी के चित्रण के लिये लचीली, फूलों-सी, घुमावदार रेखाएँ लेकर किशोर ने अपना कार्य कठिन बनाया है, लेकिन इसका प्रभाव सफल रहा है। इस त्रासदी को समझने, महसूस करने और सुबह तक जागने के बाद किशोर ने काग़ज़ पर उकेरा।

महाराष्ट्र के वर्धा जिले के एक गाँव भीड़ी में जन्मे किशोर ने कला की शिक्षा स्वर्गीय वी.एस. वकनकर से ली। वे अपनी सफलता का सारा श्रेय प्रख्यात चित्रकार सचिदा नागदेव को देते हैं। किशोर विविधता के धनी हैं। वे लिखते हैं, चित्र बनाते हैं, जुलूस इत्यादि में भाग लेते हैं, प्रदर्शनियाँ आयोजित करते हैं, शिक्षक हैं और एक सक्रिय कार्यकर्त्ता भी। अड़तालीस वर्षीय किशोर त्रासदी की रात को बड़े कष्ट और दुख से याद करते हैं। इस त्रासदी ने उनका जीवन बदलकर उन्हें कार्यकर्ता बना दिया। उन्होंने पोस्टर वर्कशॉप और बच्चों के लिये पेंटिंग वर्कशाप आयोजित किये, ताकि बच्चों में त्रासदी के प्रति जागरूकता बढ़ायी जा सके। उन्होंने त्रासदी पीड़ितों की राहत के लिये कई जुलूसों में भाग लिया। उनके जीवन में वह स्वयं की पहचान का क्षण था और एक कलाकार के रूप में उन्होंने यह तसवीर बनायी। अग्रांकित दो टीपों में मैं इसी विषय पर के.जी. सुब्रमण्यम और जेराम पटेल के चित्रों पर बात करूँगा।

के.जी. सुब्रमण्यम : विजिट ऑव अ वाइट क्रो / Visit of a White Crow

'विजिट ऑव अ वाइट क्रो' न सिर्फ़ शीर्षक है, बल्कि एक व्यंग्य भी है। के.जी. ने भोपाल गैस त्रासदी पर इसी शीर्षक से पाँच चित्र बनाये। स्पष्ट है कि यह सफ़ेद कौआ एक अमेरिकी है। यह चित्र मृतकों और निर्दोष होने का ढोंग करते हत्यारे के बीच सम्बन्ध को दर्शाता है। ये सभी चित्र एक्रलिक रंगों से एक्रलिक शीट पर बनाये गये हैं। दक्षिण भारत में काँच पर चित्रकारी की लम्बी परम्परा रही है, जिसमें कलाकार उलटी चित्रकारी करता है, यानी यदि काग़ज़ पर आकृति का अलंकरण और चित्र की अन्तिम रूपरेखा तैयार करने का काम सबसे अन्त में किया जाता है, तब काँच पर यहीं से शुरुआत की जानी होगी। तंजावूर चित्रशैली इसी के लिये प्रसिद्ध है। के.जी. ने यहाँ सिर्फ़ एक बदलाव किया है। काँच की जगह एक्रलिक शीट इस्तेमाल की है।

इन पाँच चित्रों में इस विभीषिका को धूसर रंगों—भूरा, काला, सलेटी—में चित्रित किया गया है। मानव शरीरों को के.जी. की अपनी शैली में चित्रित किया गया है। शरीर रचना को उपलब्ध स्थान के हिसाब से तोड़ा गया है। मानवाकृतियाँ, पौधे और पेड़, शवों के बीच जगह तलाश रहे हैं, मानो मानव निर्मित यान्त्रिक दुनिया में उनकी कोई जगह ही नहीं है। विकास की प्राकृतिक क्षमता उनमें है और इसीलिये अचानक चटक हरे, नीले या गुलाबी रंग भी हैं। त्रासदी के भीतर का विरोधाभास। यही विरोधाभास आधुनिक जीवन का है,

जहाँ चारों तरफ़ विपरीत चीज़ें साथ दिखायी देती हैं। श्मशान घाट के आगे कोका-कोला के स्टॉल इसी का उदाहरण हैं।

हर चित्र में एक सफ़ेद कौआ है। एक चमकदार श्वेत कौआ मानो शवों को नोंच खाने आ रहा है। यह कौआ न केवल अमेरिका, बल्कि बहुराष्ट्रीय कम्पनियों का प्रतीक है, जो किसी भी देश के लिये आपदाएँ लाते जा रहे हैं। यह श्वेत कौआ न तो आमन्त्रित है, न ही अतिथि (जिसके आने की कोई तिथि नहीं) जिसका हम स्वागत करें। वह बस एक आगत है, अनिमन्त्रित, जिसकी उपस्थिति मजबूरी है, विध्वंसकारी भी। चित्रकार ने न सिर्फ़ मृत शरीर, बल्कि मृत संस्कृति को भी दिखाने की चेष्टा की है। श्वेत कौआ संस्कृति पर हमला कर रहा है और संस्कृति का सर्वोच्च वाहक, मनुष्य, मृत पड़ा है। कौआ स्वस्थ, प्रसन्नचित्त है, घूमता-घामता त्रासदी को बड़े तटस्थ तरीक़े से देखता हुआ मौजूद है। त्रासदी से उपजा उसका भोजन और इसके लिये कौव्वे की लालची उपस्थिति अत्यन्त कुशलता से चित्रित है। के.जी. का अनुभव इस चित्र के भाव-जगत् को सहज ही उजागर करता जाता है। एक क़तार में पाँच कौये किसी बड़ी विभीषिका की सम्भावना के इन्तज़ार में दीखते हैं। किसी महाभोग का इन्तज़ार। ये कृतियाँ इस त्रासदी की अभिव्यक्ति के साथ ही तीखी राजनीतिक टिप्पणी भी हैं।

के.जी. 15 फ़रवरी 1934 में केरल में जन्मे थे। उन्होंने तमिलनाडु के प्रेसीडेंसी कॉलेज, शान्तिनिकेतन और लंदन के स्लेड स्कूल ऑव आर्ट में पढ़ाई की। उनकी प्रकृति एक जोख़िम उठाने वाले चित्रकार की है, जो कला सम्बन्धी कोई भी प्रयोग करने में हिचकता नहीं। न ही उन्हें अपने निष्फल रहने का भय सालता है। स्वभाव में यायावरी है। वे विभिन्न माध्यमों के बीच भी यात्रा करते हैं। वे कला पर लिखते हैं और शिक्षक के रूप में कई वर्ष बड़ौदा स्कूल ऑव आर्ट में पढ़ाते रहे। उन्होंने बच्चों के लिये भी किताबें लिखीं और चित्रित कीं। वे कथात्मक-प्रतीकात्मक शैली के लिये जाने जाते हैं। उन्होंने विभिन्न माध्यमों में काम किया है। खिलौने बनाये, टेराकोटा की नक़्क़ाशियाँ बनायीं, लखनऊ के रवीन्द्रालय में एक टेराकोटा भित्तिचित्र 'किंग ऑव द डार्क चेम्बर' बनाया और शान्तिनिकेतन के कला भवन में सैंड कास्ट सीमेंट के भित्तिचित्र बनाये।

'विजिट ऑव अ वाइट क्रो' चित्र भी उनकी जोख़िम उठाने वाली प्रकृति की तरफ़ ही इशारा करते हैं। इन चित्रों में के.जी. ने संयोजन सम्बन्धी छूट लगातार ली है। हर चित्र में कौव्वे की आक्रान्त करती आक्रामक उपस्थिति है। चारों ओर पड़े मृतकों के बीच उसकी उपस्थिति आज की राजनीतिक अवस्था के साथ ही भोपाल त्रासदी का विशद चित्रण है। के.जी. ने भोपाल त्रासदी को भोपाल की स्थानीयता से उठाकर सार्वभौम

कर दिया। इसमें निहित है कि यह दुनिया के किसी भी मुल्क में हो सकता है, जहाँ हम इस बात से बेख़बर हैं कि मनुष्य की जान की कोई क़ीमत है।

जेराम पटेल : मैं रचता नहीं

समूह 1890 के संस्थापक सदस्य रहे जेराम पटेल देश के महत्त्वपूर्ण चित्रकार हैं। गुजरात में 1930 में जन्मे पटेल बड़ौदा में रहते हैं। वे देश के अकेले ऐसे चित्रकार हैं जिन्होंने जीवन भर मुख्य रूप से काले रंग का इस्तेमाल किया। उन्होंने कई ग़ैर-पारम्परिक सामग्रियों, जैसे कि जलायी गयी लकड़ी के साथ भी प्रयोग किये। इस तकनीक में उन्होंने ब्लो टॉर्च के प्रयोग से लकड़ी को इच्छित स्थान पर जलाकर अपनी कलाकृति बनायी है। इन कलाकृतियों का रचनात्मक सौन्दर्य भले ही अलग हो, किन्तु रूपाकार समान ही हैं। भोपाल त्रासदी पर बने लिथोग्राफ के साथ उनकी कुछ महत्त्वपूर्ण काष्ठकृतियाँ भी भारत भवन के संग्रह में हैं।

ज्योति भट्ट के अनुसार :

> *लिथोग्राफी की प्रक्रिया लगभग दो सौ साल पहले खोजी गयी थी। इसका मूल सिद्धान्त है तेल और पानी की विरोधी प्रकृति। एक ख़ास क़िस्म के चूना पत्थर (लिथो ग्रीक शब्द है, जिसका अर्थ ही है पत्थर) की दानेदार सतह पर क्रेयॉन या तैलीय स्याही से डिज़ाइन अंकित किया जाता है। फिर रासायनिक प्रक्रिया से डिज़ाइन को पत्थर की सतह पर जमा दिया जाता है। नयी तकनीक की मदद से अब मोटे लिथो पत्थर की जगह हलके और पतले जिंक और एल्युमिनियम की पत्तरें प्रयोग की जा सकती हैं। छपाई के समय पत्थर (या पत्तर) पर पहले पानी फेरा जाता है, जो तैलीय स्थान पर नहीं रुकता, लेकिन बाक़ी सतह पर रह जाता है। इसके बाद पत्तर पर तैलीय स्याही फेरी जाती है। अबकी बारी नम स्थानों पर स्याही नहीं रुकती, लेकिन तैलीय डिज़ाइन पर रुकी रह जाती है। जब एक विशेष प्रिंटिंग प्रेस का प्रयोग किया जाता है, तब यह स्याही काग़ज़ पर छप जाती है। यह प्रक्रिया दुहराकर बार-बार प्रिण्ट लिया जा सकता है।*

पत्थर की सतह को मोटे या महीन दानों वाला बनाया जा सकता है और कलाकार पेंसिल क्रेयॉन, ब्रश या क़लम से चित्र बना सकता है। वह हलके इंक वाश और चित्रकारी का भी प्रयोग करता है। कुछ नकारात्मक

तकनीकों का भी प्रयोग किया जा सकता है। जैसे गोंद से कोई जगह बन्द कर देना या स्क्रेप करके एसिड से काले को उजले की ओर खोलना। वह रूपांकन के लिये ख़ासतौर से कोट किये काग़ज़ का भी इस्तेमाल कर सकता है। इसे बाद में पत्थर की सतह पर उतारा जा सकता है। कुछ कलाकार तो अब छपाई उद्योग की प्रकाश रासायनिक क्रिया का उपयोग अपने रूपांकन तैयार करने और उसे पत्थर पर उतारने के लिये करते हैं। नाज़ुक टेक्श्चर और एक-दूसरे पर चढ़ते पारदर्शी रंग इस माध्यम के काफ़ी ज़्यादा प्रयुक्त होने वाली विशिष्टताएँ हैं।

जेराम पटेल का छापा भोपाल गैस त्रासदी पर बनी बाक़ी कलाकृतियों, जिनकी मैंने पहले चर्चा की है, से बिल्कुल भिन्न है। यह एक स्पष्ट छापा है। बिखरे हुए हाथ-पैर, विभिन्न अंग और एक काला शव जैसा धब्बा—सभी एक दिशा में बह रहे हैं, धारा की तरह। बहते हुए मृतकों की धार। यह प्रतीकात्मक चित्रण अपने आपमें सैकड़ों शवों को समेट लेता है। यह किशोर के चित्र की तरह रेखाओं का अराजक चित्रण नहीं है, न ही के.जी. के चित्र की तरह व्यंग्य। यह एक व्यवस्थित कृति है, जो 'विजिट ऑव अ वाइट क्रो' के ठीक पहले की है और 'पीपल' के तीन साल बाद की। इसमें स्पष्ट रूप से देख सकते हैं कि ये बहते हुए अंग न सिर्फ़ मनुष्यों के अंग की तरह हैं, बल्कि मृत पशु-पक्षी और अन्य जीवों जैसे भी दीखते हैं। यह सब एक गैराज़ की तरह दिखायी देता है, जहाँ गाड़ियों के पुर्ज़े बिखरे रहते हैं। ये बिखरे हुए अंग न सिर्फ़ मृतकों को दर्शाते हैं, बल्कि भोपाल के लोगों के बिखर चुके जीवन को भी।

जेराम पटेल 'कॉन्ट्रा' में 1967 में लिखते हैं :

> *मैं कचरे की चीज़ों, जैसे—पिन और टीन के टुकड़ों को रख देता हूँ। इन चीज़ों का अपने आपमें कोई महत्त्व नहीं है मेरे लिये, लेकिन काम करते हुए अपने आसपास की कई चीज़ों को देखना स्वाभाविक है।*

यह स्वाभाविक घटना, बिखरी हुई चीज़ें, इस छापे का सारतत्त्व हैं। किन्तु ये कीलें और टीन के टुकड़े नहीं, बल्कि मानव शरीर के टुकड़े हैं। और वे इधर-उधर बिखरे नहीं हैं, बस एक दिशा में बह रहे हैं। यह बहाव छापे में निरन्तरता लाता है। यह एक असीम नदी है बहते मृतकों की।

1930 में जन्मे जेराम ने 73 वर्ष पूरे कर लिये हैं—प्रज्ञा के 73 वर्ष। प्रज्ञा रंगों-रेखाओं की। जेराम ने मुम्बई के जे.जे. स्कूल ऑफ़ आर्ट्स में कला की पढ़ाई की और लंदन के सेण्ट्रल स्कूल ऑफ़ आर्ट्स एण्ड क्राफ्ट्स

से टाइपोग्राफी और पब्लिसिटी डिज़ाइन में डिप्लोमा किया। इसके बाद उन्होंने नेशनल डिप्लोमा ऑफ़ डिज़ाइन लिया। डिज़ाइन में उनकी रुचि उन्हें एक अद्वितीय कलाकार बनाती है।

जेराम पटेल के इस चित्र को देखते वक्त हमें उनके अनेकों रेखांकन भी याद आते हैं। उनकी कलाकृतियों का मूल स्वर ही इन बिखरी, उजड़ी और छिटकी हुई दुनिया की एकाग्रता का है। वे आपका ध्यान खींचती हैं और इस तरह हम उन चीज़ों की तरफ़ ध्यान देते हैं, जो परित्यक्त हैं। जेराम का रचा हुआ समय बहुत हद तक समाज के उजड़े हुए का समग्र दर्शन कराता है। एक कलाकार के रूप में वे बेहद चौकन्ने हैं और अपनी कलाकृतियों का मन अत्यन्त मामूली-सी लगने वाली छोटी-सी उपेक्षित वस्तु से उठा लाते हैं।

प्रभाकर बर्वे ने कहा है :

एक मेज़ को देखते वक्त मुझे वह पेड़ दिखायी देता है जिसे काटकर इसे बनाया गया है।

जेराम पटेल की कलाकृति में यही कुछ हमें दिखलायी देता है। थोड़े से बहते हुए अंगों में छुपी शताब्दी की सबसे बड़ी त्रासदी के अन्तहीन नुकसान इस लिथोग्राफ की ख़ासियत है। वे उन छोटी-छोटी तफ़सीलों में इस भीषण त्रासदी को सहज ही समेट लेते हैं। इस छापे में ऐसा बहुत कुछ नहीं बनाया है जिससे दर्शक के समक्ष अन्जान, अप्रत्याशित हादसे का विस्तृत ब्यौरा प्रस्तुत हो। सिर्फ़ कुछ काले सघन बिम्ब मानो अपने में समेटे अनेकों बिम्बों के प्रतीक की तरह बह रहे हैं।

जेराम यह सब अत्यन्त सहजता से इस छोटे से छापे में वह सब समेट लाते हैं जिसके वर्णन के लिये अब तक कई किताबें छप चुकी हैं और आगे भी छपती रहेंगी। जेराम कहते हैं—'मैं रचता नहीं हूँ'। वह वास्तव में दर्शक के मन में कल्पना के पंखों को हवा देते हैं, ताकि वह ख़ुद उस अन्तहीन उड़ान का आनन्द ले, जहाँ रचना और महसूस करना अलग नहीं है।

2003

भूपेन खख्खर : रंगों का कथा संसार

भूपेन खख्खर : रंगों का कथा संसार

अनुवाद : मीनू मंजरी

भूपेन खख्खर की मृत्यु 8 अगस्त, 2003 को लगातार बढ़ते जा रहे कैंसर से हो गयी। सत्तर वर्ष की आयु में उनके आख़िरी वर्ष यन्त्रणा में गुज़रे। उनका जन्म 10 मार्च, 1934 को मुम्बई में गुलवाड़ी में हुआ। वे परिवार के छोटे लड़के थे और जल्दी ही उन्होंने परिवार के प्रति अपनी जिम्मेवारी समझ ली थी। बम्बई विश्वविद्यालय से शिक्षा पूरी की और चार्टर्ड अकाउण्टेंट बने। साथ ही चित्रकला के प्रति प्रेम उन्हें ग्राण्ट रोड में होने वाली सांध्य कलाओं की ओर ले जाता रहा। 1958 उनके लिये एक महत्त्वपूर्ण वर्ष था, जब वे गुलाम मोहम्मद शेख से मिले। बड़ौदा जाने से पहले वे कुछ समय के लिये जे.जे. स्कूल ऑफ़ आर्ट्स में रहे और अपने पहले कला शिक्षक वासन परब से प्रिण्ट बनाना सीखा। बाद में वे बड़ौदा स्कूल ऑफ़

आर्ट्स में चले गये, जहाँ वे प्रसिद्ध चित्रकार एस.एन. बेन्द्रे और के.जी. सुब्रमण्यम के सम्पर्क में आये। उनके शुरुआती चित्रों में इन चित्रकारों का प्रभाव आसानी से देखा जा सकता है। उन्होंने इस अवधि के बारे में अपने क़रीबी मित्र ब्रिटिश चित्रकार और लेखक तिमोथी हाइमन से कहा :

मैं एक अच्छे चार्टर्ड अकाउण्टेंट की तरह सामान्य जीवन जीना चाहता था। मैं पैसा कमाकर परिवार वालों की मदद करना चाहता था। पर मैं इसके लिये बना नहीं था। मैं अभिशप्त था।

1965 में जहाँगीर आर्ट गैलरी में उनकी पहली एकल प्रदर्शनी हुई और तुरन्त ही उन्हें भारत के पहले पॉप आर्टिस्ट का नाम मिल गया। उन्होंने कोलाज प्रदर्शित किये। इनके बारे में गुलाम मोहम्मद शेख लिखते हैं :

एक किनारे पर देवी दुर्गा होगी और इस तसवीर को वे अन्य देवी-देवताओं के चित्र के साथ कोलाज करके सिन्दूर पोत देंगे, ताकि वह किसी भी कला प्रेमी को अर्चना योग्य लगे। लेकिन इसके ठीक बगल में अंधे को भी नज़र आने योग्य अक्षरों में लिखा हो सकता है—यहाँ पेशाब करना मना है।

भूपेन के कला-जीवन का एक महत्त्वपूर्ण चित्र था, 1966 में बनायी गयी 'पीपल विद धर्मशाला'। इसके बाद से भूपेन का चित्र-संसार मुग़ल लघुचित्र, किशनगढ़ शैली के रूमानी भूदृश्य, कम्पनी शैली के चित्र, नाथद्वारा की पिछवई, ओलियोग्राफ, जैन मन्दिरों के नक़्शे और फीके पड़े औपनिवेशिक फ़ोटोग्राफ़ों आदि के गिर्द घूमने लगा। वे विस्तृत भूदृश्य में नन्हीं मानव आकृतियाँ बनाने लगे।

भूपेन के कथा संसार में अब चित्रों के अग्रभाग में मानव आकृतियाँ होती थीं और भूदृश्य मध्यवर्गीय शहरी वातावरण में बदल गये। अब यह मध्यवर्गीय शहरी मानसिकता भूपेन के लिये महत्त्वपूर्ण हो गयी। भूपेन ने अपने बचपन की यादों को मासूमियत से चित्रित करने वाली कई तसवीरें बनायीं। सत्तर के दशक के अन्त में वे मार्क्सवादी विचारधारा वाले बुद्धिजीवियों के सम्पर्क में आये, जो मानते थे कि कला का मुख्य काम सामाजिक समस्याओं को दर्शाना और पारिभाषित करना है। कला में कोई संदेश और इसे सामाजिक परिवर्तन का वाहक होना चाहिये। भूपेन भी यही मानने लगे और सत्तर के दशक के अन्त में एक बड़ी प्रदर्शनी गीता कपूर ने आयोजित की, जिसका नाम था—'प्लेस फॉर पीपल'। अन्य कई चित्रकारों के साथ भूपेन के चित्र इस प्रदर्शनी में प्रमुखता से दिखाये गये। यह शुरुआत थी Narrative Figurative चित्रकला की। इस प्रदर्शनी

में दिखाये गये सभी चित्रों का सम्बन्ध किसी न किसी तरह मध्यवर्गीय सामाजिक समस्याओं से था। चित्रों में प्रमुखता से तक़लीफ़ पा रहे आदमी औरत का सुन्दर चित्रण था। इस काल में भूपेन ने कई महत्त्वपूर्ण चित्र बनाये, जैसे—'यू कैन नॉट प्लीज ऑल, 1981'; 'टू मेन इन वनारस, 1982'; रीवा, 1986 और ययाति, 1987। इन सभी चित्रों के विषय कुछ हद तक भूपेन के जीवन को भी प्रतिबिम्बित करते हैं। अब वे अपने चित्रों में अपने समलैंगिक जीवन की भी चर्चा करने लगे।

इसी दौरान का एक महत्त्वपूर्ण चित्र है—'सेवा'। इसमें दो व्यक्ति अहाते में गलीचे पर हैं। उनमें से एक दूसरे के पैर दबा रहा है। इस चित्र में दूसरे व्यक्ति शायद भूपेन ख़ुद हैं। कुछ दूरी पर तीन औरतें सड़क किनारे एक मन्दिर के आगे बैठी हैं। यह चित्र समलैंगिक सम्बन्धों की तरफ़ उनके बेबाक रुझान को दर्शाता है। मन्दिर के आगे भक्तों का प्रतीकात्मक चित्रण उनके और उनके साथी के सम्बन्धों पर एक टिप्पणी करता-सा दीखता है। चित्रात्मक दूरी दर्शाने के लिये भूपेन गलीचे के ठीक बाद हरियाली चित्रित करते हैं। चित्र में एक बरामदा है और बरामदे के अन्त में तीन औरतें बैठी हैं। मन्दिर की छवि मूर्ति मेहराब के नीचे है। दूर छोर पर पहाड़ हैं और उन पर नाटकीय प्रकाश है। यह पूरी तसवीर वास्तविकता से हटकर है। गुलामी को भक्ति की तरह देखा गया है। बल्कि इस गुलामी में प्रेम भरा हुआ। पाँव दबाने वाला व्यक्ति जिस कदर तल्लीन दिखायी दे रहा है, वह सिर्फ़ प्रेम में डूबे हुए प्रेमी की तल्लीनता हो सकती है। इसी के साथ भूपेन समलैंगिक सम्बन्धों में स्पर्श को भी रेखांकित करते हैं। प्रेम में स्पर्श का रोमांच और समलैंगिक स्पर्श का रोमांच किसी प्रकार से भिन्न नहीं होता, इस तरफ़ इशारा भी है। यह स्पर्श अब एक दूसरे स्तर पर जा चुका है जहाँ उसकी शारीरिकता का रोमांचक अनुभव अब शरीर की सेवा में तब्दील हो चुका है। यहाँ आकर्षण भी है, भक्ति भाव भी। यहाँ लोलुपता भी है और स्पर्श की सांसारिकता भी। दो सितारों का मिलन भी है आज की रात और समर्पण भी। (दो सितारों का ज़िक्र मुझे भूपेन के खिलन्दड़े स्वभाव के कारण अनायास ही याद आया।)

कैनवस के प्रति व्यवहार में भी समर्पण है। रास्ते की चाय दुकान और इसके खस्ताहाल ग्राहक। यह बिम्ब जो कुछ हद तक मासूम, कुछ चतुर तो कुछ भदेस, भूपेन को कैनवस पर आम आदमी के लिये जगह तलाशने देता है। एक ऐसी जगह जो उसके वास्तविक वातावरण जैसी ही है और जहाँ उसकी स्थिति अजनबी नहीं लगती। उन्हें एक कलाकृति में स्थान देकर वे आम आदमी को हमारी कल्पना में स्थापित करते हैं। कभी यह सड़क, किनारे की दुकान या मन्दिर में तब्दील हो जाती है, जिसके आगे कोई आम औरत

चित्र के सम्बन्धों की प्रतीक बन जाती है। इस काल की एक अन्य महत्त्वपूर्ण कृति 'मैन वेयरिंग धोती' भी है।

भूपेन की कलाकृतियों में ख़ासतौर से बाद की कलाकृतियों में, जहाँ वे सजग हैं सामाजिक उत्पीड़न के चित्रण के लिये, बहुत बड़े स्तर पर प्राकृतिक चित्रण भी मौजूद है। भूपेन के चित्रों पर बहुत कुछ क़ैमरे से देखे जा रहे फ़िल्मी दृश्य का चित्रण भी दिखायी देता है। कुछ चित्र हैं, जो किसी डिटेल का वर्णन हैं। घड़ीसाज की दुकान या कोई टेलरिंग शाप। जैसे क्लोज अप लिये गये हों। दूसरी तरह के चित्र हैं, जिनमें प्रकृति भरपूर है और मनुष्य का बौनापन उसमें शामिल है। इन सभी के चित्रण में भूपेन एक लापरवाह सजगता बरतते हैं। उनका रंग लगाना भी कुशल कौशल को नहीं दर्ज करता और न ही उनके बेपरवाह होने को दर्शाता है। भूपेन रंग लगाते हैं सहज भाव से और उनका चित्रकारीय चौकन्नापन चित्र में विचित्र रचता जाता है। दर्शक सामाजिक उत्पीड़न के ख़िलाफ़ खड़ा नहीं होता, बल्कि रचे गये सौन्दर्य में वही सहजता पा लेता है, जो उसे अन्यथा दिखलायी दे रही है। भूपेन ने कला जगत् का ध्यान मध्यवर्गीय जीवन और उसके आसपास बुनी गयी सांस्कृतिक चेतना से उपजे उस संसार की ओर खींचा, जिसे आधुनिक होते जा रहे मनुष्य ने गँवार या फूहड़ माना है। भूपेन अपने चित्रों की सारी शास्त्रीयता इसी फूहड़, उजड्ड माने जाने वाली मानसिकता से खोज निकालते हैं। भूपेन का रचनात्मक सौन्दर्य भारतीय लघुचित्रों के साथ-साथ तात्कालिक सामाजिक विषयों में छुपा है। वे सहज भाव से इन विषयों को चित्रित करते हैं, जिनमें कोई सौन्दर्यात्मक भावावेग दर्शक को आमतौर पर नहीं दिखायी देगा।

भूपेन के चित्रों में बसा भारत अपनी द्वन्द्वात्मक पहचान के लिये जाना जाएगा। यही द्वन्द्व भूपेन का अपना भी रहा होगा।

2003

नर्मदा का खुला रहस्य

अमृतलाल वेगड़ नाम से परिचित लोग जानते हैं कि नर्मदा और उसकी परिक्रमा करने वाले यात्रियों में वेगड़ इन परकम्मार्थियों में विशिष्ट हैं। एक तो वे चार हज़ार क़िलोमीटर से भी अधिक पैदल यात्रा (परकम्मा) कर चुके हैं, दूसरा वे इस परकम्मा का अनुभव अंकन शब्दों और चित्रों में करते चलते हैं। शब्दों के प्रति उनका यह प्रेम ही उन्हें शान्तिनिकेतन के आचार्यों के बीच बांग्ला भाषा के प्रेम की तरफ़ ले गया, जहाँ वे चित्रकला का अध्ययन करने गये थे। आचार्य, नन्दलाल बसु, रामकिंकर बैज, बिनोद बिहारी मुखर्जी के सान्निध्य का लाभ, सहपाठी राम मनोहर सिन्हा और अन्य छात्र उठाते रहे। वेगड़ कहते भी हैं :

> *मेरा साहित्य प्रेम मुझे चित्रों से दूर ले गया। मैं चित्रकला का कमज़ोर विद्यार्थी रहा जबकि दूसरे बड़ा अच्छा चित्र बनाते थे इन दिनों।*

भारत भवन की 29वीं वर्षगाँठ पर 'परकम्मा' नामक प्रदर्शनी में वेगड़ जी के लगभग 80 चित्र प्रदर्शित किये गये। यह प्रदर्शनी शुरुआती जलरंगों और शेष कोलाजों को समेटे थी। जलरंग ज़्यादा नहीं थे, बल्कि उनमें से कुछ विद्यार्थी जीवन के हैं जो वेगड़ के इस कथन के विपरीत जाते हुए दिखते हैं कि "मैं कमज़ोर विद्यार्थी था।" इन शुरुआती जलरंगों में जलरंग का प्रयोग उसके पारम्परिक अर्थों में नहीं दीखता, बल्कि बाद के कोलाज प्रयोग की तरह नज़र आता है। यह रंग प्रयोग उन दिनों, इन दिनों के 'कोलाज पहुँच' के अचेतन की तरह है। शान्तिनिकेतनी दिनों या उसके बहुत सालों तक वेगड़ एक चित्रकार की तरह अपने को बहुत ही संकोच के साथ बरतते रहे। लम्बे समय तक जलरंगों का साथ 'चिड़ी का चोंच भर पानी' की तरह ही रहा जिसमें उनकी और दर्शकों की प्यास लगातार बढ़ती ही रही। वे भी उदासीन भाव से चित्रकला संसार में मौजूद रहे मानो किसी बाँध के फूटने का इन्तज़ार कर रहे हों। उनका व्याकुल मन इन जलरंगों के जल से सींचा न जा सका। सत्तरवें दशक के उत्तरार्द्ध में वेगड़ जी अपनी पहली परकम्मा शुरू करते हैं। पचास वर्षीय वेगड़ को इसका अन्दाज़ भी न होगा कि इस परकम्मा में नर्मदा के पवित्र जल से उनके भीतर संचित कला 'कोलाज बीज' का अंकुरण होगा। यात्रा के दौरान उन्होंने अपना लेखन जारी रखा और कुछ रेखांकन किये।

परकम्मा पूरी होते-होते उनके मन का भ्रम दूर हो चुका था। वे लौटते हैं और इतने वर्षों से संचित होते जा रहे कला अनुभव का जीवन-अनुभव से कोलाज करते हैं।

कहने को हम कह सकते हैं कि इन कोलाज का सम्बन्ध नर्मदा से है। विषय रूप में नर्मदा वहाँ है। नर्मदा का पवित्र जल भी इन कोलाजों के भीतर बह रहा है, किन्तु इसके इतर ये कोलाज नर्मदा परिक्रमा की सीमा लाँघ एक विराट दृश्य अनुभव में दर्शक को ले जाते हैं, जहाँ उसकी कल्पना इन्हें चरितार्थ हुआ देखती है। जिसने नर्मदा रहस्य न जाना, वह भी इस कला जल राशि में डूबने-उतराने लगता है। इन कोलाज में चित्रकार का कौशल और इस प्रक्रिया का धैर्य दर्शक को चमत्कृत करता है। वह धीरे-धीरे इन चित्रों के जीवनानुभव से अपना सम्बन्ध बनाने लगता है और उसे भी पवित्र परकम्मा की आस्था का प्रसाद मिलने लगता है। वेगड़ के ये कोलाज उनकी जीवटता, जिजीविषा और निरन्तरता के प्रमाण भी हैं। नर्मदा के प्रति उनका समर्पण, उनकी आस्था और उनका गहरा सम्बन्ध—यह सब इन चित्रों में नज़र आता है। वेगड़ के चित्रों में नर्मदा किनारे बसे निवासियों के छोटे-मोटे, रोज़मर्रा के कामों का ही अंकन नहीं दीखता, बल्कि विशाल विन्यस्त अप्रतिम प्राकृतिक दृश्यों का चित्रण भी है। इन चित्रों की ख़ास बात यही है कि वे

जीवन के दोनों छोर को सहजता से दर्शक तक ले आते हैं। जहाँ अबूझ-अमूर्त प्रकृति है और उससे टकराता, जूझता अपने को बचाये मनुष्य है। भले ही वह ओंकारेश्वर के घाट पर मुण्डन करा चुकने के बाद दाढ़ी बनवा रहा हो ।

इन कोलाजों की यही विशेषता भी है कि एक तरफ़ वे विहंगम दृश्यावली का अनुभव हैं तो दूसरी तरफ़ नज़दीकी व्यक्तिगत अनुभूतियों का अंकन। आग तापते हुए, नदी पार करते या कि विश्राम करते यात्री। इन अन्तरंग अंकनों में नर्मदा का लोप हो जाता है। ये दृश्य यात्रा के दौरान किये गये विश्रामों का संकेत हैं। शेष चित्रों में अनवरत् यात्रा के निशान मौजूद हैं। वेगड़ जी नर्मदा को परकम्मा यात्री की तरह शब्दों में लिखते हैं और यात्रा अनुभव को चित्रों में। ये कोलाज 'नर्मदा : सौन्दर्य की नदी' का रूपांकन ही है।

कोलाज की यह परम्परा काफ़ी पुरानी है। इसके सबसे उत्कृष्ट उदाहरण तंजावूर के चित्र हैं। समकालीन कलाकार इससे अब तक एक असहज दूरी ही बनाये हुए हैं। भारतीय समकालीन कला संसार में ज़्यादा नाम नहीं दिखते जिन्होंने इस दिशा में निरन्तर कुछ काम किया हो। योगेश रावल, दशरथ पटेल, हिम्मत शाह, पीराजी सागरा आदि कुछ कलाकार हैं, जिन्होंने इस विधा में कुछ सार्थक रचा। योगेश और पीराजी को छोड़कर अन्य कलाकारों में निरन्तरता का अभाव रहा है। वैसे छुट-पुट प्रयास कई कलाकारों ने किये हैं, किन्तु अठहत्तर के बाद से अब तक का रचना समय वेगड़ जी का सिर्फ़ कोलाज समय ही है। वे निरन्तर इस विधा में कुछ सार्थक रच रहे हैं, जिसका सम्बन्ध सिर्फ़ कला से जुड़ता है, सिर्फ़ जीवन से जुड़ता है, सिर्फ़ यात्रा से नहीं जुड़ता। ये चित्र दर्शक को भी पवित्र यात्रा में खींच लाते हैं। दर्शक परकम्मा का साक्षी बन इन चित्रों की उस एकान्तिक अनुभूति की तह पर पहुँचता है, जहाँ नर्मदा की आध्यात्मिकता है, यात्रा की पवित्रता है, वेगड़ जी की ज़िद है। इन तीनों का मेल दर्शक को उसके संसार में ले जाता है, जो किसी भी अच्छी कलाकृति का गुण हो सकता है।

वेगड़ जी इस मामले में एक जागरूक, कुशल और सहज चित्रकार हैं, जिन्होंने इन कलाकृतियों में अनायास ही अपनी जागृत नज़र कुशलता से अभिव्यक्त कर दी है। वेगड़ जी का विनम्र आत्मसंकोच भी इन चित्रों में दिखलायी देता है। वे रचते हैं, कोई दावा नहीं करते। वे चलते हैं, परकम्मा हो जाती है। वे निस्संकोच अपना यात्रा-वृत्तान्त शब्दों में और इन कोलाजों में समेट लेते हैं। इन कलाकृतियों का विस्तार उनकी यात्रा का विस्तार है। उसका अनन्त है। वे कुशलतापूर्वक शब्दों में भी अपना अनुभव बाँट लेते हैं फिर कहीं कुछ छूटा-सा लगता है तब कोलाज कर देते हैं। वे रंगानुभव इन कोलाज में चिपका देते हैं। वे रंग विस्तार करते

हैं और यह कमज़ोर विद्यार्थी अपनी सशक्त रचनाओं से परकम्मा की अनन्तता को असीमता में बाँध देता है।

वेगड़ जी के ये कोलाज अपनी बनक में अमूर्त हैं। नर्मदा रहस्य की तरह अमूर्त। इस अमूर्तता का अहसास ही दर्शक की परकम्मा है। जिस तरह नर्मदा परिक्रमा के बग़ैर शंकराचार्य नहीं हुआ जा सकता, उसी तरह इन कोलाज के साथ समय गुज़ारे बग़ैर सहृदय नहीं जान सकता कि इन कोलाजों में अनुभव के अमूर्तन का ही प्रकटन है। ये कोलाज अकादमिक और शान्तिनिकेतनी मानदण्डों के विपरीत मानवाभिव्यक्ति के उदाहरण हैं, जहाँ वेगड़ जी माध्यम की तरह मौजूद हैं। वेगड़ जी का यह सौन्दर्यानुभव उस अमूर्तन से उपजता है, जहाँ कला सिर्फ़ कला के लिये है और इसी कारण वह जीवन के उन पहलुओं को छू पाती है जहाँ अनुभूति है। वेगड़ जी के ये कोलाज कला के उस पक्ष का भी अंकन हैं जहाँ जीवन जीवन्त अनुभव अनुभूत करता है। यात्राओं की परेशानी आस्था में घुल जाती है और निर्मल मन उसमें डूबता जाता है। यही निर्मलता, सहजता, प्रांजलता, शुचिता इन कोलाज को उस 'कला-अनुभव' तक ले जाती है, जहाँ दर्शक अचम्भित रह जाता है।

ये कोलाज खुला रहस्य है उन यात्रियों के लिये, जो नर्मदा परिक्रमा के लिये जा रहे हैं, जाने वाले हैं या कभी न जा सकेंगे। यह यात्रा के बाद की थकान का अहसास नहीं है, बल्कि यात्रा के बाद की थकान के बाद यात्रा की स्मृति है, जो भरपूर जीवन से स्पन्दित है, आलोकित है, उत्फुल्लित है।

2011

ज. स्वामीनाथन

1.

चित्र-संसार में लियोनार्दो दा विंची ने vanishing point की धारणा ईजाद कर त्रि-आयामी भ्रम/illusion सामने रखा था। लघु-चित्र शैलियों में यह दृष्टिकोण नहीं है—वहाँ बहुस्तरीय यथार्थ एक साथ फ़लक/surface पर चित्रित है। जैसे चित्र-पट के बीचोंबीच 'सरोवर' का बना होना—square—सपाट, वर्गाकार, मानो उसे ऊपर से देखा जा रहा है—ऐसा Bird eye view/परिंदाना नज़र बनता/ती है। जबकि एकरेखीय परिप्रेक्ष्य के चलते यह सम्भव नहीं होगा। चित्र में एकरेखीयता का हस्तक्षेप vanishing point है—पास की चीज़ बड़ी और दूर की चीज़ छोटी दिखायी देगी, इस प्रमाण से चित्र बनाये जाते हैं। इसका सबसे ख़ूबसूरत उदाहरण लियोनार्दो का बनाया चित्र 'The last Supper' भी है। इस चित्र में जीसस अपने शिष्यों के साथ

आख़िरी भोजन करने मेज़ पर बैठे हैं। एकरेखीय परिप्रेक्ष्य के कारण लियोनार्दो ने सबको मेज़ की एक तरफ़ बिठाया है। तेरह लोग मेज़ के चारों ओर बैठकर खाना नहीं खा रहे हैं, वे बैठे हैं, जैसे अपना आख़िरी छायाचित्र खिंचवाने बैठे हों। एक तरफ़, एक पंक्ति में। यह चित्र एकरेखीय परिप्रेक्ष्य की सीमा भी बतलाता है। त्रि-आयामिता का भ्रम पैदा किया जाता है।

स्वामीनाथन एकरेखीय परिप्रेक्ष्य के बरक्स लघु चित्रों को रखकर देख रहे हैं। किन्तु लियोनार्दो का यह प्रस्ताव इतना महत्त्वपूर्ण व मज़बूत था कि उसे आज तक हिलाया जाना सम्भव नहीं हुआ है, बल्कि क़ैमरे के आविष्कार ने इसे और पुष्ट किया है। छायाचित्र देखते हुए अवचेतन में उपजती एक चित्र-कल्पना हमेशा vanishing point को लेकर ही बनती है। किसी स्तर पर इस मसले से दो-चार होने की कोशिश डेविड हॉकनी/David Hockny ने की है। अपने चिन्तन में और चित्रों में भी। उन्होंने एक poloroiad क़ैमरा लेकर फ़ोटोग्राफ़ निकालना शुरू किये। उन तसवीरों के कोलाज बनाये—जिन्हें वे 'ज्वाइनर'/joiner कहते हैं। अन्ततः कोलाज से बनने वाले चित्र में एक साथ बहुत-सा समय दिखायी देता है। यहाँ भी डेविड हॉकनी vanishing point से बाहर नहीं जा पाये हैं। यद्यपि उन्होंने इस धारणा को अर्थपूर्ण ढँग से प्रश्नांकित किया है—चित्र में त्रि-आयामी मसले को। वह कहते हैं कि पश्चिमी चित्रकला में अभी तक का देखना एक आँख का देखना है। मतलब, क़ैमरे का एक लेंस देख रहा है और vanishing point दिखायी दे रहा है : यह सिर्फ़ एक आँख से देखना है, जबकि चित्रकार को दो आँख से देखना चाहिये। यहाँ वे पिकासो का दिलचस्प उदाहरण रखते हैं—घनवादी चित्रों का।

घनवादी चित्रों में पहली बार यह सम्भावना उजागर होती है कि दो आँखों से कैसे देखा जा सकता है : दो आँखों से देखना सीखने को पिकासो ने गहरे से महसूस किया। वे घनवादी चित्रों के साथ इस दुनिया को दो आँखों से देखने का प्रस्ताव रखते हैं। लेकिन अभी भी ज़्यादातर लोग एक ही आँख से देखते हैं, क़ैमरे ने उस काल्पनिक लुप्त होते जा रहे बिन्दु vanishing point को दर्शक के बहुत भीतर तक जमा/fix कर दिया है। कुछ ऐसे कि उसे हिलाया जाना मुश्किल लगता है।

अब लघु चित्रों की परम्परा नहीं है—उस तरह के चित्रों की परम्परा लगभग नहीं दिखायी देती है, जिसे हम पारम्परिक चित्र कहकर खारिज़ करते रहते हैं। समकालीनता और आधुनिकता के नाम पर उनकी कोई जगह नहीं बच सकी है। उन्हें पुनर्परिभाषित किये जाने की ज़रूरत है। हुसेन, स्वामीनाथन, रज़ा आदि कुछ चित्रकारों ने इस दिशा में काम भी किये हैं; फिर वे अपनी राह चल दिये।

आम तौर पर देखने का ढँग vanishing point को ही देखने का ढँग है, उसी से संचालित है। मनुष्य के सारे देखने के ढँग उसमें बिला जाते हैं, तिरोहित हो जाते हैं। उसे वापस कैसे लाया जाए?—यह बहुत मुश्किल है। यूँ उसे वापस लाने की कोई वजह मुझे नज़र नहीं आती। आदिवासी/लोक चित्रकला में वह मौजूद है। इन कला-रूपों में vanishing point नहीं मिलता है। एक सीखने के जरिये देखने का ढँग है और दूसरा देखने का प्राकृतिक ढँग है। स्वामीनाथन अपने प्राकृतिक देखने के ढँग को ज़्यादा प्रामाणिक व मज़बूत मानते हुए उन अभिप्रायों में एकरेखीय परिप्रेक्ष्य को ख़ारिज करते रहे हैं। उनका ख़ारिज करना इस बात का प्रस्ताव भी है कि मनुष्य को अपने देखने के पास जाना चाहिये, आरोपित या यान्त्रिक ढँग की तरफ़ जाने की बजाय। स्वामीनाथन सांस्कृतिक परिप्रेक्ष्य की जगह अनुभूति रख रहे थे। कला में किसी तरह के विकासवाद को वे नहीं मानते थे, जो सांस्कृतिक देन है। वे इस तरह की अवधारणाओं के ख़िलाफ़ रहे, जिसमें दिनोदिन प्रगति की जा रही हो।

2.

पश्चिमी चित्रकला में भी अवकाश है, किन्तु इस अवकाश का संचालन ऐतिहासिक दृष्टि कर रही है। पूर्वी चित्रकला का अवकाश इससे मुक्त नज़र आता है। चीनी या भारतीय परम्परा में समय का आलेखन से ज़्यादा ज़ोर कल्पना के विचरण पर है, जहाँ अवकाश की सीमा नहीं है। परम्परा में भारतीय लघु चित्रों के साथ हमें अपने अब तक उपेक्षित लोक और आदिवासी चित्रकला को भी देखना चाहिये, जिस पर स्वामी का ज़ोर अधिक था। वे लघु चित्रों की बात करते हैं आदिवासी नज़रिये से। वे रंगाकाश रचते हैं लोक चेतना से। स्वामी का लेखन इतिहास चेतना से भरा हुआ है। स्वामी के चित्र उससे मुक्त हैं। स्वामी कहते हैं—वे उस पहले आदमी की तरह कैनवास के सामने खड़े होते हैं जिस तरह वो सूर्य के सामने खड़ा होता है। वे उस अचम्भे की ओर इशारा कर रहे हैं; उस अनुभूति की तरफ़, जहाँ वह मजबूर हैं, अचम्भित है। इन्हीं सन्दर्भों तक पहुँचने का रास्ता कठिन रहा। स्वामी उसे और कठिन बनाते भी रहे। रंग ज्यामिति के चित्र हों या तान्त्रिक-शृंखला या कि चिड़िया-शृंखला के चित्र—इन सबमें स्वामी इसी अचम्भे में डूबे नज़र आते हैं।

रंग ज्यामिति के सन्दर्भ में स्वामीनाथन परिप्रेक्ष्य की ही बात कर रहे थे। परिप्रेक्ष्य में रंगों के साथ, एक अवकाश की संरचना की बात। एक ऐसी चित्र-संरचना जिसमें गति/movement दिखायी देती हो या गहराई

या द्वि-आयामिता या त्रि-आयामिता का अहसास। इस परिप्रेक्ष्य में उन्होंने बहुत ज़्यादा काम नहीं किये, कुछ ही काम किये हैं। वे काम मूल रूपाकारों/basic forms—त्रिभुज, वर्गाकार, वृत्त—को लेकर किये गये काम हैं। इन्हीं के ज़रिये अपने चित्रों में गति/movement पैदा करने की कोशिश की। इसमें वे बहुत दिन तक टिके भी नहीं रहे। उन्होंने जल्दी ही जान लिया कि इस दिशा में ज़्यादा दूर तक नहीं जाया जा सकता है, कि इसकी एक सीमा है। इससे पहले कि वे अपने को दोहराने लगे उन्होंने यह धारा छोड़ दी। तान्त्रिक प्रतीकों और sign, symbols को लेकर किये गये अपने कामों को भी उन्होंने जल्दी ही छोड़ दिया। उनके मन में रंग ज्यामिति की शुरुआत उनके तान्त्रिक चित्रों के बाद की ही शुरुआत है या सम्भवतः साथ-साथ चल रही चित्रीय विचार प्रक्रिया हो।

जी.आर. सन्तोष, वीरेन्द्र डे और कई चित्रकारों ने स्वामी के छोड़े हुए विचार/idea को पकड़कर, एक चित्रकार की हैसियत से, पूरा जीवन गुज़ारा। उनके चित्रों में दोहराव नज़र आता है। एक तरह का ऊबाऊपन। या कि दोहराव का ख़ास सूखापन। चित्रों का सूखापन दर्शकों को निराश ही करता है।

पूरा mannerism बन जाता है। चित्र में कुछ ऐसी बात नहीं होती, जिसमें दर्शक महसूस कर सके या ख़ास अनुभूति हो रही हो। एक चित्र देखें या सौ, सब बराबर ही लगते हैं। यह कल्पना का सूखापन है। इकहरी कल्पना। जब स्वामीनाथन ने तान्त्रिक चित्रकला छोड़ी तब उसके पीछे यही कारण रहा होगा कि इसमें दूर तक जाने की बहुत ज़्यादा गुंजाइश नहीं है। इसी तरह से उन्होंने ''रंग ज्यामिति'' भी छोड़ दी। और वे 'चिड़िया-शृंखला' के चित्र बनाते रहे। इस शृंखला पर उन्होंने कुछ बरस टिककर काम किया। वे इसे एक शृंखला के चित्र नहीं मानते थे। हम भी सुविधा के लिये इस नाम से पुकार लेते हैं।

3.

1963 में स्वामी जिस तरह के चित्र बना रहे थे उनका गहरा साम्य उनके 1987 और उसके बाद बने चित्रों से है। दोनों में अराजकता/anarchy है, स्वतन्त्रता/ freedom है। सन् साठ की शुरुआत में उस तरह की स्वतन्त्रता बरतने के बारे में सोच पाना लगभग असम्भव था। उन दिनों स्वामी को चित्रकार की हैसियत से न कोई जानता था, न समझता था, न देखता था। उससे पहले वे अँगरेज़ी पत्रिका Link/'लिंक' व दूसरी पत्रिकाओं में कला पर लिखते भी रहे। उनका नाम एक activist के रूप में प्रमुख था बजाय एक चित्रकार

के। अपने ऑटोबायो नोट में लिखी एक घटना स्वामी अक्सर सुनाते थे। बहुत दुःख के साथ। वे कहते :

जब मैंने Contra पत्रिका निकालना शुरू किया, तीन-चार अंक निकलने के बाद एक दिन दिल्ली में बाल छाबड़ा के घर एक पार्टी रखी गयी। पार्टी में मुझे बुलाया गया। उस वक़्त आज के बड़े चित्रकार आदि सब मौजूद थे। पार्टी के बीच उन लोगों ने मुझसे कहा कि तुम हमसे चन्दा लेते हो और हमारे ख़िलाफ़ लिखते हो। उन्होंने मुझे धमकाया कि तुम हमारे ख़िलाफ़ लिखना बन्द करो, नहीं तो तुम्हारा लिखना और तुम्हारा चित्र बनाना हम बन्द करवा देंगे। मैंने गुस्से में कहा कि लो मैं आज से ही पत्रिका निकालना बन्द करता हूँ, लेकिन मुझे चित्र बनाने से कोई रोक नहीं सकता।

स्वामी से कई बार यह घटना सुनने के बाद से मुझे यह लगता रहा है—मेरा सोचना पूरी तरह ग़लत भी हो सकता है—कि उन्होंने तथाकथित चिड़िया श्रृंखला शैली में न सिर्फ़ चित्र बनाये बल्कि उस पर दस साल तक टिके भी रहे, जिसे हम उनके 'चिड़िया श्रृंखला' के कामों के रूप में जानते हैं। उन पर लगातार अपने को दोहराते रहने के आरोप भी लगते रहे, लेकिन बावजूद इसके, उनकी हर प्रदर्शनी में वही चिड़िया, वही पेड़, वही पहाड़ दिखता रहा—1988 तक। भारत भवन बनने के शुरुआती सालों में, 81-83 तक उन्होंने कोई चित्र नहीं बनाये, न चित्र-प्रदर्शनी की। इस अन्तराल के बाद उन्होंने दो चित्र-प्रदर्शनियाँ कीं। वे दोनों प्रदर्शनियाँ भी उसी 'चिड़िया श्रृंखला' की थीं। सन् 1987 से वे वापस अपने उन्हीं पुराने चित्रों की तरफ़ लौटते हैं जिन्हें उन्होंने साठ के दशक में छोड़ा था। उनके इन चित्रों को इस तरह देखना कि उनके ऊपर आदिवासी कला का प्रभाव था—कला-आलोचकों की एक बड़ी भूल है। वे वापस लौटते हैं एक चित्रकार की तरह अपने उन्हीं अराजक, स्वतन्त्र चित्रों की तरफ़, अब और ज़्यादा, स्वतन्त्रता और विश्वास के साथ। वे चिड़िया श्रृंखला चित्रित करते हैं—दस सालों तक सिर्फ़ अपनी ज़िद पूरी करने के लिये। अपने चित्रीय विचारों को परम्परा के साथ खँगालने और सँभालने के लिये।

4.

स्वामीनाथन सिर्फ़ आदिवासी चित्रकला से नहीं बल्कि आदिवासी मनुष्य से, बल्कि मनुष्य मात्र से बहुत ज़्यादा प्रभावित रहे हैं। इस तरफ़ भी उनका ध्यान मध्यप्रदेश में ही गया। इस सन्दर्भ में एक घटना दिलचस्प है।

सन् 1959 में वे अपने हनीमून के लिये बैतूल आते हैं। बैतूल आकर पहली बार आदिवासियों से उनका सामना होता है। स्वामीनाथन के पढ़े-लिखे, तर्कशील/rational शहरी मन को पहली बार झटका लगता है जब वे एक ओझा के द्वारा साँप काटे बच्चे को ठीक किया जाना देखते हैं। यहाँ से स्वामीनाथन बदलते भी हैं। उन्हें समझ में आता है कि इस तथाकथित आधुनिक दुनिया में शहरी मनुष्यों के अलावा भी एक बड़ी दुनिया मौजूद है—ज़िन्दा, आस्थावान् और विश्वास से पूरमपूर। यह वह पहले नहीं जानते थे या जानते रहे होंगे, किन्तु इस घटना के बाद इस मनुष्य का अनुभव हुआ होगा।

यहाँ एक खुला संसार है—प्रकृति के साथ ज़िन्दा और सीधा सम्बन्ध है। वहाँ काटने के बाद साँप वापस आकर अपना विष पी लेता है। शहरी समाज में यह मानना असम्भव है—स्वामी ने यह अपनी आँखों से देखा। उनके मन में इसके प्रति, इस संसार को जानने के प्रति, जिज्ञासा पैदा हुई। इस घटना के पहले के स्वामी ज़्यादा राजनीतिक/Political, सक्रिय युवा की तरह रहे। बैतूल के बाद के स्वामी चिन्तन करते हुए नज़र आते हैं—अपने लेखन और चित्र दोनों में। पहली बार स्वामी को प्रकृति के साथ सम्बन्ध बनते हुए, बनाते हुए मनुष्य नज़र आया। यह उनके जीवन में भूचाल ले आया। उनके सोचने-समझने की सीमाएँ स्पष्ट हो गयी थीं। वे अब एक वृहत्तर संसार से मुख़ातिब होते नज़र आते हैं।

5.

मध्यप्रदेश शासन द्वारा स्वामीनाथन को भोपाल में 'राज्य कला वीथिका' बनाने के लिये आमन्त्रित किया गया था। उन्होंने आते ही पहला प्रस्ताव यह रखा कि राज्य की आदिवासी चित्रकला अत्यन्त समृद्ध है और 'राज्य कला वीथिका' ऐसी होनी चाहिये जिसमें मध्यप्रदेश की आदिवासी चित्रकला और देश की समकालीन कला दोनों साथ हो। यह महज़ मध्यप्रदेश की ही समकालीन कला का घर/संग्रहालय न हो। इस तरह स्वामी का विचार आगे बढ़ा। अन्ततः उसकी परिणति 'भारत भवन' के रूप में हुई।

स्वामी का यह मूलाग्रह था कि रूपंकर, भारत भवन के संग्रहालय में आदिवासी चित्रकला का संग्रह भी प्रमुखता से दिखाया जाए। यह पहली शुरुआत थी। वे इस बात को रेखांकित करने की कोशिश कर रहे थे कि मनुष्य की चित्रकला ज़्यादा महत्त्वपूर्ण है बजाय उसके शहरी या जनजातीय वर्गीकरण के। उनके प्रयास से फ़र्क़ पड़ा। यह फ़र्क़ दुनिया भर में पड़ा। भारत भवन की शुरुआत 1982 में हुई। इससे बाद के

चित्रकला का संसार देखने पर पाएँगे कि बहुत से देशों ने अपने यहाँ के आदिवासी व लोक कला रूपों को प्रमुखता से दिखलाना तथा प्रदर्शित करना शुरू किया : चित्रकला के संसार में यह भारत भवन का अनमोल अवदान है।

यह दिलचस्प है कि स्वामी के पहले पिकासो का ध्यान जनजातीय कला-रूपों की तरफ़ गया। पिकासो अफ्रीकन आदिवासी कला को अपने लिये इस्तेमाल करते हैं। स्वामी इसका अपने लिये इस्तेमाल न करते हुए उसे एक प्रस्ताव के रूप में रखते हैं। जिसे बाद में सभी मानते हैं कि आदिवासी चित्रकला भी उतना ही प्रामाणिक चित्रकर्म है जितना कि शहरी/नागर चित्र-कर्म। समकालीनता का विस्तार स्वामी करते हैं। वे एक वृहत्तर चित्रकला संसार से मुख़ातिब होते हैं, जो किसी वाद, आन्दोलन या विचारधारा से परे मनुष्य द्वारा किये जा रहे कर्म का उत्सव है। ''जादुई लिपि'' पुस्तिका में वे पहाड़ी कोरबा के चित्रों के बरक्स, पॉल क्ली, मार्क टोबी, पोलाक और अम्बादास के चित्रों को रखते हुए इसमें व्यक्त मानवीय सम्भावनाओं की तरफ़ इशारा करते हैं।

स्वामीनाथन के देखने का यह ढँग उनके शुरुआती दौर से सक्रिय रहा। जब 'ग्रुप 1890' की कल्पना की जा रही थी तब यह बात भी की जा रही थी कि हमें अँगरेज़ों द्वारा बतायी गयी भारतीय चित्रकला के बजाय अपने पारम्परिक कला रूपों की तरफ़ ध्यान देना चाहिये। यह समझने की ज़रूरत है कि हम किस परम्परा से सम्बद्ध हैं और हमारी वैयक्तिक विशिष्टता ही हमारा कर्म/धर्म है। परम्परा का अनुकरण नहीं, न ही पारम्परिक चित्र-मूल्यों से चित्र रचना पर ज़ोर था, किन्तु पुनर्परिभाषा की सम्भावनाओं से इनकार न था।

6.

स्वामी पश्चिम के विरुद्ध नहीं गये। हिन्दुस्तानियों पर पश्चिमी कला को थोपने के अँगरेज़ों के प्रयास को लेकर दुःखी रहे। पश्चिमी 'दादागिरी' के ख़िलाफ़ रहे। वे पश्चिम का अपने को सर्वोपरि मानने के, और उसके मानदण्डों से अन्य कला रूपों में उच्चावचन देखने के ढँग से इत्तिफ़ाक़ नहीं रखते थे। अँगरेज़ों द्वारा भारतीय कला के ख़िलाफ़ लगातार जो लिखा गया, उनसे स्वामी का मन मलिन हुआ, भड़का और द्रवित हुआ। वे सम्भावनाओं से इनकार नहीं करते थे, न ही कला रूपों पर पड़ रहे एक दूसरे के प्रभावों को ग़लत मानते थे। मसलन, वे 'कम्पनी स्कूल' को महत्त्व देते थे—हिन्दुस्तानी चित्रकला और ब्रिटिश चित्रकला

के मेल से उत्पन्न चित्रकला को। कम्पनी स्कूल के चित्रों को वे ख़ारिज नहीं करते हैं। कम्पनी स्कूल में लघु चित्रों से ली गयी चित्रात्मकता है और एकरेखीयता का प्रभाव भी। वे दोनों को स्वीकार करते हैं। कहना चाहिये कि कला का कोई नया रूप जहाँ भी प्रकट हो रहा है, उसे वे स्वीकार करते हैं; किन्तु अँगरेज़ों द्वारा यह बताया जाना कि *यही चित्रकला है* और बाक़ी सब गुलामों द्वारा की जा रही चित्रकला है इसलिये चित्रकला नहीं है, से वे सहमत नहीं रहे। उसका विरोध प्रखर रूप से करते रहे। निजी रूप से वे किसी भी चित्रकार से परहेज़ नहीं करते थे। कलाकारों और कला संसार से उनका सम्बन्ध सीधा और जीवन्त था। वे भड़कते भी थे। भड़काते भी थे। उनके लेखन में भी उकसाये जाने का उपक्रम देखा जा सकता है।

7.

वह पहली मुलाकात थी :

हम लोग 1974 में महाविद्यालय में पढ़ रहे थे। उस साल त्रैवार्षिकी का आयोजन हुआ। हम कुछ मित्रों ने यह तय किया कि त्रैवार्षिकी देखने दिल्ली जाना चाहिये। दस लोग चले गये। पाँच-छः सीनियर थे और चार-पाँच हम मित्र। मैं इन दिनों द्वितीय वर्ष में पढ़ रहा था। 'त्रिनाले' बहुत बड़ी प्रदर्शनी थी—कई जगहों पर लगी हुई थी। सो हम सब दस-पन्द्रह दिन दिल्ली रहेंगे का कार्यक्रम बनाकर आये। 'त्रिनाले' के शुभारम्भ वाले दिन हम खाना खाकर कनॉट प्लेस घूमते हुए उस धर्मशाला की ओर जा रहे थे जहाँ ठहरे हुए थे। रात के दस बजे होंगे। हमने देखा 'धूमिमल आर्ट गैलरी' पर एक बड़ा banner लगा हुआ है। ख़ूब रोशनियाँ और ढेरों कारें खड़ी थीं। बैनर पर लिखा था— 'Six who declined trinnale'। हमें रोमांच हुआ कि एक जगह 'त्रिनाले' चल रहा है और दूसरी जगह उसको decline करने वाले छः कलाकारों की प्रदर्शनी चल रही है। हम चित्र-प्रदर्शनी देखने धूमिमल कला दीर्घा में दाख़िल हुए। पहली बार देखा कि कला प्रदर्शनी का जमावड़ा क्या होता है। पार्टी चल रही थी। लोग रसरंजन कर रहे थे। छोटी-सी दीर्घा खचाखच भरी हुई थी, आधे से ज़्यादा लोग विदेशी रहे होंगे। जिन लोगों को पुरस्कृत किया गया था, वे कलाकार भी वहाँ थे। जूरी मेम्बर भी वहाँ थे। दूतावासों के लोग भी थे। दिल्ली शहर के तमाम चित्रकार भी रहे होंगे। उन सबके बीच में हम अचकचाये से खड़े थे कि क्या करें? प्रदर्शनी देखने का प्रश्न ही नहीं था, पूरी दीर्घा लोगों से भरी हुई थी। ठण्ड के दिन थे और दीर्घा में ख़ूब गरम माहौल था। हम थोड़ी देर सोचते रहे,

टकराते रहे, सरकते रहे और दीर्घा में इस असमंजस में भी रहे कि क्या किया जाए। तय किया कि प्रदर्शनी के छः चित्रकारों में किसी से ऑटोग्राफ़ लिया जाए। हम लोगों ने नज़र दौड़ाई—स्वामीनाथन अकेले ऐसे दिखे जो कलाकार की तरह दिख रहे थे। हम जैसे-तैसे, धकेलते-धक्का देते-खाते उन तक पहुँचे। ज़ाहिर है मैं पीछे था, हमारे वरिष्ठ आगे थे। उन्होंने अपना परिचय दिया होगा। कहा—''सर! आपका ऑटोग्राफ़।'' स्वामी ने दस्तख़त करना शुरू किये—एक के बाद एक सब लोग अपनी स्केच बुक देते जा रहे थे। उन्होंने मेरी तरफ़ देखा। मेरी स्केच बुक ली। दस्तख़त किये और वापस दे दी। मेरे ख़याल से एक पल के हज़ारवें हिस्से में हम लोगों ने एक दूसरे को देखा होगा। स्वामी वापस प्रदर्शनी में चले गये। हम सब चित्र देखने की कोशिश करते हुए, धक्के खाते, बाहर निकल आये।

यह पहली मुलाक़ात थी।

मैं नहीं जानता था कि यह स्वामीनाथन हैं, हमारे वरिष्ठ ज़रूर जानते होंगे। मैं तो बिलकुल नहीं जानता था कि स्वामीनाथन कौन हैं और इनके कौन-से चित्र हैं, यह सब मुझे नहीं पता था। मगर वे एक चित्रकार की तरह दिख रहे थे। उनकी बढ़ी दाढ़ी, कुर्ता-लुंगी, पूरा पहनावा व व्यक्तित्व ऐसा था कि लगा ये चित्रकार हैं। जब दस्तख़त किये, तब 'स्वामीनाथन' लिखा था। 'स्वामीनाथन' पढ़कर मुझे उनका नाम पता चला। बहरहाल, हम लोग वापस चले आए। बात आयी-गयी हो गयी। मैंने कोशिश भी नहीं की कि स्वामीनाथन कौन हैं, उनके चित्र देखूँ। मैं अपनी पढ़ाई-लिखाई में लगा रहा।

8.

1981 में भारत भवन के 'रूपंकर' विभाग में तकनीकी सहायक के पद के लिये साक्षात्कार होने थे। मैं इन्दौर से भोपाल यह साक्षात्कार देने के लिये आया हुआ था। सभी प्रार्थी 'कला परिषद' में लाइन में बैठे हुए थे। साक्षात्कार सुबह 10.00 बजे के क़रीब शुरू होने थे। तभी स्वामीनाथन आए। मेरे पास रुके, बोले—''हम लोग पहले मिले हैं।'' मेरे रोंगटे खड़े हो गये। 1974 में उन्होंने मुझे क्षणांश देर ही देखा होगा। मैं उनको याद रखूँ, समझ में आता है, लेकिन उन्हें कैसे याद रहा होगा? ख़ैर! मैंने कहा—''हाँ, मिले हैं।'' वे बोले—''आप इण्टरव्यू देने आए हैं?'' मैंने कहा, ''हाँ।'' उन्होंने कहा—''आइए, अन्दर।'' वे मुझे अन्दर ले गये। कहा—''क्या लाए हैं आप? चित्र वग़ैरह।'' मैं कोई चित्र लाया नहीं था। मेरे पास

चार या पाँच श्वेत-श्याम छोटे रेखांकन थे। मैंने कहा—"मैं ये लाया हूँ।" उन्होंने देखे, बोले—"हाँ, बैठिये, हम लोग शुरू कर रहे हैं साक्षात्कार।"

लंच टाइम के बाद इण्टरव्यू कुछ देर चले फिर ख़त्म हो गये। हम लोग जाने लगे। हम लोगों के बीच से ही कोई एक इण्टरव्यू देने वाला, जो ग्वालियर का था, दौड़ते हुए आया। उसने मुझे रोका, बोला—"बधाइयाँ आपको, आपका चयन हो गया।" मैंने कहा, "आपको कैसे मालूम? आप भी इण्टरव्यू दे रहे थे।" बोला—"नहीं, मैंने देखा आपका नाम सबसे ऊपर है। स्वामी जी आपको पसन्द करते हैं।" यह बोलकर वह चला गया। हम लोग इन्दौर चल दिये। रास्ते भर मेरे दोस्त मेरा मज़ाक़ उड़ाते रहे कि तुम्हें चुन लिया गया और हम लोगों का नहीं हुआ। मुझे कोई भरोसा नहीं था कि मुझे चुन लिया जाएगा। उसके अगले हफ्ते मैंने बैंगलोर में इंटरव्यू दिया, वहाँ मेरा चयन हो गया। वहाँ से नियुक्ति-पत्र/appointment letter भी आ गया। ख़ैर! बाद की कहानी लम्बी है। संक्षेप में इतना ही कि एक बार स्वामी जी आए और बोले—"हमने आपको चुना है। आप भारत भवन आ रहे हैं।" मैंने उनसे कहा कि मेरा बैंगलोर में भी सिलेक्शन हो गया है। मैं वहाँ जा रहा हूँ। उन्होंने कहा—"ठीक है, आप जाएँ। मगर एक वादा करें कि जब हम बुलाएँ तो आप आ जाना।" मैंने कहा, "ठीक है।" रूपंकर की नियुक्ति में थोड़ा समय था—वह शासन का काम था। जहाँ पर नियुक्ति हुई थी, वह निजी कम्पनी थी। मैं चला गया। फिर आठ महीने बाद मैंने भारत भवन join किया।

74 से 81 काफ़ी लम्बा अरसा था। स्वामीनाथन की याददाश्त बहुत अच्छी थी। वे अपनी याददाश्त से परेशान भी थे, उपकृत भी।

9.

स्वामी के भीतर विरासत के प्रति कृतज्ञता और पहले चित्रकार की अराजकता, दोनों ही साथ थीं। वे इतिहास-बोध से ग्रस्त थे, साथ ही उसको ख़ारिज भी करते थे। वे परम्परा के पुनर्भाषण के प्रति सजग थे और पुनर्चित्रण नकारते थे। उनके लिये ताजमहल जुगुप्सा भरा था, महाबलिपुरम् के शिल्प सहज स्वीकार्य अभिव्यक्ति। समकालीनता के विस्तार के लिये बहुआयामी दृष्टि थी, साथ ही समकालीनता में स्वतन्त्र विचरण पर ज़ोर भी था।

उन दिनों मैं—एक तरह से आत्मकेन्द्रित—अपनी दी गयी जिम्मेदारियों को पूरी करने और बचा समय प्रेम करने में व्यतीत करता था। इतनी दूर देखने की आदत भी नहीं थी, समझ भी नहीं थी। अब हो गयी है ऐसा भी नहीं है।

स्वामीनाथन के साथ मेरा सम्बन्ध बहुआयामी रहा, यह सच है। लेकिन सम्बन्ध हमेशा तनाव के रहे। तनाव में ही सारा कुछ होता रहता था। मैंने देखा कि स्वामी के काम करने का अपना एक ढँग था। उनके काम करने के ढँग को follow करने का मेरा अपना कोई ढँग नहीं था। वे निदेशक थे। मैं उनका सहयोगी था—बहुत छोटे स्तर पर। यह बोध क्षमता का भी फ़र्क़ हो सकता है। मेरे लिये उनका देखना उतना ही मान्य था जितना कि मेरा। स्वामी की बड़ी विशेषता भी यही थी कि वे इस पहलू को जगह देते थे। मुझे इस बात का अवकाश था कि मैं अपने ढँग से, होने वाली प्रदर्शनियों के बारे में सोचकर बतला सकूँ कि क्या किया जा सकता है। वह मैं करता रहा। सम्भवतः इस तनाव के कारण सम्बन्ध प्रगाढ़ भी होते रहे। उनके साथ खुलापन भी रहा, जिसमें मैं किसी भी तरह की टीका करने के लिये उन्मुक्त था। मैं कभी भी उनके चित्र के बारे में कुछ कह सकता था। या कि अन्य चित्रकारों के बारे में, उनकी कला के बारे में। मेरी टीका को वे संजीदगी से लेते थे। सम्भवतः इसीलिये मैं उनके स्टूडियो में भी जा सका। उनको काम करते हुए देख सका—जहाँ अम्मा जी (भवानी स्वामीनाथन) होती थीं, मैं भी बैठता था। वे बात करते रहते और चित्र बनाते रहते।

उनके चित्र बनाने का ढँग काफ़ी तनाव भरा होता था। उनके चित्रों में रंग का सुस्पष्ट प्रयोग दीखता है, लेकिन वह गहरे तनाव से उत्पन्न रंग हैं—वे इतनी आसानी से प्राप्त नहीं हुए हैं। उनके चित्र देखने में मालूम पड़ता है कि इन्हें हम भी बना सकते हैं। बहुत आसान चित्र मालूम होता है—सरल, सहज। किन्तु बहुत कम चित्रकार हैं जो इस तरह रंग लगा सकते हों—इतनी सहजता, इतने प्रभाव के साथ। यह सहजता स्वामीनाथन को काम करते हुए देखने पर पता चलती है—वे तनावग्रस्त उससे गुज़रते हैं। वे झुंझलाते हैं, खीजते हैं, ख़ुश होते हैं। वे कविताओं और शेरो-शायरी में भी व्यक्त करते रहते थे। बहुत कुछ वे अम्मा जी को चिढ़ाने के लिये भी करते रहते थे कि अम्मा जी कुछ कहें, कुछ बात करें। चित्र बनने के दौरान यह सब सहज भाव से हो रहा होता। और अचानक चुप हो वे रंग लगाने लगते। इस क़दर गम्भीर मानो किसी दूसरी दुनिया में हों।

10.

अपने कैनवास के साथ उनका बहुआयामी सम्बन्ध था। यह इतना भी सहज नहीं था, जितना सहज उनके चित्रों में दिखायी देता है या उनके चित्रों को देखने से लगता है। यूँ किसी के आने पर स्वामी चित्र बनाना बन्द कर देते थे। या उनका सेवक बहादुर मना कर देता था कि स्वामी जी घर में नहीं हैं। चूँकि हमारे घर आगे-पीछे ही थे इसलिये उनकी बहुत-सी शामें हमारे घर में गुज़रती थीं या वे मुझे बुला भेजते। स्टूडियो में देर रात तक वे चित्र बनाते रहते। बातचीत करते रहते। मैं उन्हें चित्र बनाते हुए देखता रहता। एक जगह आकर वे ख़ुद भी चित्र बनाना छोड़, जो कुछ अभी तक किया है, उसको देखना शुरू कर देते थे। यह भी एक लम्बा समय होता। हम लोग रसरंजन भी करते थे। स्वामी बात करते रहते थे—रंगों के बारे में, रूपाकारों के बारे में और उनके बीच में जो तनाव पैदा करने की कोशिश कर रहे हैं, उसके बारे में। स्वामी कुछ भी सामान्य या प्रचलित मान्यताओं के अनुसार नहीं करते। उनकी कोशिश रहती साधारणतया दिखने वाले दृश्य में पेंच डालने की।

मसलन, वे चित्र में चिड़िया बनाने जा रहे हैं—अब चिड़िया सहज ही नहीं बैठने वाली है। अक्सर वे उस सम्भावित/possible जगह को ढूँढ़ने की कोशिश करते जहाँ मनुष्य की आँखें देखने की अभ्यस्त नहीं हैं। इसके लिये उन्होंने एक ढँग भी ईजाद कर रखा था। वे काग़ज़ में उस तरह की चिड़िया काटकर टेप से कैनवास पर लगा देते। जो भी घर आता, उससे पूछते—कैसी लग रही है? कैनवास में एक जगह काग़ज़ी चिड़िया लगी होती और दस लोगों ने कहा—बहुत ही अच्छी लग रही है! वे उसको निकालकर दूसरी जगह लगा देते और अगले दिन यही चलता रहता। दो-तीन तक ऐसा चलता रहता, फिर एक समय आता कि वे चिड़िया ऐसी जगह लगाते जिसे देखकर यहाँ ठीक नहीं लग रही है ऐसा सभी कहते। तब उसी जगह वे चिड़िया चित्रित कर देते। बहुत कुछ उनके ड्राइवर पर भी तय करता था। ड्राइवर रामप्रकाश पाल, सुबह में जब भी आता, वे रात में जो चित्रित किया है, उसके सामने रख देते और कहते—कैसा लग रहा है? अगर वह कहता बेकार है तब चित्र नुमायश में नहीं जाता। रामप्रकाश जिस चित्र के लिये कहता कि यह ठीक है, वही चित्र ठीक माना जाता।

मेरे ख़याल से स्वामी एक साधारण इनसान—तथाकथित अनपढ़/so called uneducated—के देखने पर गहरा विश्वास कर रहे थे, उसे अपने ढँग से समझने की कोशिश कर रहे थे कि वह क्या देख रहा है? साधारण

मनुष्य जिसका चित्रकला से कोई वास्ता नहीं है क्या देखता है, उसके सन्दर्भ क्या हैं? यह देखना इतिहास-मुक्त देखना है, जिसमें स्वामी की दिलचस्पी थी। आदिवासी कला को, कलाकारों को बढ़ावा देना इसका ही प्रमाण है। इसके अलावा भी स्वामी ने सामाजिक रूप से, आर्थिक रूप से पिछड़े हुए तबके के लोग जो उनके सम्पर्क में थे, दर्जी, उनका रसोइया, ड्राइवर, बढ़ई, दीर्घा परिचर आदि इस तरह के कई लोगों के चित्रों की प्रदर्शनियाँ कीं, उनके कैटलॉग लिखे, उन्हें ज़ोर-शोर से बढ़ावा दिया—यह सब भी स्वामी का ढँग था अपने 'देखने' को समझने का।

रामप्रकाश ड्राइवर था। उनके लिये जीप चलाता था। सुबह से शाम तक उनकी ड्यूटी करता था। किन्तु अगर वह उनके चित्र के लिये बोल दे कि यह अच्छा है, तो वे मानते थे कि ये चित्र अच्छा है। वह व्यक्ति चित्रकला के बारे में कुछ भी नहीं जानता है, उसका चित्रकला से कोई दूर-दूर तक सम्बन्ध नहीं है, लेकिन स्वामी उस मनुष्य के देखने पर भरोसा कर रहे होते थे जो चित्रकला के बारे में कुछ नहीं जानता था। इतिहास-मुक्त देखना।

स्वामी ने कहीं कहा भी है कि मैं उन सारी चीज़ों को भूल जाने की कोशिश करता हूँ, जो अभी तक हो चुकी हैं और भूलने पर फिर उस जगह पहुँचने की कोशिश करता हूँ। यह बात महत्त्व की है। दरअसल, वे चित्र में सहज भर होने की कोशिश कर रहे थे। सहजता बहुत सारे तनावों को ले आती थी, जो कि उनके शिक्षित संसार से आ रहे होंगे। उनका इतिहास-बोध से झगड़ा अन्त तक चलता दीखता है। वे उससे परे जाने के कई उपाय भी खोजते रहते थे। इन्हीं में से एक यह भी था कि बस्तर के आदिवासी ओझा भुलुवा राम के आने पर वे दिन भर उसकी बातें सुनते रहते। एक साधारण मनुष्य की तरह चित्र बनाने की उनकी अपनी कोशिशें ज़िन्दगी भर चलती रहीं।

11.

मेरे ख़याल से यह उस प्राकृतिक रूप से अपने को बरतने का मसला है, जिसमें किसी भी तरह का शिक्षण शामिल नहीं है। बोध नहीं है। शिक्षण से संचारित कर्म नहीं है। वे हमेशा बात भी करते रहे। वे इतिहास के ख़िलाफ़ बात करते रहे हैं। चित्रों में निवेश हुए इतिहास/समय के ख़िलाफ़ भी बात करते रहे हैं। इसीलिये एक वृहत्तर फलक पर वे पश्चिमी चित्रकला के विरोध में चले जाते हैं, जिसके केन्द्र में इतिहास है,

जिसकी संरचना में शिक्षण है। कहना न होगा कि इस तरह के कर्म में मनुष्य के अपने स्वभाव को प्रकट करने की बात नज़र नहीं आती है, बल्कि मनुष्य द्वारा अर्जित कुशलता प्रमुख है। विषय-वस्तु राजनीतिक धाराओं से प्रेरित है। चित्र में विश्लेषणात्मकता है।

स्वामी अपने चित्रों में एक साधारण मनुष्य के होने को खोज रहे हैं या उसको पाने की कोशिश कर रहे हैं। इसकी शुरुआत साठ के दशक में हो गयी थी। अपने अन्तिम दौर में वे फिर वहीं लौटते हैं। यह लम्बी यात्रा है। इस यात्रा के कई उतार-चढ़ाव हैं। स्वामी उसका ज़िक्र भी करते हैं। स्वामी अकेले नज़र आते हैं—वे अपने ढँग से लड़ते-झगड़ते दीखते हैं। हुसेन के अलावा कोई और चित्रकार भारत में नज़र नहीं आता जिन्होंने इन मसलों पर इतनी व्यापकता से सोचा हो। हुसेन अपने चित्र विचार रखते हैं।

12.

स्वामी का एक और पक्ष था अपने वैयक्तिक होने का और इस कारण वे अपने सम्बन्ध हर दूसरे व्यक्ति से वैयक्तिक रखते थे। वे अकेले थे और यह दूसरा भी अकेला ही होता। मेरे पिता के साथ स्वामी के बड़े अच्छे सम्बन्ध थे। जब भी पिता इन्दौर से आते तब स्वामी के साथ शामें ज़रूर बिताते। मेरे पिता के लिये वे मुझसे कहा करते थे—"मैंने ऐसा व्यक्ति अपने जीवन में कभी नहीं देखा, जो किसी से ईर्ष्या नहीं रखता हो। जो दूसरों के चित्रों के बारे में भी ख़ुशी से बातचीत करता है।" मेरे पिता से उनके प्रगाढ़ सम्बन्ध थे। घर में सभी के साथ अलग-अलग स्तरों पर स्वामी से सम्बन्ध थे।

स्वामी की यह ख़ूबसूरत बात कि वे अपने सम्बन्धों को व्यक्तिगत रूप से हर व्यक्ति के साथ स्वतन्त्र रखते थे, यहाँ देखी जा सकती है। मेरी बहन को वे बहुत चाहते थे। कहते कि इसको मैं अपनी बेटी की तरह adopt करूँगा। वह बहुत छोटी थी और उनके साथ कई तरह की बातचीत करती रहती थी। जब वे घर आते, वह उनके साथ खेलती रहती। वे विवेक की बेटी को भी अपनी बेटी की तरह देखते थे। बाद में रॉबिन की बेटियों को भी वे अपनी बेटियों की तरह देखते थे। स्वामी की इच्छा थी कि उनकी अपनी एक बेटी हो। उस इच्छा को वे शायद इन रूपों में पूरा करते थे।

13.

स्वामी के साथ मेरे कई तरह से सम्बन्ध बनते रहे। एक सम्बन्ध यहीं पर था, जहाँ वे भारत भवन में "रूपंकर" के निदेशक थे और मैं उनका अनुज सहयोगी। कई तरह की चुनौतियाँ भी मिलती रहीं। जैसे भारत भवन में आयोजित "विश्व कविता समारोह" के लिये मैंने सातों दिन सात तरह की मञ्ज-सज्जा की। वे मेरे संस्थापन काम थे। स्वामीनाथन का यह गुण था—वे इस बात का अवकाश देते थे—कि एक युवा चित्रकार भी अपने ढँग से कुछ कर सके।

स्वामी के साथ काम करना आसान नहीं था और आसान भी था। प्रदर्शनी लगाने के दौरान स्वामी का किसी भी चित्र के बारे में बोलना और उन रहस्यों को खोलना यह सब अब आश्चर्यलोक में एलिस के घूमने की तरह लगता है। स्वामी का भरोसा और अविश्वास साथ रहता था। वे चित्रों के बारे में हर बार कोई नयी बात कह जाते थे। इस तरह मैंने उनसे बहुत कुछ सीखा-समझा। स्वामी के साथ यह भी सुकून रहता था कि मैं उनसे वरिष्ठ चित्रकार की तरह बात कर सकता हूँ। वे अपने को निदेशक की तरह तभी बरतते थे, जब दूसरा उत्सुक हो। इस तरह मिलने के लिये सहज-सीधा सम्बन्ध उन्हें पसन्द था। वे अक्सर आपको जगह देते थे। काम करने के लिये प्रेरित भी करते थे।

ऐसे ही, एक आयोजन के वक्त स्वामी ने भारत भवन की सामने की दीवार पर कैनवास लगवाया। कहा, इसमें कुछ बनायेंगे। आयोजन क़रीब आ रहा था पर उस कैनवास पर काम करने का वक्त स्वामी नहीं निकाल पा रहे थे। एक शाम मैंने स्वामी से कहा—स्वामी जी! कैनवास लगा है, उस पर काम करना है। मैं सोच रहा हूँ कि सामने दिख रहे भोपाल के दृश्य को बना देना चाहिये। उन्होंने कहा—हाँ, बनाओ। मैंने ताबड़तोड़ उस पर रेखांकन किया और पतंग के काग़ज़ से कृति बनायी। वह लैण्डस्केप देखने योग्य था।

स्वामीनाथन ने शायर इक़बाल मरकज के लिये 'शाहीन' शिल्प भोपाल में इक़बाल मैदान में लगाया। इसका 'मैकिट'/mackette वे सिरेमिक में तैयार कर रहे थे। हम लोग देखने जाया करते थे। मैकिट पूरा तैयार होने पर स्वामी जी ने दिखाया कि मैं यह बनाना चाहता हूँ, कैसा लग रहा है? मैंने स्वामी को वहीं से मोती मस्जिद दिखलायी—स्वामी जी! सामने मोती मस्जिद दिख रही है और वहीं सामने इक़बाल मैदान है, जहाँ यह शिल्प आप लगाने वाले हैं।—शिल्प की ऊँचाई लगभग ऐसी होनी चाहिये कि यहाँ से दिखायी दे।

उन्होंने मूल में आधार स्तम्भ छोटा रखा था। उसे फिर बड़ा किया। न सिर्फ़ इतना ही, बल्कि यह भी पता किया कि मस्जिद की ऊँचाई कितनी है ताकि शिल्प को थोड़ा नीचे रखा जाए, मस्जिद से ऊपर नहीं जाना चाहिये। भारत भवन से देखने पर मोती मस्जिद और 'शाहीन' दोनों दिखायी देते हैं। स्वामी के अन्दर दूसरे के विचारों को जगह देने की भी क्षमता थी। यह उनका रचनात्मक गुण था।

14.

पहली बार मुझे भारत भवन में अपने होने का अहसास, मेरी सलाह का महत्त्व, मेरी ज़िम्मेदारी का अर्थ भी स्वामी जी के हस्तक्षेप से हुआ। स्वामीनाथन ने राजेन्द्र धवन का एक चित्र ख़रीदा। चित्र किसी कला-दीर्घा से आया था। चित्र में एक छोटी-सी खरोंच का निशान कोने में लगा हुआ था, बमुश्किल दिखायी देने वाला। स्वामी ने मुझे बुलाया। कहा—"यह चित्र भारत भवन के संग्रहालय के लिये ख़रीदा जाए या नहीं? आप बताएँ।" मैं चित्र देखकर अभिभूत था। मैंने कहा—"बहुत ही ख़ूबसूरत चित्र है। ज़रूर लें।" उन्होंने कहा—"नहीं, यह थोड़ा-सा damage है। आप ध्यान से देखें। डेमेज़ चित्र तो नहीं लेना चाहिये।" मैंने ध्यान से देखना शुरू किया। चित्र में बमुश्किल तमाम एक इंच का, एक कोने में, छोटा-सा, लगभग अदृश्य-सा, खरोंच का निशान था। मैंने कहा—"हाँ, स्क्रेच है, फिर भी यह चित्र महत्त्वपूर्ण है। राजेन्द्र धवन का बड़ा काम और कहीं से मिलना मुश्किल होगा—यह ज़रूर लिया जाना चाहिये।" स्वामी ने कहा—"इस बारे में आप विचार कर लीजिये और शाम तक बताइये। ये damage है, इसका ध्यान रखना।" इस घटना से मुझे अहसास हुआ अपनी ज़िम्मेदारियों का और अपनी सलाह का। शाम को मैंने उनसे कहा—"हमें यह चित्र ज़रूर ख़रीदना चाहिये।" उन्होंने चित्र को संग्रहालय के लिये ख़रीदा। स्वामी ने मुझे अपनी ज़िम्मेदारी का अहसास दिलाया। प्रदर्शनी अधिकारी होने के नाते यह मेरी ज़िम्मेदारी थी कि जो चित्र ख़रीदे जा रहे हैं, उन्हें मैं पूरी तरह से देखूँ, जानूँ कि वे ठीक-ठीक हैं। स्वामी जी के साथ काम करने के दौरान इस तरह की सिखावन मिलती रहती थी।

स्वामी आपको ऐसी जगह रखते थे—मजबूर करते थे कि आप निर्णय लें। वे अपने निदेशक होने का हस्तक्षेप नहीं रखते थे। वे ज़िम्मेदारी का अहसास जगाते थे।

स्वामी की अपनी अन्तःप्रज्ञा हर समय काम करती रहती थी—उनके इस गुण से मेरा परिचय बाद में हुआ।

कई बार ऐसा हुआ कि काम के सन्दर्भ में जो बातें मैं सोचता या जिन पर अपने नोट्स बना रहा होता उन्हीं पर दो दिन बाद स्वामी ख़ुद कहने वाले होते कि उस काम को ऐसा कर लो, उसका एक नोट तैयार कर लो। मुझे आश्चर्य होता रहा कि उनको ये कैसे पता चला है—यह बात अभी मैंने किसी से कही नहीं है। यह कार्यक्रम भी पूरी तरह बना नहीं है और स्वामी को पता कैसे लगा?

15.

स्वामी का एक ऐसा रूप भी देखा, जो दुःख से भरा था—इस तथाकथित आधुनिक समय की विभीषिकाओं की मार से बिंधा मनुष्य हृदय। एक रात लगभग दो बजे के क़रीब, मैंने देखा कि सड़क के बीचोबीच स्वामी गाय की गर्दन में हाथ डालकर उकड़ूँ बैठे हुए हैं। गाय सिर झुकाकर खड़ी है। मैंने अपना स्कूटर खड़ा किया और उनके पास गया। मैंने देखा गाय और स्वामीनाथन दोनों रो रहे हैं। दोनों की आँखों से आँसू झर रहे हैं। स्वामी का चेहरा गाय के चेहरे से सटा हुआ है और झार-झार आँसू बह रहे हैं। मैंने कहा—"स्वामी जी!" उन्होंने चुप रहने का इशारा किया। मैं क़रीब पाँच मिनट वहाँ खड़ा देखता रहा, स्वामी रो रहे हैं, गाय रो रही है। मैंने उन्हें छेड़ना उचित नहीं समझा। अपने घर चला आया। यह कौन-सी संवेदना उनके भीतर थी जो न सिर्फ़ मनुष्यों को सम्बोधित थी, बल्कि जानवरों को भी, बल्कि वनस्पति को भी?

एक क़िस्सा और याद आता है। यह रामप्रकाश पाल ने सुनाया था। वे रायगढ़ में कहीं जा रहे थे। रास्ते में उथली-सी नदी पड़ी। उसने स्वामी से कहा—आप उतर जाइये। मैं जीप उधर से लाता हूँ। आप पैदल आ जाइये। स्वामी जी उतर गये। रामप्रकाश जीप उधर ले गया। बहुत देर हो गयी पर वे आए नहीं। वह पलटकर नदी पार कर के आया। उसने देखा कि स्वामी जी पेड़ की डाल पकड़ उससे बातें कर रहे हैं। उसने बोला—स्वामी जी, स्वामी जी। स्वामी ने जैसे कुछ सुना ही न हो—वे पेड़ से बात करने में डूबे रहे। वह वहाँ खड़ा रहा। जब पेड़ से बात पूरी हो गयी तब वे पलटे। सिर झुकाये नदी पार कर जीप में बैठ गये। यह उनका दूसरा पक्ष है जो जगत् को सम्बोधित है—इस जगत् से जुड़ा है। शायद यह सब उस घटना को देखने से जागृत हुआ, जो उन्होंने बैतूल के जंगल में देखी थी जहाँ ओझा ने एक साँप काटे बच्चे को ठीक किया था। ऐसे कई क़िस्से हैं जिनमें कुछ ऐसा घटता है, जो साधारणतया सम्भव नहीं है। कुछ क़िस्से स्वामी भी सुनाया करते थे।

16.

मुझे हमेशा लगता रहा है कि स्वामी सिर्फ़ एक चित्रकार भर ही नहीं थे। वे मनुष्य होने के अहसास की प्रक्रिया से गुज़र रहे थे—चित्रकर्म भी एक कर्म की तरह शामिल था। वे दावा नहीं, महसूस करते हुए नज़र आते हैं। अपने चित्रों को वे उसी शिद्दत से महसूस करते थे जितनी शिद्दत से वे उन्हें बनाते थे। उनका चित्र बनाना और महसूस करना एक स्तर पर आकर मिल जाता होगा। यह उस चित्रकार का चित्रकर्म नहीं है, जो शिक्षित होकर चित्र बनाने की शुरुआत करता है। वे हर बार चित्रों में अपने को दाँव पर लगाते हैं। जब मज़ा नहीं आता तो वे चित्रों को ख़ारिज करने से भी नहीं चूकते। एक बार उन्होंने मुझसे कहा कि तुम मोटे texture के कैनवास पर काम करते हो, सो अबकी दिल्ली जाओ तो घर में बहुत सारे रखे हुए हैं, तुम उठा लाना, ये मुझे भेंट में मिले थे अब तुम्हें भेंट करता हूँ। किसी एक मौक़े पर मैं उन सारे कैनवास के रोल्स् को उठा लाया। मोटे grain के थे जिस पर वे चित्र नहीं बनाते थे। जब मैंने उन रोल्स् को खोला, उनमें बहुत-से अधूरे चित्र निकले। स्वामी ने शायद इसी कारण कि ये चित्र दोहराव भर हैं—इनमें अनुभूति या अहसास उन्होंने महसूस नहीं किया सो रोल कर रख दिये। ये अधूरे-अधबने चित्र उनकी मनःस्थिति दर्शाते हैं।

वे जानते थे कि एक सुन्दर चित्र कैसे बनाया जाए : स्वामी हमेशा कहते रहे कि picture making और painting में फ़र्क़ है। पिक्चर मैकिंग कोई भी कर सकता है, किन्तु चित्र बनाना मुश्किल काम है। जब उनसे पिक्चर बनने लगते तब वे उन कैनवासों को बीच में छोड़ रख देते थे। इन बातों से यह भी नज़र आता है कि स्वामी सिर्फ़ चित्रकार भर नहीं थे—वे एक दूसरे स्तर पर इस संसार को भी महसूस कर रहे थे, उसके साथ अपना सम्बन्ध बना रहे थे—चाहे मनुष्य हो, चाहे पशु हो, चाहे वनस्पति हो या कि अपना चित्र।

17.

स्वामी का स्टूडियो में होना एक साधारण चित्रकार के स्टूडियो की तरह होना नहीं है—उनका स्टूडियो में होना एक ख़ूबसूरत नाटकीय दृश्य होता था। एक तरह का drama भी। स्वामी कृत्रिम प्रकाश में काम करते

थे, कुदरती रोशनी में काम करते हुए उन्हें मैंने कभी नहीं देखा। स्टूडियो के बाहर म्यूरल्स् या इस तरह के कामों की बात अलग है। उनके स्टूडियो में ईज़ल के दोनों तरफ़ आर्क लैम्प लगे हुए थे—उनकी रोशनी उस कैनवास पर होती जिसे वे बनाने जा रहे होते। जहाँ वे बैठते वहाँ लगभग अँधियारा-सा होता—रोशनी कैनवास पर रहती। यह अपने में बड़ा नाटकीय दृश्य होता था। देखने में ख़ूबसूरत लगता था। उनका स्टूडियो में होना ऐसा ही था, जैसे मञ्च पर एक कैनवास है और वे किसी नाटक में भाग ले रहे हैं। अँधियारे हाल में चमकता कैनवास, उससे टकराकर आ रही रोशनी में आलोकित टेबल जिस पर रंग-रोगन रखे हैं। एक तरफ़ कुछ कपड़े, रंग के डिब्बे जमे हुए रखे, दूसरी तरफ़ टेबल पर कुछ ब्रश, एक मूर्ति और चीनी मिट्टी के कटोरे। यह सब नाटक का हिस्सा लगते थे।

उनका चित्र बनाने का ढँग ऐसा नहीं था कि वे लगातार चित्र बना रहे हो। वे कुछेक हिस्सा चित्रित करते फिर आकर बैठ जाते। घण्टों अधबने कैनवास को देखते रहते। कई बार यह भी होता कि दिनोंदिन सिर्फ़ उसी को देख रहे हैं, चित्र आगे बढ़ा ही नहीं है। बहुत बार यह भी हुआ कि उन्होंने रंग लगाया, उन्हें ठीक नहीं लगा, उसको धो दिया। पूरा कैनवास धोया जा रहा होता। यह भी होता था। इन सब प्रक्रियाओं में एक जागरूक मस्तिष्क लगातार काम कर रहा होता था। स्वामी कोई भी काम लापरवाही से किया जाने वाला नहीं रखते थे। चित्रों को बनाने में उतने ही सजग होते थे, जितना कि उसमें लगने वाले रंग के चुनाव के प्रति या कि कैनवास को खींचकर चढ़ाने के प्रति।

दोनों चीज़ें साथ-साथ चलती थीं। नाटक भी, चित्र भी—चित्र नाटकीय नज़र आता है। शायद इसलिये भी कि स्वामी को चित्र बनाते देखना कम हुआ करता था। वे साल भर चित्र नहीं बनाते थे। साल के किन्हीं दो या चार महीनों में चित्र बनाने की शुरुआत करते थे। वे कई चित्रों पर एक साथ काम शुरू कर देते थे। वे महीने उनकी सृजनात्मकता के होते थे, जिसमें वे रोज़ शाम अपने स्टूडियो में हैं—कैनवास को लगातार देख रहे हैं या उसके बारे में बात कर रहे हैं। बातचीत में अगर वह सबको पसन्द आने वाली image है, तब उसका छोड़ा जाना स्वाभाविक है। फिर वे दूसरे ढँग से उस कैनवास को पूरा करते।

स्वामी के 'चिड़िया शृंखला' के चित्र देखें। उन चित्रों में एक नाटक साफ़ नज़र आता है। यह नाटक उनके बाद और पहले के चित्रों में नज़र नहीं आता है। चिड़िया-शृंखला के चित्रों के चरित्र हैं—पेड़, पहाड़, चिड़िया। कभी सूरज, कभी तालाब, कभी-कभी कुछ सीढ़ियाँ। ये सब पात्र हर बार अलग ढँग से उद्घाटित होते।

स्वामी का काम करने का ढँग आकर्षित करता था। उन्हें चित्र बनाते देखते हुए मैंने पहली बार यह महसूस किया कि कृत्रिम प्रकाश में भी काम किया जा सकता है : वह काम उतना ही अच्छे से हो सकता है जितना कुदरती रोशनी में। उनके लिये दिन में काम करना लगभग असम्भव होता था, सारे समय वे भारत भवन में होते थे। ज़ाहिर है, दिन में चित्र बनाने का सवाल ही नहीं उठता।

18.

स्वामी का स्टूडियो बहुत ज़्यादा बिखरा हुआ नहीं होता था। स्टूडियो का बिखराव सिमटा हुआ होता। बेतरतीबी तरतीब से। एक मेज़ थी जिस पर रंग रखे होते थे जिनका वे इस्तेमाल करने वाले हैं। वे कटोरों में रंग तैयार करते थे। रंग मिलाकर तैयार करने में एक लम्बी प्रक्रिया से गुज़रते थे। अगर उन्हें पीला रंग लगाना है तो वे सीधे ट्यूब से निकला हुआ पीला नहीं लगाने वाले हैं। वे उस पीले में और भी रंग मिला लेते और तब तक रंग मिलाते-घोंटते-फेंटते रहते जब तक कि अपना वांछित पीला न पा लें। चूँकि रंग सपाट सतह की तरह लगाया जाना है, इसलिये उसकी मात्रा भी ज़्यादा होती थी। फिर वे उस रंग के एक से अधिक/चार कोट लगाते थे। कैनवास पर वे चार कोट चारों दिशाओं से लगाये जाते थे—एक के बाद एक, सूखने के बाद।

सम्भवतः वे अकेले चित्रकार थे, जिन्होंने तैल चित्र की तकनीक को जाना, समझा और उसे ठीक-ठीक अपने कैनवास पर इस्तेमाल करने का यत्न किया। उदाहरण उनके चित्र हैं। भारत में तैल रंगों में काम करने वाले दूसरे चित्रकारों के चित्र देखें। आज पन्द्रह-बीस साल बाद उन चित्रों के रंग झड़ना, बिखरना और उनमें दरारें आनी शुरू हो गयी हैं, जबकि स्वामीनाथन के चित्रों के रंग आज भी वैसे ही हैं जैसे उन्होंने कल ही लगाया हो। उनमें वही ताज़गी, वही मज़बूती है, जो स्वामी चाहते थे या जैसी कि एक तैल चित्र के लिये अपनायी जानी चाहिये। वह तकनीक का पूरा अनुसरण करते थे।

चित्र के लिये तैयार किये जा रहे रंग को घोंटने की एक लम्बी प्रक्रिया चलती रहती थी। ये रंग भारत में बने नहीं होते थे—ज़्यादातर मैक्सिको से आए हुए रंग होते थे जिन्हें ऑक्तावियो पाज़ उनके लिये ख़ासतौर से भेजा करते थे। इन रंगों में चमक भी नज़र आती है। उन दिनों भारत में 'कैमल कलर' मिलते थे, बहुत ही साधारण गुणवत्ता वाले। उनमें फफूँद लगना या उनके pigment का बहुत ही मोटा होना इत्यादि साधारण

बातें थीं। उन्हें आपस में मिलाना भी मुश्किल होता है। स्वामी जब दो रंग मिला रहे होते तो वे अच्छे से मिलते चले जाते थे।

19.

चित्र बनाने के बाद स्टूडियो की साफ़-सफ़ाई का काम उनका अपना होता था। एक तरफ़ कैनवास है, जिसमें दो आर्क लैम्प की रोशनी गिर रही है और उसी की परावर्तित रोशनी में, जो थोड़ा-सा मेज़ तक आ रहा है, में रंग बनाया जा रहा है। मेज़ पर उनके रंग, ब्रुश और ढेर कपड़े आदि रखे होते थे। संयोजन कमोबेश व्यवस्थित ही दिखायी देता था। चित्र बनने के बाद स्टूडियो ज़रूर थोड़ा बिखरा नज़र आता, किन्तु इतना ख़ास नहीं। उस ओर ध्यान नहीं जाता था। सारा ध्यान उस चित्र पर रहता था, जो ईज़ल पर चमक रहा होता : उस रोशनी में झिलमिलाता नज़र आता। कह सकते हैं कि स्वामी सुनियोजित ढँग से काम करते थे। उनमें एक बेफिक्री थी। चौकन्नी बेफिक्री।

'चिड़िया शृंखला' के चित्रों के बाद के चित्रों में उनके काम करने के ढँग बिलकुल जुदा हैं—उनमें वे बहुत आवेग से अनायास रंग लगाते दीखते थे। सीधे ट्यूब से रंग लगाते और पहले से उसको फैला देते। वे दूसरी तरह के चित्र थे। मैंने ज़्यादातर उन्हें उस दौरान काम करते देखा, जब वे 'चिड़िया शृंखला' के चित्र बना रहे थे। उसमें सबकुछ सुनियोजित था—रंग प्रयोग से लेकर रूप तक।

20.

मैंने स्वामी जी को हमेशा एकान्त में ही चित्र बनाते देखा। स्टूडियो में उनके अलावा अम्माजी को देखा—किसी और को स्टूडियो में नहीं देखा। वैसे स्टूडियो में लोग चित्र देखने के लिये आते थे। उस समय जब एक चित्र पूरा हो गया है या कुछ चित्र पूरे हो गये हैं। चित्र बनाने के दौरान मैंने सिर्फ़ अम्माजी को ही देखा, किसी और को नहीं। वे पसन्द नहीं करते थे कि कोई उस दौरान वहाँ हो। अक्सर मिलने से इनकार कर देते।

स्वामीनाथन को अलग मौक़ों पर काम करते हुए—जैसे भारत भवन में म्यूरल बनाते हुए—देखने में सभी

लोग शामिल रहते थे। कुछ लोग साथ में काम कर रहे होते थे—स्वामी को जिस तरह की सहायता चाहिये उसके लिये मौजूद रहते थे। उन्होंने बीच के दिनों में कुछ screen print निकाले थे। यह काम उन्होंने स्टूडियो में किया था। उस वक्त भी बहुत से लोग साथ रहे थे। किन्तु अपने चित्रों के लिये वे एकान्त ही पसन्द करते रहे। बाद के चित्र भी उन्होंने किसी के सामने नहीं बनाये। किसी के आ जाने पर काम करना बन्द कर उससे बात करने बैठ जाते। हो सकता है किन्हीं और लोगों के पास कुछ और अनुभव हों। भोपाल में उनके अपने प्रवास के दौरान के मेरे अपने अनुभव हैं।

21.

स्वामी के दो तरह के काम करने के ढँग को रेखांकित करना उचित होगा। उनके 'चिड़िया श्रृंखला' के चित्र और उसके पहले या बाद के चित्र। दोनों तरह के कामों में ज़मीन-आसमान का फ़र्क़ है। 'चिड़िया श्रृंखला' के चित्रों में ठोस उपस्थितियाँ हैं—पहाड़ों की, सीढ़ियों की, पेड़ की, चिड़िया की, चट्टानों की। अपने इस चित्रण में वे "यथार्थवाद" के नज़दीक चले जाते हैं। हिमाचल प्रदेश में स्वामी का बचपन बीता। जैसा पहाड़ स्वामी के चित्र में नज़र आता है वैसा पहाड़ वहाँ दीखना सामान्य बात है। हिमाचली पहाड़ की बुनावट को स्वामी अपने चित्र के पहाड़ में कैसे ले आए? यह उनका अपना संघर्ष रहा—इस संघर्ष में उन्होंने सौ प्रतिशत से ज़्यादा सफलता पाई। वे हूबहू वैसा ही पहाड़ चित्रित करते हैं, जैसा हिमाचल में दिखायी देता है। चित्र की चिड़िया और उसकी छाया भी उस पहाड़ पर नज़र आती है। यह मेरा अपना देखा हुआ अनुभव है। मैं जोख़िम उठाकर कहना चाहता हूँ कि 'चिड़िया श्रृंखला' के चित्र, यथार्थवादी चित्र हैं। यह ज़रूर है कि स्वामी ने अपने यथार्थवादी चित्रण का पार्श्व लघु चित्रों से लिया है—जहाँ वे सपाट फलक चित्रित कर देते हैं। यह अति यथार्थवाद के नज़दीक आना भी है, जहाँ सीधा यथार्थ का चित्रण न होकर वह काल्पनिक यथार्थ है। या स्वप्न का चित्रण है।

उनके बाद के चित्रों में ठोस रूपाकार नहीं है। कहीं किसी पक्षी या चिड़िया या किसी जानवर या किसी मनुष्य का चेहरा नज़र आता है, किन्तु सब चेहरे ग़ायब होते हुए दिखायी देते हैं। वे ग़ायब हो रहे हैं, अनुगूँज की तरह। विलुप्त होते रूपाकारों का हवा में विलीन होना।

22.

स्वामी का विरोधाभासी व्यक्तित्व भी स्वामी के चित्रों में प्रकट होता है। स्वामी के 'चिड़िया शृंखला' के चित्र और शेष चित्र स्वामी की सजगता और सरलता के प्रमाण हैं। स्वामी मिथुन राशि के थे और हमेशा दो तरह से देखते-दीखते आते हैं। स्वामी के चित्रों की तरह उनका राजनीतिक मन किसी पर विश्वास नहीं करता था और इसकी सलाह भी देता था। स्वामी का अपना मन इस प्रकृति में जो कुछ सम्पर्क में आ रहा है, उस पर अटूट भरोसा करता था। वे यथार्थवादी संशय के चित्र भी रचते थे और अराजक विश्वास के चित्र भी।

23.

स्वामी के 'चिड़िया शृंखला' के कामों को यथार्थवादी चित्रण की तरह नहीं देखा गया है। वे हमेशा स्वामी की कल्पना की उड़ान की तरह ही देखे गये हैं। निश्चित ही उसमें स्वामी की कल्पना की उड़ान इस बात में भी है कि उस पहाड़ को ठीक उस रूप में कैनवास पर कैसे ले आएँ जैसा कि वह नंगी आँखों से दिखायी देता है—जिसे स्वामी ले आते हैं। किन्तु ये चित्र यथार्थवादी चित्रण के प्रमाण नहीं हैं। ये देखा गया यथार्थ नहीं है, न ही भोगा गया यथार्थ है। इन चित्रों को देखने पर ये किसी कल्पना-लोक में विचरण करती चिड़िया के चित्र की तरह महसूस होता है; यह चिड़िया किसी यथार्थवादी चित्रित संसार में नहीं उड़ रही है। स्वामी के चित्रों में यथार्थ नहीं, बल्कि उसका अनुभव चित्रित है। स्वामी ख़ुद इस बात को मानते रहे हैं कि चित्रों का अपना यथार्थ है—चित्र किसी यथार्थ की अभिव्यक्ति का साधन नहीं है।
चित्रकला साध्य है साधन नहीं, यह हम सब जानते हैं। स्वामी बोधगम्य यथार्थ के चितेरे हैं। उनके चित्रों का सत्य वहीं है—चित्र सतह पर, चित्र से परे नहीं।

24.

स्वामी के बाद के चित्र देखें। वहाँ स्वामी रूपाकारों के साथ नहीं खेल रहे हैं, न वहाँ रूपाकारों का कोई

महत्त्व है : उनका चित्रण ग़ायब होते जा रहे रूप की तरह है। यहाँ स्वामी का ज़्यादा ज़ोर बुनावट पर नज़र आता है। वह गठन एक दीवार की तरह का है : यह वर्षों पुरानी दीवार हो सकती है। ऐसा नहीं लगता कि स्वामी का प्रयास दीवार की तरह चित्र बनाना ही होगा—जैसा कि उनका प्रयास 'चिड़िया शृंखला' में भी यथार्थवादी चित्र बनाने का नहीं है। उनके रूपाकार यथार्थवादी होते हुए भी अति काल्पनिक या अति-यथार्थवाद की तरफ़ चले जाते हैं। दरअसल, मूलतः स्वामी रंगों के साथ खेलते नज़र आते हैं। यहाँ वॉन गॉग का वाक्य याद आता है कि "भविष्य का चित्रकार रंगों का चित्रकार होगा।" 'चिड़िया शृंखला' के चित्र "रंगों का उत्सव" हैं। अपने बाद के चित्रों में वे दूसरे स्तर पर जाकर रंगों को उसी तरह से बरत रहे हैं, किन्तु रंग चुनाव में चौकन्ने नहीं हैं। वे रंग चुनते हैं, अनायास। कोई भी रंग उठाकर लगा देने की तरह का प्रयास है। जितनी सजगता से स्वामी अपनी 'चिड़िया शृंखला' के रंगों को तैयार करते हैं, उतने ही लापरवाह ढँग से वे अपने अन्तिम दौर के काम में रंगों को लगाते हुए नज़र आते हैं। वहाँ रंगों का चुनाव गौण है और रंगों का प्रभाव महत्त्व रखता है। ऐसा नहीं कि 'चिड़िया शृंखला' के चित्रों में रंगों का प्रभाव नहीं है—दोनों दौरों में रंग मुखर हैं, किन्तु बाद वाले दौर में रंग-चुनाव में न सजगता है न सोच। यहाँ मुख्यतः ज़ोर रंगों से पैदा हो रही बुनावट पर है और रूपाकारों के लोप पर।

25.

अपने अन्तिम दौर में स्वामी अपने नज़दीक चले जाते हैं। अपने मनुष्य होने को पाते हैं। वे कुछ भी सम्प्रेषित करने की कोशिश करना बन्द कर देते हैं। वे नहीं चाहते कि कोई उनके चित्रों से सीधा सार या संदेश निकाल लें। वे इन सबके ख़िलाफ़ नज़र आते हैं। वे सारे चित्र मनुष्याभिव्यक्ति के चित्र नहीं बल्कि मनुष्य होने के चित्र हैं। ठीक उस तरह से, जिस तरह से भीम बैठिका के आदिम चित्रकारों के चित्र हैं। जहाँ वे कुछ भी सम्प्रेषित न करते हुए अपने होने को महसूस कर रहे हैं। स्वामी के बाद के चित्रों और 'चिड़िया शृंखला' के चित्रों में यह बड़ा फ़र्क़ है। स्वामी 'चिड़िया शृंखला' में भी संदेश नहीं देते हैं। वे कहते हैं चित्र यथार्थ की नक़ल नहीं हैं—चित्र का अपना यथार्थ है।

स्वामी का यह भी मानना था कि चित्रकला की भाषा, गुणात्मक बोध की भाषा है। उसका विश्लेषण नहीं किया जा सकता। चित्र देखकर अनुभूति हो सकती है और अनुभव के संसार में इज़ाफ़ा हो सकता है।

अपना अहसास है, अपने होने का अहसास है। कहना चाहिये कि यह उनके स्वभाव से संचारित चित्र हैं। जिस तरह से वे किसी भी सत्ता को न मानते हुए अपने होने को महसूस करते रहे, ठीक उसी तरह से उनके चित्र भी किसी परम्परा को न मानते हुए अपने होने को मुखरित करते रहे।

यह समझ है सहज सम्बन्ध बनाने की—चाहे मनुष्य के साथ बन रहे हों, चाहे रंगों के साथ बन रहे हों, चाहे गाय के साथ बन रहे हों, या वनस्पति के साथ। इस संसार से उनका, जिसमें वे अनिच्छा से पैदा हुए प्राणी हैं, सीधा सम्बन्ध बनता नज़र आता है। यह जो मर्ज़ी से न आना है और यह जो मर्ज़ी से न पाया संसार है—इसमें वे अपने को कैसा बरतें? इसका रास्ता खोजने की प्रक्रिया में उनके चित्र भी बनते हैं।

26.

स्वामी का यह कहना बड़ा दिलचस्प है कि मेरे चित्र मेरी discontinuty हैं, मेरी मृत्यु हैं। इस तरह मेरी यात्रा और यात्रा की टूटन मेरे चित्र हैं। यह देखने-समझने की ज़रूरत है कि जब स्वामी ऐसा कह रहे हैं तब यह कौन-सा अहसास है? क्या एक चित्र बनाने तक की यात्रा पूरी करने के बाद, उस यात्रा के टूटने पर फिर से यात्रा शुरू करना है या उससे आगे की यात्रा शुरू करना है जो उनके अगले चित्र पर फिर से टूट रही है?

वे कहते हैं कि मेरी जीवन यात्रा का यह वृत्त/cycle शायद पूरा हुआ। वे लिखते भी हैं कि यह शुरुआत/begining है या वृत्त का पूरा होना है/completion of my cycle. इस तरह स्वामी अपने जीवन वृत्त को पूरा होते हुए देखते हैं। इस अनचाहे संसार में सम्भवतः पुनः जीवन-वृत्त में दाख़िल और अपने अगले अनचाहे जन्म की प्रतीक्षा करते दीखते उनके चित्र भी शायद इस संसार में अनचाहे ही जन्म लेते रहे, जिसका अहसास स्वामी को सालता रहा। (जिसके लिये) उन्होंने अपने एक साक्षात्कार में कहा :

> *संरक्षण की बात में कला को कभी प्राथमिकता मत दीजिये, जीवन को हमेशा प्राथमिकता दीजिये। आप उनके (आदिवासी) जीवन को उजाड़ रहे हो, आप उनको ख़त्म कर दे रहे हो और कला के संरक्षण की बात करते हो? कला की ऐसी की तैसी।*

2010

रूप

रूप, रूपाकार जिन्हें हम चित्रों में पिछली कई सदियों से देखते आ रहे हैं, क्या हैं? यह रूपाकार जो रूप धारण करते हैं वे दीखते हैं, वे अपने होने का प्रमाण स्वयं हैं। स्वयंभू—रूपाकार। स्वामीनाथन के चित्रों से ये ज़्यादा स्पष्ट हो सकेगा। स्वामी के चित्र मूलतः दो भागों में बाँटे जा सकते हैं। एक : आरम्भिक (1963) और अन्तिम चित्र-शृंखला (1987-93) और दूसरा इनके बीच के चित्र—चाहे वे तान्त्रिक संकेतों से भरे या रंग ज्यामिति या 'चिड़िया शृंखला' के चित्र हों। इन चित्रों में रूपाकार मूर्त-रूप में अमूर्त हैं। इन चित्रों का प्राणतत्त्व रूपाकार ही हैं—वे चाहे चिड़िया के रूप में हो या कि पहाड़-पेड़-सीढ़ियाँ। इन रूपाकारों का संयोजन ही उन्हें पिछले चित्र से अलगाता है। शेष संघटक वही हैं। इन्हें हम चित्रकला की जिस श्रेणी में रख सकते हैं, वह अतियथार्थवाद ही होगा। जहाँ चित्र का सम्बन्ध दीख रहे संसार से कम काल्पनिक यथार्थ या मनोलोक में विचरित यथार्थ से ज़्यादा है। संघटक वहीं हैं। ये रूप चिड़िया, पेड़,

पहाड़—यथार्थ से उठाकर ही लाये गये हैं। संरचना उनकी अतियथार्थवादी है।

कल्पना से भरे ये रूपाकार उस चित्र की रचना करते हैं जिसे हम अतियथार्थवाद तो कह रहे हैं, किन्तु इनका सम्बन्ध अतियथार्थवाद से नहीं जुड़ता और वे इस तथाकथित यथार्थवाद का चित्रण भी नहीं करते। वे चित्र लिखे हुए हैं, जिन्हें स्वामी भी लिखना-कहना पसन्द करते थे। कविता की तरह। चित्रित संसार यथार्थ की प्रस्तुति नहीं है बल्कि उसका सांकेतिक प्रकटन है। जिस तरह शब्द संकेत हैं, उसी तरह रूप प्रतीक हैं। इन संकेतों को लिखकर एक वाक्य या उपन्यास पूरा किया जा सकता है, उसी तरह इन प्रतीकों से इस दुनिया का अनुभव किया जा सकता है। इन्हीं प्रतीक, संकेत के संशय से स्वामी का चित्रलोक उभरता है। वे उसे रचते हैं और अतियथार्थवाद के उस जहाँ में ले जाते हैं जहाँ चित्रों का वैचित्र्य हमें डराता, धमकाता या कि वीभत्स रस में नहीं डुबाता, बल्कि हमें आकर्षित करता, अपनी ओर बुलाता-सा है। इन चित्रों में चिड़िया की उड़ान की तेज़ी से चट्टान भी उड़ती नज़र आती है। पहाड़ में पहाड़ की परछाँई और परछाँई में चिड़िया की छाया आदि ऐसे कई रूपक स्वामी ने इन चित्रों में लिखे, जिन्हें दर्शक लम्बे समय तक और बार-बार पढ़कर अचम्भित होते रहते हैं। भले ही इन चित्रों को हम अतियथार्थवाद की श्रेणी में रखें, किन्तु ये अपना यथार्थ गढ़ती-लिखती कलाकृतियाँ हैं। इनमें रूप का घमासान है। आसमान है साफ़-सुथरा, लहरदार पहाड़ है।

दर्शक जब भी चित्र देख रहा होता है, वास्तव में वह हमेशा यथार्थ का अनुभव ही कर रहा होता है। संसार का कोई भी चित्र यथार्थ का—नंगी आँखों से दिखायी देने वाला दृश्य—अनुकरण भी नहीं हो सकता। यह अनुकरण का आभास मात्र है। यथार्थवादी चित्रण भी यह दावा नहीं कर सकता कि वह हूबहू चित्रण है। चित्र में दीख रहे यथार्थ का वास्तविक यथार्थ से आनुपातिक सम्बन्ध कभी बन नहीं सकता। वह हमेशा उसका आभास मात्र होगा। उदाहरण के लिये लूव्र में टँगे चित्र में चित्रित नदी या पहाड़ वास्तविक नदी या पहाड़ का आभासिक चित्रण ही है। रूप का अनुकरण असम्भव है। रूप का अमूर्तन ही उसे यथार्थ के आभास की तरह रख पाता है। सभी चित्रकार इस मायने में अमूर्तन का चित्रण ही कर रहे होते हैं। वास्तविक यथार्थ का चित्रण आनुपातिक स्तर पर शिल्प में सम्भव है, वह भी मानवाकृति या पशु-पक्षियों के सन्दर्भ में। आँख जो देखती है वह कभी सत्य नहीं हो सकता। दरअसल, इन्द्रियाँ भ्रम पैदा कर सकने वाले संकेत ग्रहण कर सकती हैं—वास्तविकता उसके परे है। यह कहना भी ग़लत होगा कि वास्तविकता उसके परे है। जब इन्द्रियाँ संकेत ही ग़लत पढ़ रही हैं तब वास्तविक की कल्पना उसे काल्पनिक बना देती है,

जिसे हम 'माया' कह सकते हैं।

स्वामी के चित्रों में जब चिड़िया, पेड़, पहाड़ चित्रित हो रहे हैं, तब क्या उनका कोई नाता यथार्थवादी चित्रण से है? या कि उनकी दूसरी चित्र शृंखला का सम्बन्ध कैसे यथार्थवाद से है—इस पर विचार हमें रुककर करना चाहिये।

स्वामी के चित्रों में चित्रित पहाड़ अपनी वास्तविकता से दूर कल्पना में उपजा एक रूप मात्र है, जिसका कोई सम्बन्ध सत्य से नहीं है। वह अपने तात्त्विक, आनुपातिक संघटकों से दूर मात्र एक चित्रित सत्य है। इस सत्य का अनुभव इस पर चढ़ाई कर नहीं किया जा सकता, इसे सिर्फ़ देखा जा सकता है। इसका अनुभव वास्तविक नहीं है। यह उस देखे, चढ़े गये पहाड़ की स्मृति मात्र है। पहाड़ का सत्य, स्मृति की कौंध में परिवर्तित हो जाता है। उड़ती चिड़िया की काल्पनिक उड़ान ठिठक जाती है। यह एक जमा हुआ क्षण है। ठिठका रूप यथार्थ का अनुभव नहीं देता-कराता। सिर्फ़ आभास है। पहाड़, कुछ इस तरह का हो सकता है या कि कुछ इस तरह का हुआ होगा। यह हो सकना या हुआ होगा, दोनों ही कल्पना के रूप हैं। हो सकने में निरन्तरता है, जो पूरा होने पर ही जाँचा जा सकता है। दूसरे में कल्पना है जो कोई भी रूप धारण कर सकती है। हो सकने या हुआ होगा 'रूप' का अमूर्तन ही इन्हें यथार्थ में ला सकता है। मेरी नज़र में कोई भी चित्र यथार्थवादी नहीं हो सकता। कोई भी दावा अज्ञानता का यथार्थ ज़रूर हो सकता है।

विवान सुन्दरम् का चित्र 'गुड्डो', जिसे हम यथार्थवादी चित्र की तरह जानते हैं, देखें; तब यह साफ़ हो जाता है कि यह गुड्डो अपने सम्बन्धी की चिता शान्त होने या धधकने के मातम में दुखी है। चित्र की संरचना के लिये विवान जिस रंग-योजना का चुनाव करते हैं, वह मातमी नहीं है। नीली, हरी रंग-योजना के उत्सव के बीच चिता विपरीत रंगों में पुती है। गुड्डो का परिधान भी विषयानुकूल नहीं है। यह चित्रकार का कौशल है और यह उसकी मजबूरी भी है कि वह यथार्थ के परे जाकर विषय में मौजूद विरोधों को कुशलता में चित्रित करता है। इसमें भोगा गया यथार्थ नहीं है। भुगता गया भी नहीं। यह हो सकने या हुआ होगा नहीं, बल्कि चित्रकर्म के कौशल से उपजा अमूर्तन है, जो हर उस रूप का है, जो चिता को प्रभावशाली बना रहा है। अब विवान यदि यह दावा करते हैं कि वे यथार्थवादी चित्रकार हैं, तब हम उनके चित्र पर नहीं, चित्र-समझ पर संदेह कर सकते हैं। वास्तव में ऐसा कोई रूप चित्र-फ़लक पर नहीं आ सकता, जिसका कोई यथार्थ है। जो इस दुनिया का जाना-पहचाना रूप है। उसका अपना वजूद ही उसका यथार्थ हो सकता

है। विवान की कल्पना ही उसे यथार्थ से दूर ले जाती है और कल्पना के बग़ैर गुड्डो सितारों जड़ी चुन्नी नहीं ओढ़ सकती। मातम में सितारे भी शामिल हैं। यह सब चित्र यथार्थ की तरह देखा जा सकता है।

समस्या यहीं से शुरू होती है। जब हम जाने-पहचाने रूपाकार से तत्काल सामंजस्य बिठाकर कलाकृति पर निर्णय लेना शुरू करते हैं। दुनिया आसान राह पर चलने वालों से भरी है। बनी-बनायी राह पर चलते हुए लकीर के फकीरों को अन्दाज़ा नहीं होता कि एक राह भी बनायी जा सकती है। यह राह इतनी अमूर्त है, जिसकी कल्पना की कल्पना ही सम्भवतः बने-बनाये पर चलने वालों की सीमा हो सकती है। ज़्यादातर लोग पहचाने रूपाकारों के सम्बल से अपने को आस्थावान् मानते हैं, जबकि उनके अंधभक्त होने का अन्देशा प्रबल रहता है। यही अंधभक्ति उनके यथार्थवादी चित्रण का छोर है। यथार्थवादी यानी पहचाने जा सकने वाले रूपाकार। ये वो रूपाकार हैं जिनमें उसकी सीमित कल्पना, सीमित अनुभव, उसका सीमित संसार झलकता है। उसकी कल्पना में ऐसा कोई रूप नहीं आ सकता जिससे पूर्व परिचय न हो। बकरी रूप से जाने-अनजाने हुए परिचय के कारण चित्रित 'बकरी रूप' उसे अचम्भित नहीं करता। वह आश्वस्त हो, उस रूपाकार से जुड़ना शुरू कर देता है। चित्र में दाख़िल होना इसे ही कहते हैं। आश्वस्ति उसे इस बात की है कि कोई ख़तरा नहीं है, वह लकीर का फकीर ही है। चित्र देखते हुए भी वह उस कल्पना लोक में नहीं जाना चाहता है, जो कि उसका अपना भी है। कला अनुभव में भी कल्पना-लोक में नहीं जाना चाहता है, जहाँ अन्जानी जगहें हैं, अनजाने रूपाकार हैं। या कि उसे अहसास ही नहीं होता कि उसका कोई कल्पना लोक भी है। जहाँ अनन्त ही सीमा है। जहाँ विराट की अनुभूति है।

स्वामी के सार्वजनिक जीवन की शुरुआत देखी जाए। वे एक प्रखर कार्यकर्त्ता थे। भले ही कम्युनिस्ट पार्टी के पूर्णकालिक रहे हों। उनकी वैचारिक गति उन्हें इस संसार में ले आती है, जहाँ वे चित्रलोक में आते हैं। यहीं से उनका जीवन बदलता भी है, बल्कि कुछ पहले ही कोरकू आदिवासियों से मुलाक़ात उनकी सोच-समझ का ढँग बदल देती है। वे उस अँगरेज़ीयत से बाहर निकल इस कल्पना-लोक में चले आये जहाँ यथार्थ की जगह नहीं थी, जहाँ यथार्थ बन जाया करता है, प्रकृति से साझा और प्रकृतिस्थ होना ही मनुष्यता का प्रमाण है। चित्र और चित्रित संसार का द्वैत नहीं है और चित्र किसी यथार्थ चित्रण के लिये नहीं है, बल्कि स्वयं यथार्थ है। जिसे सेज़ाँ ने बड़ी ख़ूबसूरती से कहा है, चित्र किसी के बारे में नहीं है, बल्कि उसका अपना यथार्थ है। स्वामी के आरम्भिक चित्र देखें, तो वे किसी प्रभाव के चित्र नहीं हैं। वे हैं और उनके रूपाकार अपने रूप के भार से मुक्त नज़र आते हैं। उनके रूपाकारों को जैसा अकबर पदमसी ने कहा, ये

अरूपाकार हैं, यह कहते हुए इन रूपाकारों को अकबर उसी यथार्थवादी परम्परा में रखकर देख रहे हैं, जहाँ जाने-पहचाने रूपाकार अचेतन में मौजूद हैं। अकबर के पास रूप मापने का मात्र पश्चिमी पैमाना इसे 'deformation' कहने पर मजबूर करता है, किसी भी रूप—form को deform/अरूप कैसे कहा जा सकता है, जबकि वह प्रकट है। अकबर इसे रूप के निश्चित तथाकथित पैमाने में नापकर इसे अरूप कह रहे हैं। यह अरूप/deformed है, ऐसा किसी भी चित्रित रूप के बारे में नहीं कहा जा सकता। किसी भी रूप के अरूप होने की शर्त किसी मापदण्ड से उसको नापा जाना है और यह मापदण्ड उस न्याय प्रक्रिया की याद दिलाता है, जो सन्दिग्ध है। व्यक्तिवादी है। समुदाय और संस्कृतिपोषक है। अवसरवादी हैं। स्पष्ट हैं।

जब मैं कह रहा हूँ रूप भार से मुक्त है, तब उसमें रूप की भौतिकता न होकर उसके संकेत मात्र हैं। रूपाकार अपने आकार में उन हड्डियों, मांस-मज्जा को नहीं धारण किये हैं, जिसकी प्राण-प्रतिष्ठा ग्रीक परम्परा में की गयी है। यहाँ रूपाकार चित्रकला की ज्ञान परम्परा से मुक्त हो, उस आदिम मनुष्य की स्वतन्त्र चेतना से जा जुड़ते हैं, जहाँ मनुष्य का होना प्रकृति का होना है, जहाँ उसकी चेतना में 'होने' के भार का छोटापन नहीं है बल्कि वह विराट का अनुभव कर रहा है, जिसे अशोक जी 'उस विराट' से सम्बन्ध की सम्भावना की कल्पना की तरह देखते हैं। स्वामी का अनुभव किसी सांसारिक तथाकथित थोपे यथार्थ से नहीं टकराता है, बल्कि वह उस विराट से जा भिड़ता है जिसके संकेत भर छूटते हैं। जिसे इस संसार के यथार्थ से जोड़ने पर वह अकबर को deformed नज़र आयेगा। या दूसरा तरीक़ा यह है कि इसे अमूर्तन कहकर इससे छुटकारा पा लेने की कोशिश करना।

यह मेरी कल्पना ही है कि स्वामी की 'चिड़िया शृंखला' एक सोची-समझी 'रूप नीति' है। यह रूप की रणनीति, जिसे स्वामी ख़ुद 'छापामार गोरिल्ला' की तरह निभाते दीखते हैं, लगभग दस सालों तक। इन दस सालों में इन चिड़ियाओं का परिष्कार, पहाड़ों, पेड़ों का परिमार्जन लगातार हुआ जाता दीखता है। शुरुआती टिड्डों, चिड़ियाओं, मोर, बाजों का चित्रण, अन्तिम प्रदर्शनी (1986) की इन चिड़ियाई रूपाकारों से अलग था। इस तथाकथित 'चिड़िया शृंखला' के चित्र स्वामी के दिमाग़ से निकले वे चित्र हैं जिन्हें भारतीयता का, यानी कि एक संस्कृति में रहने वाले लोगों की पसन्द-नापसन्द से निकली रंग-योजना का सहारा था। इसका सम्बन्ध दूसरे स्तर पर लघुचित्र भारतीय परम्परा से भी बैठाया जाता रहा और इस अद्वितीय चित्र संरचना का कोई दूसरा उदाहरण भी भारतीय समकालीन कला में दिखायी नहीं देता। उड़ते पहाड़, ठहरी चिड़िया, बहता दृश्य, गतिमान सीढ़ियाँ, चटख रंग योजना—यह सब स्वामी की समझ के साथी थे। इनसे स्वामी का

साझा नहीं था। ये स्वामी की रणनीति के उस छापामार गोरिल्ला के हथियार थे, जिससे उन कौरवों का वध किया जा रहा था जिन्होंने सुई की नोंक बराबर जगह देने से इनकार किया था। जिन्होंने स्वामी को 'कान्ट्रा/Contra' पत्रिका बन्द न करने पर चित्रकला जगत् से बाहर कर देने की धमकी दी थी।

इस घटना के पहले के चित्र स्वामी की उस चेतना के हैं जिनमें साझा प्रकृति से है। संरचना पर ज़ोर नहीं है। रंग-योजना पर विचार नहीं है। बस 'होने' का अहसास है। रूप अपरिचित है। रूपाकार का आभास है। स्वतन्त्रचेता है। विन्यास, सुघड़ता, कौशल, कारीगिरी आदि से दूर, बस जैसा है जो है की तरह। प्रकृति की तरह उजड़ा किन्तु रग-रग में बसे की तरह। प्रकृति में हो रहे निरन्तर में अचानक की तरह। प्रकृति के दोहराव की तरह हर बार अनूठा। टूटे तारतम्य की तरह उसके होने की आस्था पर न होने के सन्देह की तरह। उसके रूपण की मौजूदगी के अहसास के बाद की उसके न होने पर विश्वास की तरह।

स्वामी के बाद के चित्र ख़ुद के संयोजन के चित्र हैं। स्वामी की स्वतन्त्रता की उड़ान ठिठकी चिड़िया में है, जो पहाड़ को भी उड़ाये ले जा रही है। इसमें रूप का निरूपण है और दूर डूबता-उतराता सूरज भी अनुपम है। चित्रों में रंगालोक है। कल्पनालोक है, रूपालोक है। ये सँभले, सधे, सुधरे चित्र स्वामी के 'होने' के विपरीत हैं। इनके प्राकृतिक, उजाड़, अव्यस्तता, आकस्मिकता और अबोधता ग़ायब है।

वे विन्यस्त हैं। सुन्दर हैं। सुविचारित हैं। सुभाषित, स्वशासी है। और यह सब स्वामी नहीं है।

इनमें चित्रित रूप परिचित है। मनुष्य की चेतना के अचेतन में बसे रूप। इन रूपाकारों में अघटित कुछ नहीं है। ये सुभाषित चित्र पश्चिमी चित्र परम्परा से अपना सम्बन्ध कम बनाते हैं। कुछ चित्रों में ज़रूर स्वामी विंची के एकरेखीय परिप्रेक्ष्य से संवाद करते दीखते हैं, किन्तु इन चित्रों का मूल रूप अपने होने की समग्रता में है। घास के फैलने की समग्रता का अहसास। इन चित्रों में Verticality नहीं है, वे आसमान की तरह फैले हैं या कि हरे मैदान की तरह। रंग विधान लघुचित्रों की याद दिलाता भर है। पहाड़ों का टेक्श्चर/Texture हिमाचली पहाड़ की याद। पक्षी और पक्षी की छाया हिमाचल के भूदृश्य की स्मृति लिये है। सीढ़ियाँ, एकमात्र बाहरी तत्त्व है एक रेखीय परिप्रेक्ष्य का। स्वामी के लिये विंची का योगदान महत्त्वपूर्ण था, किन्तु उसका अनुकरण नहीं। वे अक्सर कहा करते थे कि परिप्रेक्ष्य का ज्ञान मनुष्य में जन्मजात है, अन्यथा यह सम्भव न था कि पाषाणकालीन मानव शिकार के बाद अपनी गुफा में लौट आए। विंची ने, जैसा आँख देखती है, बल्कि जैसे एक लेंस देखता है, उस एकरेखीयता की प्रस्तावना की। लियोनार्दो की प्रस्तावना इतनी

मुखर और दृढ़ थी कि पश्चिम में पिकासो तक वह बग़ैर टूटे चली आयी। पिकासो ने उसके साथ कोई सम्बन्ध बनाने से इनकार किया। और चित्रकला की पश्चिमी दुनिया में प्रचण्ड परिवर्तन देखने को मिले। लियानार्दो की प्रस्तावना लगभग पाँच शताब्दी अक्षुण्ण रही।

पिकासो द्वारा एकरेखीय परिप्रेक्ष्य में प्रश्नांकित करना मानो शुरुआत थी, सदियों से संचित होते जा रहे रूपाकारों के प्रकट होने की। डेविड हॉकनी ने पिकासो के इस देखने को कहा कि पिकासो ने पश्चिम को दो आँखों से देखना सिखाया। इसके पहले पश्चिम एक आँख (लेंस) से जैसा दीख रहा था, देख रहा था। स्वामी का देखना पश्चिम से प्रभावित नहीं था। न ही वे भारतीयता के भुलावे में लघुचित्रों को तैलरंग से रँगते थे, न उनकी चेतना अजन्ता को लघुचित्रों की तरह चित्रित करने को उकसाती थी। वे ऐसा कुछ नहीं करना चाहते थे, जो कि दावे की तरह दीखता हो। 'छापामार गोरिल्ला' की तरह एक-एक रूप सावधानीपूर्वक अपनी जगह पर तैनात है। चित्र चौकन्ना है। जागा हुआ अपने को जीता हुआ।

इन चित्रों में रूप परिचित है और उसका चित्रण भी एक जादुई आकर्षण के साथ हुआ है। स्वामी ने इस बात को गहरे समझा कि भारतीय होने के लिये अजन्ता, लघुचित्रों, या तान्त्रिक कला को तैलरंग में बनाकर लगाने की ज़रूरत नहीं है। भारतीय कला का अनुकरण भी अलग-अलग माध्यमों में करने की ज़रूरत नहीं है। भारतीयता का अहसास किसी भी रूप विधान में कुछ भी हो सकता है। यह संयोग नहीं है कि स्वामी के चित्र स्वामी की बचपन की स्मृतियों के दृश्यचित्र हैं। सब कुछ इस क़दर साम्य रखता है कि रंग-योजना में यदि बदलाव ले आया जाए, तब ये चित्र एक साधारण दृश्यचित्र होंगे। स्वामी इसे चित्रकला के एक ऐसे धरातल पर ले आते हैं जहाँ चित्रतत्त्व प्रमुख हो जाता है।

अब ज़रा स्वामी के दूसरे चित्रों की तरफ़ देखें, 1963 और 1987-93 के चित्रों के साम्य को उन्होंने ख़ुद ही प्रश्नांकित करते हुए अपने ऑटोबायो नोट में लिखा है कि पैंसठ वर्ष की उम्र में क्या यह चक्र का पूर्ण होना है? उन्होंने यह लिखकर अपने जीवन चक्र पूरे होने के छः माह पूर्व, अपनी मृत्यु की एक तरह से घोषणा कर दी थी। इन चित्रों में रूप का अंकन उसी तरह का है, जहाँ से स्वामी शुरू करते हैं। स्वामी का वापस अपने आदिम हाल में पहुँचना ही उनकी यात्रा का सबब लगता है। यहाँ रूप के संकेत हैं, रूपाभास हैं—रूपाकार नहीं। इन रूपों को पहचानने का भी संकट उतना नहीं है। कुछ-कुछ मानव मुखौटे या कि चिड़िया की चोंचनुमा-सा कुछ ग़ायब होता-सा रूप इन चित्रों पर अनेकों रेखाकृतियों की तरह प्रकट होता, विलीन होता नज़र आता है। चित्र में रंग और रंग परतों से बनने वाले टेक्श्चर एक दूसरे पर चढ़े,

उलझे नज़र आते हैं। वे एक दूसरे का अतिक्रमण करते हुए रूपांकन का जाल-सा फैला देते हैं, जिसमें दर्शक की नज़र उलझती जाती है। मकड़जाल में फँसी तितली-सी वह जितना ही निकलने की कोशिश करती उतना ही एक के बाद दूसरी रंग परतों में फँसती जाती। स्वामी के रूपाकार संकेतों से प्रतीक में कभी नहीं बदलते, बल्कि प्रतीक से संकेतों की तरफ़ ले जाते हैं। उनका आकार नज़र नहीं आता, इसका आभास-मात्र होता है। वे अपने होने के ठोस प्रमाण नहीं छोड़ते, यहाँ छाया सत्य की तरह नज़र नहीं आती, बल्कि छाया की छाप भी नहीं छूटती। 'चिड़िया शृंखला' के चित्रों में स्वामी चिड़िया और उसकी छाया भी प्रमुखता से चित्रित करते और कहते सिर्फ़ चित्र ही वह फलक है, जहाँ छाया भी यथार्थ है। यथार्थवाद का इससे बड़ा उपहास और क्या हो सकता है। यहाँ स्वामी रूपाकारों के यथार्थवादी चित्रण पर प्रश्न भी कर रहे हैं, जो सिर्फ़ छायाएँ ही हैं।

रूप का अमूर्तन इस तरह चित्र में प्रमुखता से आता है। स्वामी रूप का चित्रण नहीं कर रहे हैं, रूप का विसर्जन भी नहीं, किन्तु रूपाकार भी नहीं होने दे रहे हैं। इन परिचित रूपों का अमूर्तन दर्शक की परेशानी का विषय नहीं होता है। वे रूप में रूपाकार के संकेत छुपाते जाते हैं। जिस तरह गायतोण्डे के चित्रों में भी अपरिचित रूपाकारों में अनेक परिचित रूप संकेत दिखलायी देते हैं। यहाँ दर्शक बेबस नहीं होता। वह बेबस है उन अमूर्त चित्रों के सामने जहाँ रूपाकार अपने अपरिचय के साथ खड़े हैं। यहाँ उसकी चेतना में कोई सूत्र, संकेत या सहारा मौजूद नहीं है, जिस तिनके के सहारे वह डूबने से बच सकें।

बीस-बाईस या शायद इक्कीस बरस की नौकरी में मैंने एक बात दर्शकों के व्यवहार में पायी। जिसका ज़िक्र करना मैं उचित ही समझूँगा। भारत भवन के रूपंकर संग्रहालय में समकालीन आधुनिक, लोक और आदिवासी कला का अद्वितीय संग्रह उसकी दो प्रमुख दीर्घाओं में प्रदर्शित हैं। इन दीर्घाओं में दर्शकों की संख्या भी प्रचुर है। मैंने पाया कि तथाकथित पढ़ा-लिखा इन दीर्घाओं में आकृतिमूलक चित्रों पर नज़र फेरता गुज़र जाता है, मानो देखने का नाट्य कर रहा हो। कुछ पढ़े-लिखे आकर अपनी अज्ञानता का बखान भी कर जाते हैं और इस पर ज़ोर देते हैं कि चित्रों के विवरण लिखकर लगाये जाने चाहिये। उनकी अज्ञानता सिर्फ़ इस बात में नहीं है कि वे आधुनिक चित्रकला के सामने अपने को निरीह, बेबस पाते हैं, बल्कि वे उनके अन्धे होने का प्रमाण भी देते हैं। इसके ठीक उलट हज़ारों आदिवासी लोक कलाकार और उनके साथ आने वाले जंगलों में रहने वाले अनेक लोगों की संख्या भी उन्हीं कलाकृतियों का आनन्द लेते, आपस में बात करते और कृतियों की आकस्मिकता को अपना अंश बनाते दीख पड़ती है। ये लोग इस सभ्य समाज में

अनपढ़ और असभ्य जाने जाते हैं, किन्तु वे देखते हैं। उनकी संवेदनाएँ चौकस और खुली हुई हैं। वे अम्बादास के चित्रों से सहज ही रस ग्रहण करते हैं जितना गुलाम मोहम्मद शेख के चित्रों से। वे अपने मनुष्य होने की मर्यादा का सुख लेते हुए चित्र रस में भीगे निकलते हैं जबकि एक डॉक्टर, इंजीनियर या कॉरपोरेट, जो कि बुरी तरह पढ़ा-लिखा है, इन चित्रों के सामने असहाय-सा अपने को पाता है। उसका ज्ञान उसकी सीमा बन जाता है। दरअसल, जब दर्शक—शहरी दर्शक दीर्घा में होता है—तब वह देख नहीं रहा होता है, देखने का नाट्य कर रहा होता है।

हम क्या देखते हैं?

हम देखते हैं

अपने संस्कारों से

अपने अनुभव के लिये देखते हैं।

अपनी प्रकृति से

अपनी अपेक्षा को देखते हैं।

रंग रेखा आकार देखते हैं।

समाज, सामाजिकता,

अपने पूर्वग्रह देखते हैं।

अधीरता देखते हैं।

ख़ुद को

तुलना करते देखते हैं।

अनुकम्पा के लिये

आत्मसन्तोष के लिये

वही देखते हैं जो देखना चाहते हैं।

देखना टालते हैं।

दूसरों का देखना देखते हैं।
दूसरी कलाकृति की तरफ़ देखते हैं।
अपना विचलन
दूसरों का अवसाद
तक़लीफ़ देखते हैं
हिंसा और शान्ति
कभी-कभी कलाकृति का
कोई ख़ास हिस्सा
फ्रेमिंग और
दीवार देखते हैं
अन्ततः हम कलाकृति नहीं देखते
हम देखने का नाट्य करते हैं।

तब रूप और परिचित रूप हमें आसानी से अपनी ओर आकर्षित करता है और हम उस चित्र को भी देखते हुए नहीं देखते हैं। इस क्रम में यदि एक चित्र अपरिचित रूपाकार लिये आ गया, तब जो विचलन इस पढ़े-लिखे का होता है, वह दर्शनीय है। हमारी उलझन बढ़ जाती है और अनजान का आतंक फैल जाता है। हम कतराते हैं इस अनजान से, इस अपरिचित से, इस नये रूपाकार से और वह अपने सुरक्षित-परिचित रूपाकारों की तरफ़ भागता है छिपने के लिये, बचने के लिये। वह सामना नहीं करता। वह अनजान से टकराता नहीं। विडम्बना यह है कि फकीर नये रास्ते पर चलने का जोख़िम नहीं उठाना चाहता। हम उन चित्रों को अमूर्त कहकर ख़ास दूरी बना लेना पसन्द करते हैं।

किसी भी अपरिचित रूपाकार से परिचय पहली बार कलाकृति में ही होता है, इसका ख़याल दर्शक नहीं रखता। वह कलाकृति देखता है—नहीं देखने की तरह। इन अपरिचित रूपाकारों से अन्यथा उसका परिचय कभी भी अनुभव के स्तर पर नहीं जाता। कलाकृति के अनजान में यह जगह हमें मिलती है, जहाँ इस अपरिचित रूपाकार को हम आत्मसात् कर उससे अनुभव का सम्बन्ध बनायें। पर हम देखने से बचते हैं या

अपने देखने पर सम्भवतः भरोसा नहीं होता। हम सहारा ढूँढ़ते हैं। कलाकार से पूछते हैं। यदि यह सब नहीं हुआ तो बग़ैर देखे दीर्घा में चक्कर लगाकर बाहर निकल जाते हैं। इसके विपरीत गाँव, कस्बों और जंगलों में रहने वाला आदिवासी या कि लोक मनुष्य के सामने यह समस्या नहीं आती। वह देखता है और उस रंग संयोजन, रूप संयोजन का भी उतना ही आनन्द उठाता है जितना उगते हुए सूरज को देखते हुए उसने लिया होगा। वह सहज और स्व में स्थित है। सहृदय। जिसकी जिज्ञासा ही उसे सहज मनुष्य बनाये रखती है। वह ढोंग नहीं करता। वह देखने का दावा नहीं करता। देखता है और अनुभव करता है।

सारी कलाएँ मनुष्य को सम्बोधित हैं। वे मनुष्य द्वारा मनुष्य के लिये बनायी गयी हैं। उनके बनने में ही मानव स्वभाव की बुनावट है। वे रूपाकार भी मनुष्य की कल्पना के हैं, जिन्हें पहचान लेते हैं और उन अपरिचित रूपाकारों का जन्म भी उसी के द्वारा होता है, जिन्हें हम अपरिचित कहते हैं।

स्वामी के चित्रों में जब चिड़ियाएँ थीं, तब वे परिचित रूपाकार हैं, ऐसा भी नहीं है। इसमें चिड़िया रूप संकेत छोड़े गये हैं। यह रूपाकार स्वामी के चित्रण से चिड़िया रूप के पास जा पहुँचता है। और स्वामी के बाद के चित्रों में जिन रूपाकारों का विसर्जन हो रहा है, वे भी उतने ही परिचित हैं जितना चिड़िया रूप। अमूर्तन का भाव ही मूर्त रूप धारण कर लेता है और जब रूपाकार 'स्वयं प्रतिष्ठ' है, तब अमूर्तन कैसा? यह प्रश्न विचारणीय है।

2011

(अ)मूर्तन

आधुनिक समकालीन कला के लिये अमूर्तन का स्थान या कि उसका महत्त्व, इतिहास आदि के बारे में कुछ ऐसा ही है जैसे आप गुलाब की ख़ुशबू का बखान करने की कोशिश करें। जब यह आग्रह मुझसे किया कि मैं ‘‘वार्ता’’ के अंक के लिये भारत में अमूर्तन का लेखा-जोखा प्रस्तुत करते हुए एक लेख लिखूँ तब मेरे लिये धर्मसंकट बन गया। मेरी बुद्धि जो तारीख़ और उसके सही होने पर हमेशा संशय से भरी रहती है, जो अक्सर ही किसी भी घटना का दिन ग़लत ही जानती, समझती है, वह कैसे सिलसिलेवार इस पर विचार कर सकती है कि बेन्द्रे ने पहले अमूर्तन पर हाथ आजमाया कि उनके शिष्य शंकर पलसीकर ने? यह भी तय करना मुश्किल था कि यहाँ से शुरू करूँ या वहाँ से। मेरे लिये यह उस पुरानी कहावत जो स्कूल के दिनों में मेरे हिन्दी के शिक्षक कहा करते थे, ‘आगे पाठ, पीछे सपाट’ की तरह रहा है। कई बार कोशिश की कि इन तारीख़ों को तवारीख़ की तरह बरतूँ और शर्मिन्दगी से बचूँ किन्तु यह संशय मुझ

पर तारी रहा। मैं अभी तक स्वामीनाथन और मेरे पिता की मृत्यु की तारीख़ की ग़लती करता हूँ जो एक साल के अन्तराल में हैं और मार्च-अप्रैल के महीनों में हुई। इसे मैंने कई बार याद किया और मौक़े पर हमेशा भूला। मेरी बुद्धि के इस तरह रुके होने पर मेरा भरोसा बढ़ता ही रहा और अब यह ठीक होने के परे चला गया।

मुझे यह भी लगता रहा है कि हम लोग एक देश की तरह ग़ैर जिम्मेदार लोग हैं और यह अक्सर मुझे सालता रहता है कि इस लगातार आर्थिक रूप से सक्षम होते जा रहे, वैश्विक ताक़त के रूप में उभर रहे देश में नटवर भावसार की प्रदर्शनी नहीं हो सकी है या कि 27 फ़रवरी '11 तक चलने वाली अनीश कपूर की प्रदर्शनी का केटलॉग 23 फ़रवरी '11 तक छपकर नहीं आ सका।

अनीश कपूर, जिनकी प्रदर्शनी मुश्किलों से तमाम हिन्दुस्तान आयी, उसके साथ क्या हुआ यह देखना दिलचस्प है। मेरी नज़र में पिकासो ने पश्चिमी संसार को दो आँखों से देखना सिखलाया और महत्त्वपूर्ण कला परिवर्तन की शुरुआत की। इसमें कोई सन्देह नहीं है कि पिकासो की कला ने गहरा प्रभाव कला जगत् पर छोड़ा फिर भी पिकासो के चित्र एक विशिष्ट वर्ग तक ही सीमित रहे। उसके बाद अनीश कपूर का आना एक ऐसी शुरुआत है, जिसमें कला की समूची परिभाषा बदलने के संकेत दिखायी देते हैं। अनीश की कलाकृतियाँ विशिष्ट वर्ग तक सीमित नहीं हैं, वे हर किसी को अपनी तरफ़ आकर्षित करती हैं। देखने वाला किसी भी तबके का हो, उसे सम्बोधित हैं। अनीश का अमूर्तन, अमूर्तन की अनन्त व्याप्ति की ओर इशारा है। वह मनुष्य को सीधे अचम्भित करने का क्षमता रखता है। यह स्थिति अनीश कपूर के पहले किसी कलाकार की नहीं रही। किसी कलाकार की कलाकृतियों ने समाज के हर स्तर से आने वाले को आकर्षित नहीं किया। इस मायने में अनीश कपूर दुनिया के पहले कलाकार हैं, जो संवेदना और ज्ञान के स्तर पर एक साथ काम कर रहे हैं। इस महत्त्वपूर्ण प्रदर्शनी को भारत में जिस तरह नज़रअन्दाज़ किया गया, वह एक लिजलिजा षड्यन्त्र था। अनीश का अमूर्तन की तरफ़ झुकाव और शेष जो हो रहा है, उसके स्रोत की तरफ़ इशारा कर उसके नक़ल मात्र होने को रेखांकित करना अनेकों तथाकथित कला समीक्षकों, आलोचकों को उनकी जगह बतला गया। नतीजतन अनीश की मौजूदगी के प्रति उदासीन बौद्धिकता ने इस महत्त्वपूर्ण प्रदर्शनी की चर्चा नहीं होने दी। अनीश की प्रदर्शनी पर लगातार चुप्पी भी इस षड्यन्त्र का हिस्सा है।

मैं इसे उन तमाम राजनेताओं द्वारा किये जा रहे घोटालों से बढ़ा घोटाला मानता हूँ जहाँ हम सांस्कृतिक रूप से ग़ैर-जिम्मेदार होते जा रहे हैं। आर्थिक घोटालों की भरपाई हो सकती है किन्तु क्यों यह ज़रूरी नहीं

लगता है कि गायतोण्डे की एक वृहद् प्रदर्शनी देश के अनेक स्थानों पर ही नहीं बल्कि विदेशों के प्रमुख शहरों में भी लगायी जानी चाहिये? दुनिया में मैंने अभी तक जितना भी चित्रित संसार देखा है उसमें गायतोण्डे का स्थान, या कि अम्बादास, राजेन्द्र धवन जैसे चित्रकार नहीं देखे हैं। वो कौन-सी मजबूरी है जो विश्व की तीसरी ताक़त बनते जा रहे देश की कमज़ोरी है? जो अपने ही देश के प्रमुख चित्रकारों को दुनिया के सामने लाने से बचती रही है। जिसे देश के सबसे महत्त्वपूर्ण चित्रकार मक़बूल फ़िदा हुसेन को घर वापस बुलाने में शर्मिन्दगी हो रही है? क्या हम भारतीय अपनी समकालीन कला के प्रति एकतरफ़ा व्यवहार ही करते रहेंगे या जिम्मेदार समाज की तरह आने वाले समय के लिये एक उदाहरण रखेंगे?

मैं व्यापारियों से उम्मीद नहीं रखता कि वे इस बात को जाने कि दुनिया में रज़ा की तरह रंग व्यवहार करने वाला कोई दूसरा चित्रकार नहीं है, किन्तु मैं इसकी उम्मीद तो करता ही हूँ कि कला लेखन में मुब्तिला वे तमाम लोग इसको अपने लेखे में लें। इसलिये नहीं कि मैं कह रहा हूँ बल्कि इसलिये भी कि वे इस बहाने दुनियावी कला को एक बार फिर देखें। यदि चेन्नई आर्ट समिट में अच्यूतन कूडालूर के चित्र सिर्फ़ इसलिये नहीं दिखाये जाते हैं कि आयोजन समिति के किसी सदस्य को उनसे बैर है, तब यह इस देश के दुर्भाग्य की तरह ही जाना जाएगा।

अमूर्त कलाकारों के योगदान या उनकी अहमियत आदि पर बात इसलिये भी नहीं करूँगा कि जिस देश में आज़ादी के बाद गुलामी में जाने की इच्छा बड़ी संख्या में यदि चित्रकारों की ही है तब दूसरों से उम्मीद करना व्यर्थ है। नब्बे के दशक के बाद जब कला का कम्प्यूटरीकरण हुआ तब देश में कैलेण्डर कला के 'कम्प्यूटर संस्करण' की बाढ़ आ गयी। 'डिजिटल प्रिण्ट ऑन अर्काइवल पेपर' के हस्थमैथुन ने अनेकों कलाकारों की भ्रूण हत्या कर दी। वाल्सन कोल्लेरी ने भी इसे आजमाया। मुझे हमेशा ही माध्यम की गुलामी के साथ-साथ मानसिक गुलामी पर तरस आता रहा है। जिस यथार्थ से छुटकारा पाने के लिये अनेकों कलाकारों ने काम किया, उसका 'सस्ता संस्करण' अब बाज़ार में उपलब्ध है, जिस पर लगभग सभी कला आलोचक लिखकर प्रसन्न हो रहे हैं कि वे कला के राजमार्ग पर अपना रथ दौड़ा पा रहे हैं। किन्तु क्या किसी ने भी इसके पीछे नष्ट होते जा रहे सांस्कृतिक संस्कारों की सिसकियाँ सुनीं? हम ऐसा क्या छोड़ जा रहे हैं जिस पर बाक़ी लोग गर्व कर सकें कि बीसवीं से इक्कीसवीं शताब्दी में क़दम रखने वाले कलाकार वास्तव में इक्कीसवीं सदी में क़दम रख रहे थे, गुलामी के दो सौ पचास सालों में नहीं, जहाँ यथार्थ का बोलबाला था और कैलेण्डर चित्रकार को विएना में पुरस्कृत किया जा रहा था।

क्या चित्रकार अन्धा हो सकता है? जिसकी मन की आँखें अन्धी हों? जिसे हम प्रज्ञा कहते हैं या कि विवेक।

होमी पटेल के चित्रों के बारे में जब पूरी तरह से गुजरात में हीं नहीं जानते, तब कलकत्ता और चेन्नई के कला जगत् की उदासीनता का हम दावा करें या कि यह कि हम चित्रकार हैं? गोपाल आदिवरेकर की नक़ल से भरे चित्रों से सभी अमूर्त चित्रकारों को तौलना भी एक बड़ा कारण है इस उदासीनता का। आदिवरेकर ही क्यों ऐसे अनेक अमूर्त चित्रकार हैं जिन्होंने अपनी प्रतिभाहीनता को अमूर्त ढाल के पीछे छिपा लिया है। मुझे याद आ रहा है कि मेरे पास एक युवा चित्रकार अपने अमूर्त चित्र लेकर आया। ये चित्र नहीं थे बस एक तकनीक से कुछ प्रभाव/effect चित्रित किये हुए थे। उसे रूप/form की कोई समझ नहीं है, यह उन चित्रों के सपाट बयानी से साफ़ था। मैंने उसे सलाह दी कि कुछ वक्त तुम सिर्फ़ रेखांकन करो। वह छः महीने में तंग आ गया और मुझे फ़ोन करके कहता है कि मुझे वही अच्छा लगता है यह सब नहीं करूँगा। उसने प्रतिभाहीनता के हथियार से ख़ुद को मार लिया। कुछ दिनों बाद मुझे एक प्रतिष्ठित दीर्घा से उसकी प्रदर्शनी का निमन्त्रण आता है, एक स्वयंप्रतिष्ठ कला आलोचक ने उस पर एक पुस्तक लिख मारी है। साथ ही उस पर बनी कुछ फ़िल्मों का प्रदर्शन भी है।

जो काम गायतोण्डे, अम्बादास, होमी पटेल, जेराम पटेल, नसरीन मोहम्मदी की प्रतिभा नहीं कर सकी वह काम प्रतिभाहीनता ने बख़ूबी कर दिखाया।

भूपेन खख्खर, स्वामीनाथन, गायतोण्डे और प्रभाकर बर्वे जैसे चित्रकारों के प्रयाण के बाद जिस देश का सुसंस्कृत समाज आज तक उनकी पुनरावलोकी प्रदर्शनी नहीं कर सका वहाँ गुलाब की ख़ुशबू की बात करना बेमानी होगी या कि यदि मैं यह सब करूँ तब इसे सफ़ाई की तरह देखा जा सकता है। मैं किसी तरह की सफ़ाई नहीं पेश कर रहा हूँ न ही कोई शिकायत है, बस एक आत्मनिरीक्षण है जो मेरी अपनी समस्या है। मुझे बहुत ही दुविधा होती है यह जानकर कि घासलेट के लिये लगी लम्बी लाइन में खड़े लोगों के प्रति या किसी गटर किनारे बसी झुग्गी-झोपड़ियों में रहने वाले लोगों के प्रति नक़ली सहानुभूति से भरे चित्रों के वर्णन में ऐसा क्या है जो आलोचकों को प्रेरित करता है उसे मुख्यधारा का चित्र कहने के लिये? यह नक़ली संवेदना प्रकटन गुलाब की ख़ुशबू ढूँढ़ने की कोशिश में पँखुड़ियों को नोंचने की कोशिश है। यह एक साधारण चित्र, जो बड़ी क़ीमत पर बिकने के लिये रखा है जिसका कोई भी अंश उन लोगों तक नहीं जाने वाला है जिनके प्रति सहानुभूति का दावा किया जा रहा है, क्या यह चालाकी भरी सफ़ाई नहीं है? जिसमें चतुराई से अपने हाथ झाड़ लिये कि हम तो इनके चित्रकार हैं, इनके जिम्मेदार नहीं। यही वो जगह है जहाँ

अमूर्तन अपने प्रकटन में, अकेले होने का अहसास लिये है जिसमें ऐसा कोई दावा नहीं है कि एक दिन सब ठीक हो जाएगा न ही वो सहानुभूति जिसके नक़ली होने से कोई इनकार नहीं कर सकता। अमूर्तन में चित्रकार चित्ररत है अपने कर्म के प्रति चौकस, चौकन्ना। चित्रकर्म का सामाजिक धर्म। समाज के प्रति जिम्मेदार, अपने कर्म के प्रति ईमानदार। मैं यह नहीं कह रहा हूँ कि जो अमूर्तन नहीं करते, वे ईमानदार या जिम्मेदार नहीं हैं। यह भाषा की समस्या है, वह वो सब भी कहती जाती है जो नहीं कहा जा रहा। जयश्री चक्रवर्ती या अतुल डोडिया मेरी नज़र में उतने ही चौकस, चौकन्ने चित्रकार हैं। वे सफ़ाई नहीं देते और अपने चित्रों में बला की कल्पनाशीलता का इस्तेमाल करते हैं। कल्पनाशीलता सुरेन्द्र नायर के चित्रों में भी है, किन्तु वे रूपाकार यथार्थ से पिटे नज़र आते हैं। मुझे सुबोध गुप्ता की कलाकृतियों में कल्पनाशीलता का गहरा अभाव दीखता है, किन्तु वह बाज़ार का 'very hungry god' है जिससे लोग प्रभावित होते हैं।

देखने की नक़ल करने की कोशिश में हम यह भी भूल जाते हैं कि यहाँ कट्टूर नारायण पिल्लई जैसे कलाकार भी हैं, जो मुश्किल से अपने चित्र प्रदर्शित करते हैं। मुझे रचनात्मक शून्य का गहरा अहसास समय-समय पर होता रहा है। संशय से भरा मैं ग़ैर चित्रात्मक रचना संसार में अपना समय बिताता हूँ और अक्सर ख़ुद को ऊर्जा से भरा पाता हूँ। इस रचनात्मक शून्य में चित्रों से दूर शब्द या संगीत संसार भी उतना ही रोचक और ऊर्जावान है। कुछ न कर पाने का मलाल नहीं है, किन्तु अमूर्तन के अहसास ने मुझे हमेशा झकझोरा है और फिर कुछ दिनों के बाद पटरी पर ला पटका। यह दिलचस्प है। ऐसा अहसास उन्हें भी होता होगा जो सहानुभूति के लिये चित्र बनाते हैं या कि जिनके चित्र 'समाज के लिये कुछ नहीं कर पाने की' आत्मग्लानि से बनते हैं। इस तरह के चित्रों पर बहुत लिखा भी गया है। अभी तक का बहुत सारा कला लेखन इसी से भरा है, क्या यह सब ग़ैर जिम्मेदार लेखन की तरह नहीं देखा जाएगा? जिसमें कला के चौकीदार सिर्फ़ वाम पक्ष की रक्षा कर रहे हैं। मध्य, दक्षिण छूटा हुआ है।

अमूर्तन यदि कमज़ोर है तब उसे मर जाना चाहिये। किन्तु ऐसा नहीं हो रहा है। कला का अमूर्तन और कला में अमूर्तन उसके प्राणतत्त्व की तरह मौजूद है। उस पर ध्यान न देना या उसकी उपेक्षा कमज़ोर क्षणों की गवाह है। मुझे नहीं लगता कि कला को किसी सहारे की ज़रूरत है, किन्तु हमें आत्मनिरीक्षण से नहीं चूकना चाहिये। भले ही हम चित्र बना रहे हों, या उस पर लिख रहे हों, या उसका व्यवहार कर रहे हों।

2011

मनुष्य की परम्परा से

प्रस्तुति : राजेश्वर त्रिवेदी

समकालीन भारतीय कला को अगर हम सिर्फ़ इस तरह देख रहे हैं कि वह शहरी चित्रकारों द्वारा शहरों में की जाने वाली कला है, तो यह सब ज़रूर सदी के पिछले अन्तिम दशकों में हुआ है। शहरी कलाकारों का भी ध्यान इस ओर गया है। बड़ी संख्या में कलाकारों ने सभी तरह के माध्यमों को इसमें आजमाया है, प्रमुखतः वीडियो और कुछ अदाकार Performances के स्तर पर भी तात्कालिक संस्थापन किये गये हैं। यह कोई बहुत ज़्यादा प्रभावित करने वाला दृश्य नहीं रहा है। ज़्यादातर एक ही तरह के आकार और दोहराव दिखायी देते हैं। किसी भी तरह की मौलिकता या अपने ढँग से इस माध्यम का सामना अभी

तक दिखायी नहीं दिया है।

जिस समकालीन भारतीय कला को हम देख रहे हैं और शहरी समकालीन कला, जिसके लिये बात कर रहे हैं, उसका व्याकरण ढूँढ़ने पर यह मनुष्य के यथार्थ की ओर नज़दीक जाने की चेष्टा है। उसकी तरफ़ एक और प्रयास है। यहाँ यथार्थ लगभग एक वस्तु के रूप में ही आपके सामने है। इसमें वह कई बार अति यथार्थ का सहारा भी लेता है। किन्तु ये सब कलाकृतियाँ विचार के स्तर पर कहीं पहुँचती नहीं दिखायी देती हैं। मुश्किल से कोई एकाध कलाकार ऐसा नज़र आता है, जो कल्पनाशीलता के सहारे संस्थापन में निजी हस्तक्षेप करता दिखता है।

रचनात्मक विचार का एक स्तर है और कलाकार का उसके साथ रिश्ता होता है। इसमें ऐसा कुछ नज़र नहीं आता है। मेरे ख़याल से भारती खेर के काम इसके नज़दीक पहुँचते दिखायी देते हैं। बाक़ी सारे कलाकारों के काम एक प्रयास का रोमांच भर होकर ख़त्म हो जाते हैं, जिनका किसी तरह का कोई प्रभाव दर्शक पर नहीं होता। एक वैचारिक तारतम्य भारती के कामों में ही नज़र आता है। बाक़ी कलाकृतियों के बारे में कुछ कहना मुश्किल होता है। आप उससे प्रभावित भी नहीं हो पाते हैं। उसमें ऐसा नहीं है कि वे लोग कुशल नहीं हैं और उन्होंने माध्यम के साथ कोई कोताही की है। यह सब भी उन्होंने किया है, किन्तु विचार की कोई जगह न होने के कारण उनके संस्थापन में संवेदना नहीं नज़र आती है, सिवाय इसके कि वे आपको एक चाक्षुष धक्का देना चाहते हैं। चाक्षुष धक्का देने से तो कोई कलाकृति बन नहीं सकती है।

मार्शल द्यूशाँ चित्रकला छोड़कर इस तरफ़ मुड़े, एक गहरे विचार के साथ। उन्हें लगा कि चित्रकला में अब कुछ करने को बचा नहीं है। यह व्यक्तिगत सोच थी। यह बेचैनी उन्हें दूसरे माध्यमों की तरफ़ ले गयी और वे उन माध्यमों से अपने को टटोलने लगे। उन्होंने सबसे पहली बार 'Bicycle Wheel' / 'साइकिल के दो पहिये' का संस्थापन 1913 में दिखलाया था। उनका यह काम दिखलाना उस वक़्त की प्रचलित सौन्दर्य-शास्त्रीय धारणा की बनी-बनायी चौखट को चुनौती थी। कला के 'सन्दर्भों' के प्रति अनावश्यक ज़ोर को ढहाने की पहल। कला में बाहरी तत्त्वों की विरोधाभासी घुसपैठ। यह द्यूशाँ का निवेदन था, दावा नहीं। यह एक विचार था, जिस पर उन्होंने कई काम किये और अन्तिम दम तक डटे रहे। इसी तरह वह इस माध्यम के चौथे आयाम की बात भी करते रहे। त्रिआयामी कलाकृति में एक चौथा आयाम भी है, जो कि उसकी अनुभूति है। वे अपने 'लार्ज़ ग्लास' / Large Glass पर आठ साल तक काम करते रहे। उस काँच की पारदर्शिता और उसके गहरे पारदर्शी रंग से बहुत प्रभावित रहे। उनको लगता था कि यह किसी भी तरह सम्भव नहीं

है और यही उसका चौथा आयाम है, जिसमें हम कलाकृति के आर-पार भी देख रहे हैं और कलाकृति को भी देख रहे हैं। 'Bicycle Wheel' बनने के दौरान टूट भी गया और उसके टूटने की दुर्घटना भी उस कलाकृति का एक अंश बन गयी।

यह प्रक्रिया एक विचार से संचालित हो रही थी, जो कि भारतीय विचार है। मार्शल द्यूँशाँ के शब्दों में :

> *दूसरी तरफ़ शब्द 'कला' मुझे रिझाता है, यदि यह 'संस्कृत' से आया है और जो कैनवास पर बना रहे हैं वे कलाकार कहलाते हैं। नियमानुसार उन्हें कारीगर कहा जाना चाहिये, यह शब्द (या पद) मैं पसन्द करूँगा। हम सब कारीगर हैं, सामाजिक, सैनिक या कलाकार के रूप में।*

बहुत सारे कलाकार/कारीगर इस कला माध्यम पर टूट पड़े हैं। जैसा कि यह माध्यम है, सभी को अपने में समा लेने की क्षमता रखता है। वे एक बहुत ही मोटा-सा विचार उसमें प्रकट करने की कोशिश करते हैं, जो कि विचार नहीं है, सिर्फ़ खालीपन है। उनकी कल्पनाशीलता का खालीपन है। या वह अन्य कलाकार से प्रभावित होकर बहुत सारी कलाकृतियाँ बनाते हैं। कुल मिलाकर समकालीन भारतीय कला में अभी इसकी शुरुआत ही देखी जा सकती है, जिसमें हो सकता है कि आगे चलकर कुछ लोग स्वतन्त्र रूप से, कुछ अपने ढँग से, माध्यम के साथ अपने को बरतें। यह ज़रूरी भी नहीं है कि ऐसा ही सम्भव हो।

यह प्रश्न से ज़्यादा परिभाषा है। मुझे लगता है कि यह सम्भव नहीं है। किसी भी कला की कोई परिभाषा असम्भव है। आप कला को परिभाषित करने की कोशिश करें, वह उससे परे जाकर खड़ी हो जाती है। कोई भी कला—रूप हो, उसकी सम्भावनाओं पर एक मनुष्य अपनी सीमितता में उसकी असीमितता को कैसे आँक सकता है? बल्कि इस नये माध्यम को हम नये माध्यम की तरह भी न देखें। उसमें ऐसा भी नहीं है कि इसके अपने दर्शन या सौन्दर्यशास्त्र आदि नहीं हैं। सौन्दर्यशास्त्र तो लगभग वही लागू होगा, जो चित्रकला का है, शिल्पकला का है; और ज़ाहिर है कि इसमें दर्शन भी उसी का लागू होने वाला है, जो रस उत्पत्ति के बारे में भरत कहते हैं। कला-रूप एक अचरज, अद्भुत रस दर्शक के मन में पैदा करता है। यह रस चित्रकला और शिल्पकला के रास्तों से ही आ रहा है। यह कोई भिन्न माध्यम नहीं है और अन्ततः आप प्रदर्शित भी करते हैं। इसको शिल्प का दूसरा रूप भी माना जा सकता है और भी कई माध्यम इस्तेमाल करने से जैसे—सिनेमा, वीडियो, और जिसमें अदाकारी / performance व्यक्तिगत अदाकारी / individual performance भी शामिल है। इन सबको आप ध्यान से रखते हुए अन्ततः शिल्पकला और चित्रकला के

आस-पास ही आते हैं। इसका दर्शन और सौन्दर्यशास्त्र वही है। इसलिये शुरू में जो परिभाषित किया गया है, उसकी अपनी सीमाएँ मुझे नज़र आती हैं।

नहीं। संस्थापन / कला की कोई परिभाषा इसकी अनन्त सम्भावनाओं के कारण नहीं हो सकती। जब भी किसी चित्रकार ने या किसी शिल्पकार ने एक परिभाषा में इसको बाँधने की कोशिश की तो वह उसके अपने लिये ही सच नहीं हुआ। कोई भी लेखक या संगीतकार, चित्रकार दावा नहीं कर सकता है कि इसी तरह से कविता, संगीत या चित्रकला सम्भव है। उसके अनन्त रूप हमारे सामने प्रकट होते रहते हैं और हर बार वह उतना ही मज़बूत, उतना ही आकर्षक और उतना ही रस से भरा होता है। जब फोण्टाना अपने चित्रों को फाड़ देते हैं और कहते हैं कि कैनवास पर अब कुछ नहीं हो सकता है उसके बाद भी चित्रकला का एक विपुल संसार आपके सामने पैदा होता है, जिसको आप देखते हैं, उससे रूबरू होते हैं और उनसे या उनके कामों से कई गुना आगे होते हैं। इसलिये किसी परिभाषा में जब भी हम कला-रूप को बाँधने की कोशिश करेंगे, तो वह अधूरी रहेगी। आने वाले कलाकार उसका क्या रूप गढ़ने वाले हैं, इसके बारे में कोई दावा नहीं किया जा सकता है। किसी भी कला-रूप को परिभाषा में बाँधने की कोशिश करते वक्त हमेशा हम अन्याय ही कर रहे होते हैं या अपनी समझ की सीमा दिखला रहे होते हैं।

कलाकार कला-रूपों के साथ अपने परिवेश और अवकाश में टकराते हैं और उनको नये ढँग से उद्घाटित करते हैं। जिस तरह से उसकी रचनात्मकता की सीमाएँ हम तय नहीं कर सकते हैं, उसी तरह से उसकी नयी दिशाएँ कहाँ तक फैलने वाली हैं, इसके बारे में कुछ कहना लगभग मुश्किल है। कोई कलाकृति आपके सामने प्रकट है, वही उसकी अन्तिम स्थिति है। यह कलाकृति को दर्शक भी, अपने परिवेश और अवकाश से, रस ग्रहण करता है।

संस्थापन कला आशु-रूपी कला-रूप फलन में भी आती है। फिर भी यह आशु-रूपी कला-रूप तो नहीं कहा जा सकता। नश्वरता सभी कलाओं की नियति है। वो जब भी नष्ट हों, उनका काम जितना भी था वह अपने रहते कर चुकी होती हैं, एक तरह की संस्कृति बना चुकी होती हैं, समाज उनसे लाभान्वित हो चुका होता है, और वे अपनी देशकाल-परिस्थिति में अपने ढँग से जीती हुई नष्ट हो जाती हैं।

चित्रकला या शिल्पकला में दर्शक की सबसे बड़ी समस्या यह है कि उन सारे चित्रों को वह देख पाएँ, अपने एकमात्र जीवनकाल में। पहले के कलाकारों की बनायी कलाकृतियाँ जो प्रसिद्ध हैं, या जिनके बारे में

आप पढ़ते हैं, या जिनके बारे में आप जानकर सीखते हैं, समझते हैं—वे सब अभी और यहीं पर हैं। जिन्हें आप अपने शहर में या अपने घर में नहीं देख सकते। अजन्ता देखने के लिये अजन्ता जाना ही पड़ता है और 'बामियान बुद्ध' देखने के लिये अफगानिस्तान। इस तरह की कोई भी कलाकृति, जिनके बारे में सुनते हैं, आप वहीं जाकर देख पाएँगे और उसको आत्मसात् कर सकेंगे। यह संस्थापन उसी का एक अंग है।

आधुनिक संस्थापन के मसले में यह ज़रूर है कि वह यात्रा भी करता है। डेमियन हर्स्ट / Damien Hirst का शिल्प 'गॉड आफ लव' / 'God of Love'—वह दुनिया के कई संग्रहालयों में दिखाया जा रहा है। चीन के लोगों को देखने के लिये यूरोप जाने की ज़रूरत नहीं रही, उन्होंने वहाँ देखा। बहुत सारी कलाकृतियाँ हैं, जो लगातार एक से दूसरे देश में यात्रा करती रहती हैं। चाहे वो अनीश कपूर के काम हों या डेमियन हर्स्ट के, हमारे यहाँ भारती के हों या अतुल डोडिया के। इसी तरह से आशु रूपी कला-रूपी कला-रूप है—इसको समझना मेरे लिये मुश्किल है। शायद यह आशु रूपी कला-रूप उन अर्थों में हो सकता है जब कोई कलाकार संस्थापन में ख़ुद को इस्तेमाल कर रहा हो या ख़ुद के शरीर का इस्तेमाल कर रहा हो, वह उतनी ही देर के लिये है जितनी देर वह अदाकारी कर रहा है। उसका उद्देश्य सिर्फ़ उतनी ही देर होने का है। मार्शल द्यूँशाँ ने किया था, जहाँ वह शतरंज खेल रहा है एक नग्न स्त्री के साथ। वह उतनी ही देर की अदाकारी थी, जितनी देर वे वहाँ रहे।

जब हम यह कहते हैं कि भारतीय जीवन लोक-कला, जनजातीय-कला, जनजातीय-कला रूपों में पहले से मौजूद है, तो यहाँ हमें यह भी नहीं भूलना चाहिये कि यह सब उनके अपने सामाजिक सरोकार से सम्बन्धित है, जिसमें उनका जीवन उनकी कला से अलग नहीं है। जबकि संस्थापन कला समकालीन शहरी कलाकारों के सन्दर्भ में उनके जीवन से लगभग नहीं ही संचारित है और कई स्तरों पर उनके विचार को भी नहीं बतलाती है। वह शुद्ध रूप में 'कला-रूप' की तरह ही इस्तेमाल की जा रही है। कलाकार का रिश्ता बाहरी है। वह उसको बनाता है। आप मध्य प्रदेश में, दूसरी तरफ़ उड़ीसा में या झारखण्ड में, बल्कि दुनिया के किसी भी कोने में, थोड़े-से शहर से अन्दर जाएँ तो मनुष्य यही करते हुए मिलता है, जिसे हम संस्थापन कला कह सकते हैं। वह अपने ढँग से, अपनी इच्छा से, अपनी रुचि से, अपने सन्दर्भ और अपनी व्याख्याओं के साथ करता हुआ नज़र आता है; उन सबके सरोकार बिलकुल अलग भी हो सकते हैं। बामियान बुद्ध भी संस्थापन ही है। जिस तरह चेक रिपब्लिक की राजधानी प्राग से कुछ क़िलोमीटर दूर बसे

सेडलेक / sedlec गाँव में बना चर्च। इनकी दिलचस्प कहानी यह है कि तेरहवीं शताब्दी में एक धार्मिक यात्री पवित्र भूमि की मिट्टी यहाँ की क़ब्र के लिये लाया, एक साल में वहाँ तीस हज़ार से ज़्यादा शव दफनाये गये। 1870 में एक बढ़ई (कारीगर) ने चालीस हज़ार मानव हड्डियों से इस चर्च को सजाया-सँवारा। पुराने क़ब्रिस्तान को खाली कर नये शवों का दफनाए जाने के लिये वहाँ अद्वितीय संस्थापन एक बढ़ई ने कर दिखाया। इस तरह के संस्थापन मनुष्य ने अपनी रुचि से किये हैं। क्या बामियान बुद्ध में पूजा की जाती थी।

जहाँ एक ओर आदिवासी 'समुदाय' में संस्थापन कला है, वहीं दूसरी ओर शहरी कलाकारों के बीच व्यक्तिगत तौर पर की जाने वाली संस्थापन कला हम देखते हैं, कहने को हम यह कह सकते हैं कि यह कलाकृति जेफ कून की है, किन्तु उसको बनाया मनुष्यों के समुदाय ने, जो कि उसके कर्मचारी हैं, उसके लिये काम कर रहे हैं। ये कर्मचारी ख़ुद कलाकार हैं, चित्रकार हैं, शिल्पकार हैं—वे सब बनाते हैं। विचार जेफ कून का है, जेफ कून भी उसमें काम कर रहा है। इसे हम कहें कि जेफ कून की कला व्यक्तिगत कला है और आदिवासियों की कला सामुदायिक कला है, तो ग़लत होगा। मेरे ख़याल से वहाँ भी एक समुदाय लगा हुआ है जेफ कून के कामों को तैयार करने के लिये या अनीश कपूर के कामों को तैयार करने के लिये अपनी विशेषज्ञता को सँभाले हुए लोग हैं—यहाँ भी वही बात नज़र आती है।

जब हम कहें कि आदिवासी कलाओं के या भारतीय लोक कलाओं के सन्दर्भ और अर्थ, व्याख्या आदि बिलकुल अलग हैं, तो मुझे लगता है कि यह सच्चाई नहीं है। यह इसलिये भी सच नहीं हो सकता है कि एक मनुष्य की अपनी इच्छाएँ हैं, अपनी आकांक्षाएँ हैं, और वह मनुष्य की तरह अपने को बरत रहा है इन कलाकृतियों में। चाहे वह शब्दों, या संगीत का सहारा लेकर अपने को बरत रहा है या कलाकृति का बहाना लेकर। दोनों की इच्छा एक ही है। एक ऐसी कलाकृति का निर्माण करना, जिससे लोग अचरज में रह जाएँ और दोनों समुदाय इस मामले में अपने-अपने स्तर पर सफल होते हैं। हम यह नहीं कह सकते हैं कि जो आदिवासी मनुष्य है, कलाकार है, इसका सोच कुछ अलग है और शहरी कलाकार का सोच अलग है। इसमें यह ज़रूर है कि हमारे यहाँ समकालीन कला का सम्बन्ध अपनी परम्परा और अपनी संस्कृति से नज़र नहीं आता है, और वे बड़े स्तर पर प्रभावित होकर की जाने वाली कलाकृतियों को आपके सामने प्रकट करते होते हैं। कई बार बहुत अच्छे कलाकारों के काम इसी तरह की नक़ल में आपको देखने को मिल जाते हैं, जो कि दुःखद पहलू है।

मुझे लगता है कि यदि अपनी भारतीय संस्कृति, सभ्यता और परम्पराओं को पहचान उसके भीतर झाँककर देखें, तो ऐसी असंख्य सम्भावनाएँ उनके लिये मौजूद हैं, जो उपेक्षा या अज्ञानता के कारण नहीं टटोली गयी हैं। परम्परा से अर्थ यहाँ की स्थानीयता, परिवेश और भौगोलिक विशिष्टता भी है। परिभाषित होकर हम अपनी कलाओं को, अपने सन्दर्भों को, अपनी परम्पराओं को देखने की कोशिश करते हैं। यह सब ग़लत दिशाओं में ले जाता है, नक़ल की ओर अग्रसर करता है, जिसमें अन्ततः आप एक हीन-बोध से भर जाते हैं कि आपकी कलाओं-परम्पराओं में कुछ नहीं था, जो कुछ भी था वह पश्चिमी कलाओं में था। इसका मतलब यह नहीं है कि पश्चिमी कलाओं में कुछ नहीं हुआ है, या उसमें कुछ अच्छा नहीं किया जा सका है। ये सब बातें दूसरी हैं। वहाँ भी तमाम कलाकार हुए हैं और उन्होंने बहुत ही ख़ूबसूरत काम किये हैं। किन्तु भारतीय कलाकारों को उसकी नक़ल करने की आवश्यकता मुझे जान नहीं पड़ती। अगर वे जानना चाहें तो उनकी अपनी परम्परा में बहुत सारी चीज़ें ऐसी मौजूद हैं, जो उन्हें समृद्ध कर सकती हैं। वे निश्चित ही इस कला-रूप में भी दुनिया को कुछ नयी दिशा देने के लिये सक्षम हैं।

मुझे नहीं लगता है कि जनजातीय कला और समकालीन कला के बीच सजीव संवाद का पुल बनाने की हमें कोशिश करनी चाहिये। हमें सिर्फ़ इतना कर सकना चाहिये कि हमारी परम्परा से एक सम्बन्ध हो और यह सम्बन्ध गहरा और जीवन्त हो।

मार्शल द्यूँशाँ ने 'फाउण्टेन' / 'fountain' नाम की एक कलाकृति प्रदर्शित कर चित्रकला के क्षेत्र में सनसनी फैला दी। इसके पहले भी मार्शल द्यूँशाँ कई कलाकृतियों को प्रदर्शित कर चुके थे। लोगों को उम्मीद होगी। उनसे मिलने-जुलने वालों को, उनके साथ उठने-बैठने वाले कलाकारों को, दोस्तों को—सबको यह पता रहा होगा कि द्यूँशाँ कुछ अलग कर रहे हैं या कुछ ऐसा कर रहे हैं, जो अभी बहुत बेहतर ढँग से सामने आया भी नहीं है, और 'Fountain' से सनसनी पैदा होने का एक कारण यह भी रहा होगा कि यह बहुत ही परिचित वस्तु / Object थी, जिसे लोग अच्छे से जानते थे और उसको फाउण्टेन के साथ जोड़ना—एक तरह का विनोद भी था। व्यंग्य भी था। मार्शल द्यूँशाँ दर्शकों की 'देखने' की आदत पर प्रहार भी कर रहे थे। बँधी-बँधायी सौन्दर्यशास्त्रीय दृष्टि को झकझोर रहे थे। कला को सन्दर्भ से बाहर लाने की कोशिश कर रहे थे। कला में व्याप्त इस रूढ़ि पर प्रश्न उठा रहे थे।

इस वक्त यह भी देखना चाहिये कि उन दिनों कला-जगत् में और कौन लोग थे, क्या कर रहे थे। आप तीन प्रमुख मूर्तिकारों को इसी के आस-पास पाते हैं—हेनरी मूर, ब्राँकुसी, ज्योकॉमेति। मूर्तिकला से आयतन

हटा रहे थे और ब्राँकुसी मूर्तिकला में गति पकड़ने की कोशिश कर रहे थे। ये तीनों कलाकार अलग-अलग ढँग से अपनी ज़िद पर अड़े हुए थे और ख़ुद को सिद्ध कर रहे थे। उसी दौरान मार्शल द्यूँशाँ भी मौजूद थे। उन्होंने न्यूयार्क का जीवन-यापन ब्राँकुसी की कलाकृतियों को बेचकर ही चलाया, जिसे उन्होंने बहुत पहले कभी ख़रीदा था। वे सब चीज़ों से अनभिज्ञ नहीं थे। मुझे लगता है कि इन सबको देखकर उनके मन में यह विचार आया होगा कि उसकी ज़रूरत नहीं है, रेडिमेड ऑब्जेक्ट्स अपने ही शिल्प हैं, उसकी अपनी एक रसानुभूति है, जिसे हमें देखना चाहिये। हम उसके रोज़मर्रा के इस्तेमाल के कारण नहीं देख पाते हैं।

यह एक तरह का कलाकारों द्वारा कला के ऊपर प्रश्न उठाना ही है। यह भी हो सकता है कि उस वक़्त भले ही वह स्वीकार नहीं किया गया हो बाद में वही परम्परा बन गयी। जेफ कून एक अच्छा उदाहरण है, जिसने मार्शल द्यूँशाँ के रेडिमेड ऑब्जेक्ट्स को लेकर कई दिशाओं में काम किया और अलग-अलग आयाम खोले। कई तरह के माध्यमों में काम किया। जिसमें एक कुत्ता उन्होंने सिर्फ़ फूलों से और पौधों से बनाया, जो मौसमों में बदलता रहता है। कुत्ते का रूप ही बदलता रहता है। कलाकृति मौसम के मुताबिक, मौसम के असर से बदल रही है।

जेफ कून कई माध्यमों में काम करता है, जिसमें चित्र भी हैं। इन कलाकृतियों में टेलीविज़न और विज्ञापनों के द्वारा रूपाकारों की भरमार से भ्रमित दर्शक के सामने इन रूपाकारों का सुगठित संयोजन देखने को मिलता है। रूप की अधिकता, विचित्रता और उनके बीच का अटपटा सम्बन्ध ही इन चित्रों की ख़ासियत है। एक ही चित्र में आप कई रूपाकार देखते हैं। ये चित्र इन रूपाकारों के चाक्षुष अतिक्रमण से तारतम्य बिठाते नज़र आते हैं। रूप प्रदूषण से जूझते यह चित्र उनकी भीतरी संरचना की जटिलता प्रकट करते दिखते हैं।

जेफ कून यह सब करते हुए कहते हैं कि 'मेरी कला किच आर्ट / Kitsch Art है।'

संस्थापन विधा हमारे यहाँ अपनी शैशव अवस्था में ही है—शहरी समकालीन कला के सन्दर्भ में। इसमें उल्लेखनीय काम अभी तक तो नहीं हुआ है। अब तथाकथित वैश्विक ग्लोबलाइजेशन इतना ज़्यादा हो चुका है कि यह तय कर पाना बड़ा मुश्किल होता है कि यह कलाकृति चीनी कलाकारों ने भारतीय कलाकारों से प्रभावित होकर बनायी है या भारतीय कलाकारों ने यूरोपीय कलाकारों से प्रभावित होकर बनायी है। एक ही तरह की आकृतियाँ, एक ही तरह के कला रूप, एक ही तरह के संस्थापन बहुत से देशों में देखते रहते हैं।

इसमें बहुत जोख़िम उठाने की पहल भारतीय कलाकारों ने अब तक नहीं की है। उसमें ऐसा कुछ कल्पनाशील नहीं हुआ है कि वह चित्रकला जगत् में भारतीय कलाकारों को अपना स्थान दिलाने में सक्षम हो।

अनीश कपूर एक ऐसे कलाकार हैं, जो इस दिशा में बहुत ही बेहतर, अपनी तरह का काल्पनिक काम करते हैं और वे न सिर्फ़ संस्थापन कला में हैं, बल्कि वे चित्र भी बनाते हैं और कई माध्यमों को इस्तेमाल करते रहते हैं। उनको भी बाँधना मुश्किल है। वे अत्यन्त कल्पनाशील हैं।

देखा जाए, यह दो या तीन कलाकार हैं—डेमियन हर्स्ट, अनीश कपूर और जेफ कून। अनीश कपूर को यदि हम पुराना भारतीय मान लें तब यह आरोप ग़लत है, किन्तु वे ब्रिटिश नागरिकता ले चुके हैं। भले ही वे पैदा यहाँ हुए हों, मुम्बई में पले-बढ़े हों, किन्तु अब ब्रिटिश नागरिक हैं और ब्रिटिश कलाकार की तरह अपने को बरतते हैं। हम जब अपने कला-संसार में देखते हैं, तो यहाँ पर संस्थापन कला करने वाले कलाकारों में कल्पनाशीलता का अभाव स्पष्ट दिखायी देता है। वे माध्यम से प्रभावित होकर उसमें बह जाते हुए नज़र आते हैं। माध्यम का इस्तेमाल करना अभी उनसे बनता नहीं लग रहा है। भारती खेर हैं, वे ज़रूर अपने ढँग से संवेदनशील काम रचती हैं, जो मनुष्य को सम्बोधित है। उनकी अपनी दृष्टि है। बोध है, अन्तर्दृष्टि है। कलाकृति के साथ सम्बन्ध बनाने की क्षमता है। उनकी कलाकृतियाँ ज़रूर मुझे आकर्षित करती हैं, और एक ऐसे अचरज के संसार में ले जाती हैं जहाँ पर आप चकित रह जाते हैं। शेष बहुत ही सीधी नक़ल भी यहाँ चल रही है और वीडियो या फ़िल्मों में जो प्रयोग किये जा रहे हैं—वो एण्डी वारहोल (Andy Warhole) ने 1960 में कुछ फ़िल्में बनायी थीं—उससे काफ़ी पिछड़े हुए नज़र आते हैं। प्रभाव उन्हीं का नज़र आता है। कल्पनाशीलता में काफ़ी पीछे नज़र आते हैं।

अभी इसकी शुरुआत है और इस पर कुछ कहना जल्दबाजी ही होगी। यह सब कच्चे-पक्के संस्थापन एक बेहतर भविष्य की तरफ़ ले जाने के संकेत हैं।

इस कला-रूप के लिये फिलहाल अगर किन्हीं बड़े व्यावसायिक संस्थानों में थोड़ी-बहुत जगह बन पा रही है तो कहाँ बन रही है? मैं जानना चाहता हूँ, कौन ले रहा है?

संस्थापन कला में सोशियो-पॉलिटिकल कमेण्ट के नाम पर जिस विचार को थामने की कोशिश की जा रही है वह अपने स्तर पर ही खोखला है। राजनीति समय के साथ सम्बन्ध बनाती है। कला अवकाश के साथ। विट्गेंस्टाइन ने कहा है, ''समय की एक ही दिशा है। निश्चित ही बेतुका होगा।''

कला का सम्बन्ध अवकाश से है, उसमें कोई भी सामाजिक-राजनीतिक विचार समय-सीमा को ही उद्धृत करेगा, जिसमें वृहत्तर समाज उसके बाहर है। राजनीति के जरिये कलाकृति को तात्कालिक वैश्विक मान्यता दिलवाने की कोशिश मात्र है। हो सकता है कि सफलता मिल भी जाए। मार्शल द्यूँशाँ के 'फाउण्टेन' में कोई सोशियो-पॉलिटिकल वक्तव्य नहीं था। इस तरह से कोई भी कलाकार अपनी सामाजिक-राजनीतिक व्यवस्थाओं को उजागर करता हुआ, या उनसे सम्बन्ध बनाता हुआ, या उनसे टकराता हुआ, या उनको खारिज़ करता हुआ कोई कलाकृति रचता है तो उसका एक सीमित प्रभाव हो सकता है, सीमित समय के लिये।

रूस इसका बहुत अच्छा उदाहरण है। कम्युनिस्ट शासन के दौरान हज़ारों कलाकारों ने ऐसी कलाकृतियाँ बनायीं, जो तत्कालीन राजनीतिक विचारधारा की पुष्टि करती हैं, उनको पालती-पोसती हैं। समाज में शासन की एक बेहतर तसवीर पैदा करने में मदद करती हैं। राजनीतिक नेताओं के लिये यह लाभप्रद था और समाज के लिये लाभप्रद रहा या नहीं, यह हम सभी जानते हैं। अब वह किसी काम का नहीं रहा। उसी रूस से निकले-भागे हुए चार महान् कलाकार—मालेविच, मार्थ रोथकोविच, काण्डिस्की और मार्क शागाल ने अपने चित्रों से दुनिया देखने का ढँग बदल दिया। कला के बुनियादी ढाँचे में हस्तक्षेप किया, जिससे मनुष्य में वैश्विक समझ पैदा हुई। यह वैश्विक समझ उस सोशियो-पॉलिटिकल चित्रकला से नहीं बनी, जिसको रूस में तिहत्तर साल तक पाला-पोसा गया। यह सोशियो-पॉलिटिकल चित्रकला यदि मनुष्य मात्र को सम्बोधित होती तो ज़रूर उदाहरण के रूप में दीखती।

किसी भी कला को साधन बनाने की चेष्टा उसकी सात्त्विकता, शुद्धता को ख़त्म कर देती है। साधन बनी कला समाज पर कोई असर नहीं डाल सकती। किसी तरह का बदलाव नहीं ला सकती। वह तात्कालिक तौर पर विचार को बेचने का माध्यम भर है। तथाकथित कलाकृति विचारधारा का, या एक तरह कि अपने सामाजिक विचार का, या राजनीतिक विचार का प्रदर्शन मात्र हो जाता है, जो अस्थायी है। जितनी देर वह प्रदर्शित रहा है, उतनी ही देर वह असर दर्शकों पर डालता है।

वह कलाकृति कालजयी नहीं हो सकती। उसका किसी भी विचारधारा से पुष्ट होना ही उसका रचा जाना है। उसकी सीमा विचारधारा की सीमा है। यह विचारधारा दूसरी विचारधारा के ख़िलाफ़ है। उसमें अन्य विचारों के प्रति सहिष्णुता नहीं है। ये कलाकृतियाँ अपेक्षा से रची गयी हैं। इस तरह की अपेक्षा कलाकृतियों को पोस्टर में तब्दील कर देती हैं।

ए.के.-47, एक कलाकृति के रूप में दर्शक को संरचनात्मक ख़ूबी के कारण चमत्कृत कर सकती है, उससे दिया गया सन्देश भय ही पैदा करेगा। कलाकृति अद्भुत रस का संचार करेगी और पोस्टर सूचना, भय लालच, मजबूरी या परनिर्भरता का।

सामाजिक-राजनीतिक विषयों पर बनी कलाकृतियाँ सन्देशों से भरी हैं। निरर्थक, लक्ष्यहीन तत्कालीन सन्देश। संस्थापन कला में इस तरह की कोशिश अज्ञानता का प्रदर्शन ही है, जिसमें कला को साधन माना जा रहा है, किसी एक राजनीतिक विचार को महत्त्व दिया जा रहा है। यह विचार तात्कालिक है, जो किसी पार्टी का, किसी देश का या किसी भी समुदाय का है। पार्टी का विचार हर साल बदल भी जाता है। समझौता परस्त राजनीतिक दल लम्बे समय तक किसी विचार के साथ ठहर नहीं सकते। कलाकृतियाँ स्थायी रूप में रसानुभूति देती हैं।

संस्थापन कृति ही क्यों, किसी भी कृति के सन्दर्भ में दर्शक महत्त्वपूर्ण भूमिका निभाते हैं। यदि दर्शक या श्रोता नहीं है तो उनके बग़ैर किसी भी कला का पूरा होना सम्भव नहीं है। संगीत को सुनने वाले और चित्र को देखने वाले के बिना कलाकृति पूरी होना सम्भव नहीं है। रस दर्शक के मन में उत्पन्न होने वाला है और दर्शक ही कलाकृति को पूर्णता प्रदान करता है। उसका आनन्द लेता है। यही बात संस्थापन कला के लिये भी लागू है। एक दर्शक यदि उससे प्रभावित होता है, या एक रिश्ता बनाता है, तभी वह पूरी होती है। संस्थापन कला में ऐसी कलाकृतियों का भी जन्म हुआ, जिसमें दर्शक की भागीदारी ही उसको पूरा करती है। वे सब प्रयास भी लगभग नक़ली और झूठे साबित हुए जिनमें दर्शक की भागीदारी का दावा प्रमुखता से किया गया था। कलाकृतियाँ दावा नहीं करतीं। वे बस हैं।

दरअसल, यह इस तरह की कलाकृतियाँ आत्मग्लानि से उत्पन्न हुईं, जिसमें कलाकार ने अपने को समाज से बाहर का प्राणी मान लिया और उसे ऐसा लगने लगा कि उसकी कलाकृतियों की रचना में दूसरे का हस्तक्षेप नहीं है। यह कलाकार की अज्ञानता हो सकती है कि वह इस बात को नहीं जानता कि कोई भी कलाकृति दर्शक के देखे बग़ैर पूरी हो नहीं सकती है। जब वह देखता है तभी उसको सराहता है या नकारता है। उस कलाकृति का असर कितना गहरा या उथला है, उसके प्रदर्शन के बाद ही पता चलता है। एक कलाकार को अपने जीवन में एक दर्शक भी मिल गया है तो वह अपने को कृतज्ञ महसूस करता है। मनुष्य होने की मजबूरी है। किसी भी समाज में रहने वाला मनुष्य संस्थापन कला से रूबरू होता रहा है।

सेडलेक का चर्च इसका उदाहरण है।

ध्यान इस बात पर दिया जाना चाहिये कि वह क्या बात है, जो मनुष्य को प्रेरित करती है अपने इर्द-गिर्द फैले हुए संसार के साथ सम्बन्ध बनाने के लिये। यह क्या विचार है, जो उसको प्रेरित करता है कि वह उन सब उपेक्षित सामग्री की तरफ़ भी ध्यान दें, या उसके साथ एक नया सम्बन्ध बनाने की कोशिश करें या नये ढँग से उसको उद्घाटित करने की कोशिश करें। अपने-अपने स्तर पर लगभग पूरी दुनिया में समस्त समुदाय यह सब करते रहे हैं। हम उसको एक नये कला-रूप की तरह अब देखने की कोशिश कर रहे हैं। यह कोशिश कलाकारों की नहीं है बल्कि कला समीक्षकों की है, जो उसको संस्थापन कला के नाम से पुकारते हैं, या इस नाम से पुकारने की कोशिश कर रहे हैं, या इस तरह के बयानात् भी जारी करते रहते हैं कि 'यह यथार्थ के और पास पहुँचने की कोशिश है'।

इन सबसे जूझते, जानते हुए यह भी पाते हैं कि संस्थापन कला के अपने बिखराव हैं—इस सारे बिखराव से गुज़रा दौर दिखायी देता है। यह बिखराव राजनीतिक, सामाजिक और व्यक्तिगत स्तर पर भी पाया जाता है। हम देखते हैं कि यूरोप अभी तक उससे उबरने में सक्षम नहीं हुआ है।

मनुष्य मजबूर हुआ है अपने को राजनीतिक इकाई के रूप में देखने के लिये। इस कारण प्रकृति से और स्वभाव से स्वतः दूर हो गया। राजनीतिक विचारधाराएँ ज़्यादा पुख़्ता और टिकाऊ साबित नहीं हुई हैं। दो विश्वयुद्ध की छायाएँ अभी भी डराती-धमकाती रहती हैं। वे उससे ही आक्रान्त होकर अपने सामाजिक जीवन को बरत रहे हैं। आपसी तनाव, भय, सन्देह, अविश्वास, अपने श्रेष्ठ होने का ख़याल जितना ज़्यादा आपको यूरोप में देखने को मिलेगा, उतना ही कुछ समझने में मदद हो सकती है कि संस्थापन कला भी लगातार अपने श्रेष्ठ होने का दावा उसी तरह करती है, जैसे कि कोई जाति या राजनीतिक विचारधारा। उसमें बिखराव भी उसी स्तर पर मौजूद है जिस स्तर पर वहाँ के समाज में फैला हुआ है। यह बिखराव सेक्स सम्बन्धी विषयों में ज़्यादा मुखर और वीभत्स होकर संस्थापन में आया है। इस दौर में यूरोप में जितना सेक्स धार्मिक रूप से वर्जित रहा है उतना ही ज़्यादा विषय भी बना।

संस्थापन कला इस बिखराव को समेटने की कोशिश है और उसी वक़्त इस संस्थापन के नाम पर यूरोप में जो किया जा रहा है, वह इस क़दर अश्लील और वीभत्स भी है कि आप शायद उन्हें देख न पाएँ और देखने से आपके मन में वितृष्णा ही पैदा होगी। यह वितृष्णा विश्वयुद्ध की वितृष्णा है, जो अभिव्यक्त हो

रही है। ये भय, ये बिखराव, ये टूटन, अविश्वास, सन्देह, श्रेष्ठता का दम्भ, अहंकार उस समाज की प्रमुखता की तरह नज़र आती है। उसमें ऐसे बहुत सारे कलाकार हुए, जिन्होंने अपने को पहली बार परखने की कोशिश की इन कला माध्यमों में। उसमें जोसेफ़ बायज जैसे कलाकार भी हैं, जिन्होंने पहली बार अपने को बरता। मुझे कभी प्रभावित नहीं किया उनकी कलाकृतियों ने और न ही उसके विचारों ने। किन्तु यूरोप में एक बड़ा कलाकार है। अब हम भी उसको उसी तरह से देखने की कोशिश करें, यह ठीक नहीं है। अगर उसकी कलाकृतियों में कोई बात है, कोई दम है, वह एक मनुष्य को सम्बोधित कर रहा है, ज़रूर हम उससे प्रभावित हो सकते हैं, किन्तु विचार के स्तर पर, राजनीतिक विचार के स्तर पर बिलकुल नहीं। उनकी कलाकृतियाँ अपने सौन्दर्य और विचार के स्तर पर साधारण हैं। अनुभूति से अत्यन्त दूर। मुझे उसमें खोखलापन नज़र आता है।

यूरोप के बिखराव अैर घुटन के प्रति पूरी दुनिया संवेदनशील है। उन्होंने जो भुगता है, जिन यातनाओं से गुज़रे हैं, वे अकल्पनीय हैं। मनुष्य के लिये भी मनुष्यता से नीचे गिरने की पराकाष्ठा थी। किन्तु यह कहना कि इसलिये यह सब ठीक है, ग़लत होगा।

सहानुभूति बटोरने का काम कलाकार का नहीं है। एक टूटा हुआ, बिखरा हुआ व्यक्ति एक संस्थापन करे और हम कहें कि वह बेचारा मारा हुआ था, या कि बहुत कष्ट भोगा है, या इसने जीवन भर दुख उठाए हैं, इसलिये यह कला है, इसे मैं मानने को तैयार नहीं। सहानुभूति से कला नहीं पैदा होती। सहानुभूति से भीख मिल सकती है। सारी अनुभूतियाँ भावावेश से परे जाकर दर्शक के मन में पैदा होती हैं, और वह कलाकृति के रस में बदल जाती है, सहानुभूति में नहीं। अगर उनकी कला में दम है तो उसको मान्यता वैसे भी मिलने वाली है। नहीं है, तो नहीं सही। मगर एक पिटे हुए समाज की कलाकृति के रूप में हम उसको देखने की कोशिश करें, यह ठीक नहीं होगा। इसी सन्दर्भ में मेरे ख़याल से हमें भारतीय कलाकारों को भी देखना चाहिये। अगर अपनी परम्पराओं से और अपनी संस्कृति से वे सम्बन्ध बनाते हुए संस्थापन करते हैं तो उसका असर दुनिया पर छूटने वाला है। इस तरह की टूटी हुई, बिखरी हुई कलाकृतियों की और बिखरी हुई, टूटी हुई नक़ल करने का अर्थ संस्थापन नहीं हो सकता है।

निजी एकान्त में कलाकृति का जन्म होता है। प्रदर्शन ही उसे जनता के पास ले जाता है। अच्छी कलाकृतियों ने हमेशा दर्शकों का ध्यान खींचा है। डेमियन हर्स्ट की 'गॉड ऑफ लव' कलाकृति तीन साल में तैयार हुई

कलाकृति है और जेफ कून की अपनी फैक्टरी है, जहाँ पर उनके अपने बर्तन बनते हैं। अपनी फैक्टरी में ख़ुद डिज़ाइन करता है, फिर उसको बनवाता है, दिखलाता है। बहुत बार कलाकार पर निर्भर करता है कि वह अपने संस्थापन में किन वस्तुओं का इस्तेमाल करना चाहता है। यदि वह जंक का इस्तेमाल करना चाहता है, तो उससे भी एक बेहतर कलाकृति बन सकती है।

उड़ीसा के आदिवासी कलाकारों के संस्थापन देखें, वे किस तरह से अपने आस-पास मिलने वाले पत्थरों का इस्तेमाल करते हैं। यह काम हालाँकि उनके समुदाय के रीति-रिवाज का हिस्सा है। उनकी आस्था से जुड़ा है, किन्तु उसकी अनुभूति अनन्त है। वे अद्वितीय हैं। आपको अचम्भित कर देते हैं। इस संस्थापन का अति विशाल होना और उसकी अनगढ़ता में शास्त्रीयता का समावेश उसे अविश्वसनीय बना देता है। इनके बीच प्रकृति और आस-पास का जंगल यह सब कल्पना से परे लगने लगता है। इसकी सहजता आकर्षित करती है। उसकी आकस्मिकता अचरज से भरी है। यहीं के कलाकारों की बात नहीं, मण्डला के गोण्ड कलाकार, झाबुआ के भील कलाकार या बस्तर के मुड़िया कलाकारों के अन्यान्य संस्थापन मनुष्य की कल्पना की उड़ान के अद्वितीय उदाहरण हैं। मनुष्यता के सम्बोधी हैं।

यह सब हमारी परम्परा से ही आ रहा है। मनुष्य की परम्परा से। अनेकानेक वर्षों की उपस्थिति से उपजा यह संसार रोचक है, रहस्यमय है।

2010

मनुष्य का देखना

1.

एक आधुनिक चित्रकार की तलाश और एक जनजातीय/लोक कलाकार की तलाश, जिन किन्हीं भी मायनों में भिन्न है, वह हमारे देखने का फ़र्क़ है। एक कलाकार आधुनिक परिवेश में रह रहा है, तमाम तरह की आधुनिक सुख-सुविधाएँ तथा यान्त्रिकी आदि उसके जीने में मदद कर रही हैं। दूसरी तरफ़ एक कलाकार इन सबसे वंचित अपने प्राकृतिक वातावरण में सृजन कर रहा है। दोनों के बीच का यह फ़र्क़ एक बड़ा फ़र्क़ है। एक प्रकृति से दूर, दूसरा प्रकृति के बीच रहकर सृजन कर रहा है। *तलाश* के मायनों में आधुनिक और लोक कलाकार दोनों एक होकर ही रच रहे हैं। दोनों एक कलाकार की भांति ही रचते हैं। प्रकृति से जुड़ा होना और तथाकथित सुख-सुविधाओं से पूर्ण होना, दोनों मायने नहीं रखता है। वे मनुष्य की तरह

अपनी अभिव्यक्ति को खंगालते नज़र आते हैं। उनके सफल या विफल होने को देखने-सुनने-पढ़ने वाले रसिक तय करते हैं। यहाँ पुपुल जयकर का यह कहना याद आता है :

> *Indian folk art should be regarded not only as an essential constituent of Indian art, but also and more importantly, as a clue to the latter's history, and this is the first place becuse of its long and continous traditions, in second because of its wide dissemination throughtout the Indian sub continent and last but not least, because of its identification with the people as a whole.*

यह नैरन्तर्य ही भारतीय चित्रकला की आधारभूत शक्ति है। यह विचित्र सी बात है कि आधुनिक मनुष्य ने अपने को खेमों में बाँट रखा है। राजनीतिक व्यवस्था के लिये यह ज़रूरी है कि वह तरह-तरह के खेमों में बाँटकर लोगों के बारे में उनके उत्थान पतन के आंकड़े संसद में प्रस्तुत करे, लेकिन एक कलाकार के सन्दर्भ में यह बात महत्त्वपूर्ण नहीं जान पड़ती। एक कलाकार, कलाकार है; वह जिन भी परिस्थितियों में रहता है उनमें सृजन करता है। चाहें वे आधुनिकतम सुविधाएँ हों बल्कि जिन्हें हम सुविधाएँ कहते हैं क्या वे सुविधाएँ हैं? यह भी देखना ज़रूरी है। या नहीं।

कलाकार अपनी कलाकृति में खुद का निवेश करता या खुद को पाता है। यह दोनों ही आपस में गहरा सम्बन्ध रखते हैं। एक मनुष्य होने के नाते उसका सृजन महत्त्वपूर्ण है। बजाय उसकी सामाजिक या राजनीतिक कोटि। चित्रकला के तत्त्व या उससे मिलने वाला आनन्द दोनों को एक धरातल पर लाता है : वह लोक हो या आधुनिक शहर में रहने वाला कलाकार। यही तत्त्व है जिससे वह संतोष या परिपूर्णता पाता है या निष्फल रहने पर उसे फिर से पाने की कोशिश करता है। एक ऐसा तत्व जो आधुनिक कलाकार में भी उतना ही सक्रिय है जितना कि लोक कलाकार में। हर कलाकार दूसरे से अलग है। अपने देखने-समझने-सोचने के ढँग में। एक कलाकार की "दृष्टि" उसे दूसरे कलाकार से अलगाती है। दृष्टि को अपने कैनवास पर उकेरने के लिये वह किन रूपाकारों की मदद लेता है इसका सम्बन्ध उसके इर्द-गिर्द के वातावरण और परिस्थितियों पर भी निर्भर है। जिन चीज़ों से वह चमत्कृत होता है उन्हें अपने चित्रों में पाने की कोशिश करता है या हो सकता है वह अपने चित्रों में उन चीज़ों को जगह देता हो जिनसे उसका सामना पहली बार होता है। या वह नितान्त काल्पनिक रूपाकारों से सामना कर रहा हो। वह एक संसार रचने की कोशिश करता है : उसकी कामना ही उसका सृजन है। कामना के अलावा कोई और चीज़ उसको

प्रेरित नहीं करती लगती है। कामना से कल्पना और कल्पना से कलाकृति, यह सब जुड़े हुए हैं। मेरी नज़र में लोक और आधुनिक कलाकार के बीच ही नहीं बल्कि किन्हीं भी दो कलाकारों के बीच का बड़ा फ़र्क़ यह है कि वे दोनों *"अपने ढँग से देखते"* हैं। दोनों की पहुँच अलग है। दोनों की समझ अलग है। दृष्टि अलग है।

2.

Folk / फोक से ही सम्भवतः यह शब्द बना हो—लोक। प्रकारान्तर से देखने पर पता चलता है कि इस तरह की श्रेणियाँ या विभाजन अक्सर राजनीतिक महत्त्वाकांक्षाओं के चलते किये गये हैं। इन विभाजनों से मनुष्य के होने में कोई बदलाव नहीं आता है। मेरे ख़याल से ऐसा नहीं होता होगा कि यदि वह फोक है तो नाक से खाना खाने लगे, शहरी है तो मेज़ पर बैठकर छुरी-चम्मच से खाना खाता है। खाना मनुष्य का स्वभाव है : चित्र बनाना मनुष्य की प्रतिभा से संचालित है। वर्गीकरण में बाँटने की कोशिश करना हमेशा ग़लती कर रहा होना है। मनुष्य की एक ही तरह की संवेदनाओं को विभिन्न परिस्थितियों में पाने पर हम उन्हें शब्द देकर समझने की कोशिश करने लगते हैं। लोक और शहरी कोटियाँ हैं। प्रचलन में हैं। शर्मनाक हैं। इस तरह के विभाजन इस तरह की राजनीतिक सुविधा के लिये बनाये जाते हैं। *शहरी* बोलते ही समझ में आ जाता है कि गाँव और जंगलों में रहने वाले मनुष्यों के बारे में विचार नहीं किया जा रहा है। *लोक* बोलते ही समझ जाते हैं कि शहर में रहने वाले लोगों के बारे में बातचीत नहीं कर रहे हैं। यह भाषिक सुविधा मनुष्य की बनायी हुई है।

सृजन में इन कोटियों से कोई फ़र्क़ नहीं पड़ता। नृतत्वशास्त्र की अपनी समस्या है। वह इन सारे लोगों का अध्ययन करने की कोशिश करता है। यह भी हो सकता है कि मनुष्य के अपने जानने की जिज्ञासा में यह सारी कोटियाँ बनायी जा रही हों। धीरे धीरे वह अपने तक पहुँचने की कोशिश कर रहा हो। यह कहाँ तक ठीक या ग़लत है इस पर नृतत्वशास्त्रियों को अलग से विचार करना चाहिये। स्वामीनाथन का कहना था कि शहरी लोग यह अधिकार कैसे पा सकते हैं कि उन्हें लोक/जनजातीय समुदायों का अध्ययन करना है?

हमें अपना अध्ययन करना चाहिये। मनुष्य होने के नाते अपने बारे में जानना, ज़्यादा बेहतर समझना है। खुद को चित्रों में ज़्यादा मुखर रूप में अभिव्यक्त कर सकना है। मैं यह नहीं कह रहा हूँ कि ऐसा करना

ही ठीक होगा, किन्तु विभाजन हमेशा दूरी पैदा करते हैं। यह दूरी ख़त्म करने की कोशिश पहली बार भारत भवन में हुई। वहाँ तथाकथित आधुनिक कला के साथ-साथ तथाकथित आदिवासी और लोक कला को साथ-साथ रखा गया। अक्सर आदिवासी कलाकारों की अभिव्यक्ति ज़्यादा सहज, ज़्यादा आकर्षक, ज़्यादा मज़बूत नज़र आती है बजाय उन बहुत सारे चित्रकारों के जिनके चित्र आधुनिक कला दीर्घाओं में लगे हैं। यह फ़र्क़ है एक कलाकार होने और एक कलाकार का मुखौटा पहनकर कलाकार होने का। यह फ़र्क़ साफ़ नज़र आता है। स्वामी एक बड़ा काम कर रहे थे जब वे इस भेद को मिटाने की चेष्टा कर रहे थे। वे बड़े स्तर पर सफल भी रहे। स्वामीनाथन आदिवासी लोक कलाकारों के अलावा एक प्रयोग और कर रहे थे। शहर में रहने वाले कमज़ोर वर्ग के लोगों को भी चित्र बनाने के लिये प्रोत्साहित कर रहे थे। आर्थिक रूप से कमज़ोर वर्ग में उन्होंने अपने रसोईये, ड्राइवर, दर्जी, दीर्घा परिचर, भृत्य आदि कई लोगों को चित्र बनाने को उकसाया। उनकी प्रदर्शनियाँ दिल्ली, मुम्बई, अहमदाबाद में लगायीं, कैटलॉग लिखे। शहर में रहने वाले इन लोगों की छोटी चालाकियों के चलते स्वामी यहाँ निष्फल रहे। स्वामी के जाते ही ये कलाकार स्वतः ही मर गये।

1982 में भारत भवन शुरू होने के बाद चित्रकला के संसार में सभी लोगों का ध्यान इस तरफ़ गया। कई देशों ने अपनी आदिवासी व लोक कलाओं की ओर ध्यान देना शुरू किया। उनकी प्रदर्शिनयाँ आयोजित की जाने लगीं। सन् 2000 के समाप्त होते न होते लूव्र में भी एक आदिवासी लोक कला दीर्घा की शुरुआत हो गयी। यह क्या बात थी जिस पर सारी दुनिया का ध्यान गया? यह मनुष्य की अभिव्यक्ति है।

पहली बार ऐसा हुआ कि सीधे कला को जगह दी गयी, पिछड़े हुए काल की कलाकृतियों की तरह नहीं बल्कि इसी समय में की जाने वाली कला की तरह। स्वामीनाथन ने पिकासो से एक क़दम आगे जाकर यह काम किया है। पिकासो ने अफ़्रीकन कला रूपों का अपने लिये इस्तेमाल किया। उन्होंने एक नयी चित्र-भाषा गढ़ी। सारा संसार प्रभावित हुआ। इस क़दर कला संसार बदला कि रोथको जैसे चित्रकार भी पैदा हुए। पश्चिम में देखने का ढँग बदला। न सिर्फ़ देखने का ढँग बदला बल्कि कला के साथ दुनिया भर के लोगों के सम्बन्ध भी बदले। पहली बार चित्रकला जनसामान्य की कला की तरह जानी जाने लगी। इससे पहले ऐसा लगभग नहीं था। कला की पहुँच सिर्फ़ एक तबके के लोगों तक थी। पिकासो अफ़्रीकन कला रूपों को अपने चित्रों में लाकर एक बड़ा परिवर्तन लाया। एक साथ एक ही वस्तु / object को कई तरह से देखने का प्रस्ताव रखा। विश्व कला दृष्टि में यह महत्त्वपूर्ण विचार था। इस विचार से पूरी दुनिया की कला

बदली। इस के साथ ही उसने नयी तरह से देखना प्रस्तावित किया। डेविड हॉकनी कहते हैं पिकासो ने पहली बार दोनों आँखों से देखना चित्रित किया :

> *As Picasso grew older and older he became more and more energetic and more and more things happend in his work. Then you begin to understand what he was doing, you are hardly surprised he could not stop the work was much too interesting. There is nothing else like it; no other artist got anywhere near it, strangely enough people didn't see it. I never doubted, Picasso, I never doubted his integrity and I never believed for one moment that he churned out stuff which was all the same. When people say this they prove that they don't understand his work.*

स्वामीनाथन किसी आदिवासी कला रूप को अपने चित्र में लाने की कोशिश नहीं करते। वे स्वयं आदिवासी कलाकारों को उस मञ्च पर ले आते हैं जहाँ तथाकथित शहरी कलाकार खड़े हैं। स्वामी ने जनजातीय कलाकारों को उतनी ही तवज्जो दी जितनी कि वे शहरी कलाकार को दे रहे थे। उन्होंने हमारे देखने में प्रमुख फ़र्क़ पैदा किया। आदिवासी और लोक कला हमारे समय की उतनी ही महत्त्वपूर्ण कला है जितनी तथाकथित आधुनिक कला। हम यह मान लेते हैं कि शहर में की जाने वाली कला ही कला है या "मुख्यधारा" की कला है। ऐसा नहीं है। जंगलों या गाँवों में रहने वाले कलाकारों द्वारा भी उतना ही सुन्दर, आकर्षक और मज़बूत रचा जा रहा है जितना कि शहर के किसी विद्यालय में पढ़ कर एक कलाकार करता है। यह स्वामीनाथन का प्रमुख हस्तक्षेप था। स्वामीनाथन "जादुई लिपि" में लिखते हैं :

> *परम्परा मेरे लिये जानी-मानी शैलियों और रीतियों का ही रस्मी दोहराव भर नहीं है, वह निरन्तर बदलती हुई परिस्थितियों और कालों में विभिन्न तरीक़ों से अपनी अभिव्यक्ति की खोज करती हुई मानवात्मा का नैरन्तर्य है। अपने मूल अर्थ में अक्षरशः परम्परा का मतलब ही वह परम आत्मा है जिसे काल नहीं छू सकता जो अपने आप में अविकार्य है।*

जनजातीय/लोक कला के साथ मेरा सम्बन्ध हालाँकि बहुत गहरा नहीं रहा है लेकिन जब मैं महाविद्यालयी दिनों में लैण्डस्केप/भू-दृश्य चित्रण के लिये मालवा के गाँवों में जाया करता था तब इन कला रूपों से मेरा सामना होता था। वे मुझे आकर्षक लगते थे। मैं अपना थोड़ा बहुत समय उनके साथ गुज़ारता था। भारत

भवन आने के बाद इसका महत्त्व समझा। स्वामीनाथन का साथ उसमें एक और हस्तक्षेप था। भारत भवन के कारण मध्य प्रदेश के कलाकारों को काफ़ी लाभ हुआ। उनके देखने समझने में फ़र्क़ आया। कलाओं के लोक रूपों और पश्चिमी और पूर्वी अवधारणाएँ भेदरूपी संकेत हैं। इन सारे संकेतों से परे जाकर कला संसार है। वह संसार सुन्दर और अकल्पनीय है।

3.

यह मान्यता कि लोक साहित्य सामूहिक चित्त की अभिव्यक्ति है, लोक कलाओं के बारे में कहा जाता है कि वे एक समुदाय की अभिव्यक्ति हैं। थोड़ा आगे बढ़त लें। पिकासो की कला भी एक सामूहिक चित्त की अभिव्यक्ति है। एक समुदाय, जिसे मनुष्य कहा जाता है, की अभिव्यक्ति है। यह कहना कि एक कलाकार की अभिव्यक्ति, व्यक्तिगत अभिव्यक्ति है या शहर में रहने वाले कलाकार की अभिव्यक्ति उसकी अपनी अभिव्यक्ति है, ठीक नहीं होगा। कलाकार सब चीज़ों—अपने समुदाय के लोगों, अपनी मान्यताओं, अपनी प्रथाओं, अपनी रूढ़ियों, अपने विश्वासों—के बीच सृजन करता है। उसका मानस इन सबसे बिंधकर उसका "देखना" पैदा करता है। यह महत्त्वपूर्ण है। वह एक मनुष्य के रूप में रचना करता है। वह रचना मनुष्य-रूपी समुदाय को सम्बोधित है। मनुष्य का मन एक मनुष्य के मन की तरह काम नहीं करता बल्कि वह एक समुदाय के मन की तरह भी काम करता है। उसमें समुदाय की सारी मान्यताएँ भी मौजूद होती हैं: उसकी धारणाएँ, उसकी रूढ़ियाँ, उसके विश्वास, उसके अन्धविश्वास आदि सब उसके साथ होते हैं। इन सबसे संचालित हो वह अपना संसार रचता है। इसी संसार से वह सब सीखता, सँवारता-जानता-देखता है और पुनर्परिभाषित करता है।

मेरी नज़र में यह मानना देखने का एक ग़लत ढँग है जिसमें शहरी कलाकार की अभिव्यक्ति एक व्यक्ति की अभिव्यक्ति है और लोक कलाकार की अभिव्यक्ति एक समुदाय की। यदि यह सर्वव्याप्त मान्यता है तब यह एक सर्वव्याप्त ग़लत ढँग है। ऐसे ग़लत ढँग हम सालों से पालते पोसते आ रहे हैं। उनके साथ अपना एक सुदृढ़ सम्बन्ध बना लेते हैं। जब तक यह सिद्ध नहीं हुआ कि पृथ्वी गोल है तब तक यह सर्वव्याप्त मान्यता थी कि पृथ्वी चपटी है। अब इसका क्या किया जा सकता है? मनुष्य की मूर्खता का छोर पकड़ना मुश्किल है।

पिथौरा का कलाकार—पेमा फत्या—एक पिथौरा बनाता है। पेमा का भांजा—जो इन दिनों उससे सीख रहा है—वह भी पिथौरा बनाता है। दोनों के पिथौरा में ज़मीन आसमान का अन्तर है। दोनों के चित्रांकित घोड़ों और अन्य देवी देवताओं में भी। यह अन्तर एक व्यक्ति के "देखने" का अन्तर है। यह पेमा के भांजे की दक्षता है कि वह घोड़ा एक दूसरे ढँग से देखता है, पेमा से अलग। यह उसकी वैयक्तिक प्रतिभा भी है। यह प्रतिभा उसको पेमा से अलगाती है। किन्तु पेमा और उसका भांजा दोनों एक समुदाय की अभिव्यक्ति कर रहे हैं। यह अभिव्यक्ति हमें हर जगह मिलती है। हर जगह उसका एक रूप मौजूद है। मसलन, जब क्रिसमस मनाया जाता है तब उस दौरान किये जाने वाले सारे काम हम rituals /अनुष्ठानों की तरह क्यों नहीं देखते हैं? ऐसी क्या समस्या है कि जो आधुनिक मनुष्य करे वह उसका आधुनिक और सभ्य होना है और ऐसे ही किसी एक त्यौहार पर कुछ काम गाँव व जंगलों में रहने वाले लोग करें तब वह उनके या उनके समुदाय के पिछड़े होने के संकेत की तरह देखे जाते हैं? ऐसी दूरी, ऐसा भेदभाव, ऐसा अलगाव हम अपनी ही तरह के दूसरे मनुष्यों के साथ इतने गहरे से रेखांकित करने की कोशिश करते हैं जैसे कि हम कोई बहुत ही महत्त्वपूर्ण काम में लगे हुए लोग हैं, जो शहर में रह रहे हैं और जंगलों या गाँवों में रहने वाले शेष लोगों को सभ्य होने की ज़रूरत है। मैं एक उदाहरण देना चाहूँगा। भोपाल में मेरे एक मित्र हैं। बहुत पढ़े-लिखे-समझदार। उन्होंने उच्च शिक्षा प्राप्त की है। उनका मानना है कि वे कलाओं में बड़ा दख़ल रखते हैं और यह भी कि मध्य प्रदेश में उनके अलावा और कोई महत्त्वपूर्ण कलाकार नहीं है। वे अपने सामने किसी और को कलाकार समझने की जुर्रत भी नहीं करते हैं। अपनी अहमन्नयता में वे जनगण सिंह श्याम के सामने असहाय दिखते हैं।

जनगण मण्डला ज़िले के एक छोटे से गाँव, पाटनगढ़, से आता है और एक कलाकार के रूप में विश्व प्रसिद्ध होता है। मेरे पढ़े-लिखे मित्र के सामने, देखते ही देखते। जनगण को वे तथाकथित रूप से अनपढ़, गंवार, और एक आदिवासी समझते हैं। जनगण पढ़ा-लिखा नहीं था, किन्तु वह एक महत्त्वपूर्ण कलाकार की तरह अपनी छाप छोड़ कर गया है। ऐसी छाप छोड़ने की मेरे मित्र की भी इच्छा है किन्तु उन में प्रतिभा नहीं है जो जनगण में थी। अब हम इसे किस तरह से देखें? शहर में रहकर पढ़-लिखकर समझदार मनुष्य की विडम्बना की तरह? स्वामीनाथन कहते हैं :

चित्र के आमने सामने प्रश्न करने वाला और विश्लेषण करने वाला मस्तिष्क लटका रहता है जैसे

वह पहले था और मैं किसी ऐसी चीज़ के सामंजस्य में होता हूँ जो परिभाषाओं को नकारती है।
: काल और सृजन

जनगण शायद अपनी कला पर दो वाक्य भी ठीक तरह से नहीं बोल सकता था, लेकिन जनगण की अभिव्यक्ति एक सामूहिक चित्त की अभिव्यक्ति है। न सिर्फ़ गोंड परधान जाति के विलुप्त रूपों की अभिव्यक्ति बल्कि इस देश और दुनिया के सारे लोगों की अभिव्यक्ति की तरह दिखायी देती है। सिर्फ़ इसी कारण उसके चित्र फ्रांस, लन्दन, जापान, मास्को आदि अनेक तरह की संस्कृतियों से आने वाले सभी मनुष्यों के लिये समान रूप से आकर्षक थे। ये सब उस में कुछ "अपना आश्चर्य" पाते हैं। अगर हम इस ढँग से नहीं देख पाते हैं तब कुछ गड़बड़ हमारे भेद करने में है। हम अपने भेद को इतना गहरा कर चुके हैं कि एक सामान्य सहृदय की तरह यह नहीं स्वीकार पाते हैं कि एक तथाकथित अनपढ़ कैसे कलाकार हो सकता है?

हम दावा करते हैं कि एक पढ़ा-लिखा व्यक्ति ही कलाकार होगा! यह गम्भीर समस्या है, समझना चाहिये। विचार करना चाहिये। इस समस्या के कारण हमने अपने देश की कलाओं को दोयम दर्जे का ठहरा रखा है। हमारी गुलाम मानसिकता आज भी उन्हें स्वीकारने को तैयार नहीं है, हम भी उसे वैसे ही देखते-समझते-मानते हैं जैसा अँगरेज़ों ने हमारे बारे में लिखा। दरअसल, दो लोक कलाकारों या कला रूपों के फ़र्क़ को दो मनुष्यों या समुदायों के बीच के फ़र्क़ की तरह ही देखना चाहिये। दोनों मनुष्यों के देखने का अपना ढँग है। उसे एक कैसे मान सकते हैं? दो गोंड कलाकार एक जैसा चित्र क्यों बनायेंगे? यह सबकुछ एक जैसा ही बनने लगा तब वह इतना उबाऊ होगा कि हम शायद चित्र देखना ही बन्द कर दें।

4.

एक समुदाय की कला को दूसरे समुदाय की कला से अलगाते हुए पहचानने पर इन अलगाने के प्रतीकों को देखने का प्रयास है। वे सारे प्रतीक उस समुदाय के अपने परिवेश से उत्पन्न प्रतीक हैं जिनमें कलाकार रहता है, पला और बड़ा हुआ है। इस परिवेश में उसके देवी-देवता अलग हैं, उसके सम्पर्क में आने वाले जीव-जन्तु, पशु-पक्षी, पेड़-पौधों सहित सारा संसार अलग है। दूसरे समुदाय के भीतर कोई दूसरी चीज़ उनकी ज़रूरत होती होगी। वे लोग जिन जगहों पर रह रहे हैं, उन जगहों पर मिलने वाले और न मिलने वाले

जीवों के अनुसार उनकी जैसी जीवन शैली बन गयी है वैसा ही सबकुछ उनके चित्रों में, कला रूपों में, आ जाता होगा। ऐसा नहीं कहा जा सकता कि उड़ीसा के जंगलों में रहने वाले आदिवासी कलाकारों के द्वारा बनायी गयी कलाकृतियों में मनुष्य की अभिव्यक्ति नहीं है। एक मनुष्य की अभिव्यक्ति पूरी दुनिया के मनुष्य की अभिव्यक्ति की तरह ही देखी जानी चाहिये। इसे हम अपने राजनीतिक संकटों या पहचान या अपने तथाकथित देश के वासी होने के कारण स्वीकार नहीं कर पाते हैं। उसको अलगाते हैं। अलगाकर उस पर इतराने की कोशिश करते हैं कि मेरी कला तुम्हारी कला से श्रेष्ठ है! यह कुछ वैसा ही है जैसे एक उत्पाद का दूसरे उत्पाद से भिन्न विज्ञापन देखते हैं। यह विज्ञापन बतलाता है कि कैसे वह दूसरे उत्पाद या वस्तुओं से श्रेष्ठ या ज़्यादा उपयोगी है। यह सब हमारी अपनी समस्याएँ हैं जिनको हम कलाओं के ऊपर लादने की कोशिश न करें तो ज़्यादा अच्छा होगा। फ्रांस में इस तरह की बातचीत बड़ी आम है कि पिकासो से महान चित्रकार मातीस था। इसमें एक समुदाय की भावना ही शामिल है। मातीस एक फ्रांसीसी चित्रकार था और पिकासो भले ही पेरिस में रहा हो किन्तु आया वह स्पेन से था। स्पेन के लोग चित्रकार नहीं हो सकते हैं और चित्रकला फ्रांस की बपौती है, ऐसा मानना फ्रांसीसियों की अपनी समस्या है। यह पिकासो या मातीस की समस्या नहीं है। जैसे ही हम एक समुदाय से दूसरे समुदाय को पहचानने की कोशिश करते हैं या मूल्यांकित करते हैं या उनको श्रेष्ठ बताने की कोशिश करते हुए दूसरे समुदाय को कमतर ठहराते हैं तब यह सब समस्याएँ मनुष्य के मन में उपजी हीन-भावना हैं। मुझे नहीं लगता कि इन में कलाओं की भूमिका हो सकती है।

जहाँ तक यह बात है कि एक चित्रकथा एक समुदाय द्वारा बनाये जाने पर अद्भुत लगती है दूसरे समुदाय द्वारा बनाये जाने पर निष्प्राण लगती है तब यहाँ समूह को भी अलगाने की ज़रूरत नहीं है। पेमा फत्या पिथौरा बनाता है। हो सकता है यही पिथौरा किसी दूसरे कलाकार द्वारा बनाये जाने पर निष्प्राण मालूम हो और उसी समुदाय से, उसी समूह का व्यक्ति बनाये तब भी वह निष्प्राण जान पड़े। इसमें किसी समूह के अलग होने की बात नहीं है। प्रतिभा की बात है। अगर एक व्यक्ति में प्रतिभा है और दूसरे में नहीं है और दोनों चित्र बनायें तो एक चित्र निष्प्राण मालूम हो सकता है। ऐसा कुछ कहना कि समूह के अलग होने से चित्रकला कम या ज़्यादा हो सकती है, यह ठीक नहीं होगा। एक समूह का व्यक्ति दूसरे समूह में रहने लगने पर भी उस समूह के चित्रों को उतना ही जीवन्त बनाने लगेगा जितना कि वह अपने समूह में रहते हुए बनाता था। अगर वह एक कुशल चित्रकार है तो।

यह प्रक्रिया पीढ़ी दर पीढ़ी चलती है या वैयक्तिक होती है, इस पर भी सन्देह किया जा सकता है। मेरे ख़याल से यह प्रतिभा होने न होने की बात है। यह प्रतिभा ईश्वर देता है। यह पीढ़ी दर पीढ़ी हो सकती है और किसी एक व्यक्ति में भी पायी जा सकती है। एक सामूहिक चित्त के काम करने की या एक वैयक्तिक चित्त के काम करने की बात नहीं है। मसलन, खजुराहो के मन्दिर कई पीढ़ियों ने एक के बाद एक काम को जारी रखते हुए बनाये हैं। बहुत सारे इलाक़े ऐसे भी हैं जहाँ बहुत ही ख़राब शिल्प हैं। किन्तु उसका यह अर्थ नहीं है कि खजुराहो के सारे शिल्प ख़राब हैं। खजुराहो के प्रमुख शिल्पों को ज़ाहिर है उत्कृष्ट शिल्पियों ने बनाया है। कला में पारंगत लोगों ने बनाया है। और उसी वक्त जिन लोगों को वे सिखा रहे थे—अपनी दूसरी पीढ़ी के लोगों को—उन सब के कामों को भी खजुराहो के मन्दिरों में जगह दी गयी है। ज़ाहिर है बड़े स्तर पर काम हो रहा था। बहुत सारे मूर्ति शिल्पों की ज़रूरत थी। सिखाने के दौरान ही जो शिल्प बने वे भी वहाँ लगे हैं। किसी का ध्यान उस पर जाता है या नहीं जाता है यह अलग बात है। खजुराहो में बहुत सारे ऐसे शिल्प हैं जो इस लायक ही नहीं हैं कि वहाँ लग सकें। किन्तु वे सारे शिल्प भी किसी एक व्यक्ति ने बनाये हैं। वे सामूहिक चित्त के वर्णन ही हैं। सामूहिकता का ही वर्णन है और उसमें अयोग्यता छिपाने की कोशिश नहीं की गयी है। ख़राब शिल्पों को भी वैसे ही रखा गया है जैसे कि प्रतिभाशाली शिल्पी के बनाये शिल्पों को, मन्दिर के गर्भगृह से लेकर बाहरी दीवारों तक लगाये हैं। पीढ़ी दर पीढ़ी परिष्कार बढ़ता जाता है, ऐसा सच नहीं है। रवीन्द्रनाथ टैगोर के बाद उनके परिवार में कोई चित्रकार नज़र नहीं आता है। ऐसे हम बहुत सारे उदाहरण ले सकते हैं। मसलन, पिकासो के बाद पिकासो के परिवार में कोई चित्रकार नहीं हुआ। यह सब उदाहरण बताने की ज़रूरत इसलिये हुई कि यह सब सामने मौजूद है और सभी लोग यह देख सकते हैं। महत्त्वपूर्ण लेखक, महत्त्वपूर्ण फ़िल्मकार, और बहुत ही इक्का-दुक्का ऐसे उदाहरण समझ में आएँगे जिसमें उनके परिवार का कोई व्यक्ति उस क्षेत्र में सक्रिय हुआ है और ज़रूरी नहीं है कि उसने वही ऊँचाई हासिल की हो जो उसके पिता ने या उसके दादा ने हासिल की थी। या कलाकार उससे आगे भी निकल सकता है। हम इस तरह से देखें कि यह पीढ़ी दर पीढ़ी हो रहा है या परिष्कार बढ़ता जा रहा है तब यह ग़लत होगा। यह सारी समस्या कला की नहीं है। कला घटित होती है अपने होने में। कला को किसी भी ढँग से परिभाषित करना ही गड़बड़ है। कला के लिये कोई भी एक परिभाषा या कोई भी एक ढँग निर्धारित नहीं किया जा सकता कि *ऐसे ही* जाकर कोई एक कलाकार बनने वाला है या कुछ कला का होने वाला है।

चित्रकला की भाषा आकारगत है। वह अपारदर्शी भी है। यह विश्लेषणात्मक समझ की नहीं गुणात्मक बोध की भाषा है। : स्वामीनाथन

स्वामीनाथन के इस कथन पर रुककर विचार करने की ज़रूरत है।

5.

आदिवासी और लोक कलाओं के सर्जन का एक बड़ा हिस्सा अनुष्ठानमूलक है, ऐसा कहते हुए यह भूल जाते हैं कि ऐसा शहरों में भी है। हम अपने द्वारा किये जाने वाले कार्यों को एक अनुष्ठान की तरह नहीं देखते हैं। किन्तु मुझे वह दिखायी देता है या मुझे वह ऐसा ही नज़र आता है। क्रिसमस या ईद या दीवाली के अवसर पर जो कुछ भी किया जाता है, जितना भी, जैसा भी किया जाता है वह सब एक अनुष्ठान ही है—उस पर्व-त्यौहार को मनाने का। उसे अनुष्ठान न माने तो क्या मानें? हम उसे उत्सव न माने तो क्या मानें? हम अपने द्वारा किये जाने वाले कर्मों को इन शब्दों से बाहर रखते हैं और लोक और आदिवासी कला संस्कृति को इससे प्रेरित मानते हैं तब यह हमारी समस्या है। मुझे नहीं लगता कि उन लोगों के सामने ऐसी कोई समस्या कभी आती होगी। वे लोग भी अपने अनुष्ठानों में, अपने उत्सवों में चूकते हैं, स्खलित होते हैं और उनकी अनुपस्थिति में वे अनाथ भी नज़र आते हैं। यह एक आदत की बात है। अगर "देश" नाम की संज्ञा को एक आदत की तरह देखें तो ज़्यादा बेहतर होगा। एक परिस्थिति में रहने वाले लोगों की, एक खास तरह की आदतें बन जाती हैं और उसके बग़ैर वे अपने को अनाथ महसूस करते हैं। जैसे हम अचानक स्वीडन में जाकर रहने लगें तो वहाँ की परिस्थितियाँ यहाँ से भिन्न हैं और वहाँ पर हम अपने को खोया सा या असहाय सा महसूस करते हैं। हमें ठण्ड से बचने के उपाय नहीं मालूम हैं; किसी की मदद भी लेनी होती है। ठीक उसी तरह से वे लोग भी जब यहाँ आते होंगे तब भारत जैसे एक समशीतोषण देश में रहने के ढँग अलग हैं जो उनके देश से भिन्न है। उन्हें भी यहाँ आ कर उतनी ही मदद की ज़रूरत पड़ती है जितनी कि हमें वहाँ। यह मनुष्य की समस्या है। एक परिस्थिति में रहने का आदी होने पर वह दूसरी परिस्थिति में रह रहे मनुष्यों को कमतर मानता है। वह दूसरों पर इस अधिकार के साथ विचार करने की कोशिश करता है जैसे कि उसके अन्दर कोई कमी नहीं है, या वह ग़लतियाँ नहीं कर सकता जो दूसरे कर रहे हैं। दूसरी तरह की परिस्थितियों में रह रहा मनुष्य अपनी आदतों के चलते

यही करता है। आधुनिक मनुष्य द्वारा किये जा रहे काम ज़्यादातर आस्थाविहीन हैं। वह अपने त्यौहारों को भी नक़ली आस्था के साथ मनाता है। गणेश चतुर्थी पर चौराहे-चौराहे बज रहे भद्दे फ़िल्मी गीतों की पैरोडी पर बने भजन किस आस्था का प्रदर्शन करते हैं? ऐसे अनेक वार त्यौहार इसी नक़ली ढोंग के साथ मनाते हुए वह आदिवासियों द्वारा मनाये जा रहे त्यौहारों को अनुष्ठान की तरह देखता है। स्वामीनाथन का शहरी मन भी हिल गया था जब उन्होंने पहली बार बैतूल के जंगलों में कोरकू आदिवासियों को अपनी आस्था से प्रकृति के साथ एकात्म होते हुए सर्पदंश से मर रहे बालक को ठीक होते हुए देखा। उसी के बाद स्वामी का ध्यान 1959 में पहली बार शहरों से हटकर जंगलों में रह रहे इन अप्रतिम, अपने में सम्पूर्ण, शक्तिशाली, आस्थावान और कर्मठ मनुष्य की तरफ़ गया। जो कहीं ज़्यादा रचनाशील कल्पना से भरा हुआ सच्चा मनुष्य था। यह माँगता हुआ समुदाय नहीं था। दूसरों पर आरोप लगाता हुआ, ग़लतियाँ छिपाता और समानता की झूठी पुकार लगाता मनुष्य नहीं था।

6.

शास्त्रीय, आधुनिक और लोक कलाओं में मैं कोई फ़र्क़ नहीं देखता हूँ, न मुझे यह लगता है कि इस तरह के फ़र्क़ में उन्हें देखा जा सकता है। उन्हें ऐसे भेद से देखना चित्र देखने के पहले ही अपने को चित्र से बाहर कर लेना है। इस तरह की कोटियाँ मुझे प्रासंगिक नहीं लगतीं। सार्थक नहीं लगतीं। पूरी दुनिया में की जाने वाली कलाएँ मनुष्य द्वारा की जाने वाली कलाएँ हैं। चाहे वह किसी भी देश में रहता हो। किसी भी संस्कृति का सदस्य हो। किन्हीं भी परिस्थितियों में रहता हो। मनुष्य यदि चित्र बना रहा है, वह दूसरे मनुष्य के लिये ही है। इसमें परिस्थितिजन्य भेद पैदा करना कि यह लोक है, शहरी या आधुनिक या पिछड़ा है, मुझे प्रासंगिक नहीं लगता। इस तरह के भेद पैदा कर हमने अपने लिये ही तमाम उलझनें पैदा की हैं। हम अपनी उलझनों में रहकर दूसरों की उलझनों को भी सुलझाने की कोशिश करते रहते हैं। यह समझते हैं कि यह उलझनें हमारी नहीं हैं, यह उलझनें दूसरों की हैं जिन्हें हमें ठीक करना चाहिये। यही बात हम इस तरह से भी कहते रहते हैं कि कई तरह के संक्रमण हैं और कई तरह के बदलाव हैं और इन सब से कलाएँ नष्ट हो रही हैं। हमें देखना चाहिये कि क्या वास्तव में ऐसा हो रहा है? क्या कलाएँ नष्ट हो रही हैं? यदि वे सच में नष्ट हो रही हैं तब उन्हें नष्ट हो ही जाना चाहिये। वे फिर इस लायक नहीं हैं कि

इन संक्रमणों को, इन बदलावों को झेल सकें या आत्मसात् कर फिर से कुछ नया प्रकट कर सकें। औद्योगीकरण को भी कलाओं ने अपने ढँग से आत्मसात् करने की चेष्टा की। सम्भव है उसमें कोई महत्त्वपूर्ण काम न हुआ हो, किन्तु वह हो सकता है इसकी सम्भावना से इनकार नहीं किया जा सकता और जो हुआ है उसको ख़ारिज भी नहीं कर सकते। यह सब हो रहा है, बहुत तेज़ी से हो रहा है, इसे मैं मानता हूँ। शायद यह तेज़ी ही हमें अकबका देती है। हम समझ नहीं पाते कि अभी हमने ब्रश उठाया ही था और कलाएँ कम्प्यूटर से कैसे बनने लगीं। इस तरह की तेज़ी से अचकचाना भी मनुष्य की समस्या है। मुझे नहीं लगता कि इससे कला को कोई फ़र्क़ पड़ने वाला है या साहित्य को कुछ होने वाला है। यह सब होता रहेगा। कला की चाल अपने ढँग की चाल है। आ रहे और आने वाले बदलावों से भूमण्डलीकरण हो रहा है। यह कलाओं को किसी तरह से प्रभावित कर रहा है, यह सच है। किन्तु भूमण्डलीकरण से कला का अपना रूप नष्ट हो रहा है, यह स्वीकार कर पाना मुश्किल है। इस समय के महत्त्वपूर्ण कलाकारों को लें : अनीश कपूर, जेफ कून्स, डेमियन हर्स्ट, डेविड हॉक्नी, आदि सबकी कलाकृतियाँ आधुनिक समय के साथ अपना सम्बन्ध बनाते हुए अचम्भित करती हैं। हम इनसे उतने ही प्रेरित होते हैं जितने कि उन्नीसवीं या बीसवीं सदी की कला से प्रभावित होते रहे थे या जितना कि अपने (लोक) कला रूपों से। या अन्य कला रूपों से। यह देखना व विचार करना चाहिये कि जब कलाभिव्यक्तियाँ बदलती हैं तब क्या उनके देखने का ढँग बदलता है? मुझे नहीं लगता मनुष्य के देखने के ढँग में कोई बदलाव आता है। वह हमेशा वैसा ही देखता आ रहा है। मनुष्य का देखना महत्त्वपूर्ण है न कि उसका इन बदलावों से प्रभावित होकर सोचना समझना। वह कई तरह के परिवर्तनों से रूबरू होता रहता है। ऐसे कई बदलाव जीवन में आते रहते हैं। बदलावों का सामना मनुष्य उतनी ही दिलेरी से करता है जितना कि वह इन कला रूपों से सम्बन्ध बनाता है।

मनुष्य के बच्चे का मर जाना भी उसके जीवन में उतना ही बड़ा बदलाव है जितना कि कलाकृति में कला रूप का बदलना। इन्हें यदि कला आन्दोलनों की कोटियों में रखें या इन्हें मार्क्सवादी या कलावादी श्रेणियों में रखें, तब यह सब मनुष्य की समस्याओं की तरह रेखांकित की जाने वाली चीज़ें हैं। मुझे नहीं लगता कि यह कला के रस में परिवर्तन लाती हों। रूस की कला की तरफ़ देखें, उन तिहत्तर सालों में जब वहाँ मार्क्सवाद पूरी तरह से मौजूद था। वहाँ की कला में कुछ भी खास नहीं हुआ जबकि वहाँ से भागे हुए कलाकार—मालेविच, रोथको, कैण्डिस्की, मार्क शागाल आदि के कारण दुनिया की कला में महत्त्वपूर्ण परिवर्तन

आए। रूस में उस दौरान के कलाकारों का नाम भी मौजूद नहीं है। उनको कोई जानता तक नहीं है। शायद रूस तक में लोग उन्हें जानते नहीं होंगे। एक विचारधारा से जब कलाकृतियाँ बनने लगती हैं तब इसका अर्थ यह भी है कि कला की परिभाषा खड़ी कर रहा होना है। मसलन, ऐसा सोचना ग़लत है कि मार्क्सवादी या कलावादी होने से ही कला का जन्म हो सकता है। चित्रकार होता है या नहीं होता। बस। चित्रकार की अभिव्यक्ति का विचारधारा या उसके सोचने-समझने के ढँग या वह जिन परिस्थितियों में रहता है उससे कोई फ़र्क़ नहीं पड़ता। जनगण मार्क्सवादी होता या वह शहर में रहता तब भी वह अपने ढँग के चित्र बनाता। मुझे इस बात पर पूरा भरोसा है कि मनुष्य का अपना देखना ही महत्त्वपूर्ण है। सारी कोटियाँ आधुनिक मनुष्य ने अपने को समझने के लिये अध्ययन हेतु बनायी हुई हैं। अक्सर वह दूसरों को नीचा दिखाने की कोशिश करता है, अपने को श्रेष्ठ बतलाते हुए। समस्याओं का अध्ययन करता है। एक गड्डमड निष्कर्ष पर पहुँचता है और इन झूठे निष्कर्षों को एक बड़े समुदाय पर लागू करने लगता है : खुश होता रहता है कि उसने अब मनुष्य के तरने का ढँग पा लिया है या उसके सुखी और सफल जीवन जीने का ढँग पा लिया है! ऐसी सारी विचारधाराएँ, ऐसे सारे विचार असफल रहे हैं जिसमें एक ढँग से मनुष्य को चलाने की कोशिश हो। चाहे धर्म का सहारा लिया हो या आतंक या राजनीतिक विचारधारा का, वह हमेशा निष्फल ही रहा है। मनुष्य की फ़ितरत ही ऐसी है कि वह कभी भी एक तरह से नहीं रह सकता। अगर इस दुनिया में सात अरब लोग हैं तब वे सात अरब ढँग से सोचते-समझते हैं। मसलन, यह नहीं कहा जा सकता कि मार्क्स का विचार मार्क्स के अनुसार श्रेष्ठ है इसलिये सब के लिये श्रेष्ठ है। यह मनुष्य की फ़ितरत है। वह एक विचार में से कोई दूसरा विचार निकाल लेता है। उस पर काम करने लगता है। उसी विचार में से फिर कोई एक तीसरा आकर कोई तीसरा विचार निकाल लेता है। यह सब ऐसे निरन्तर चलने वाला काम है जिसे मनुष्य की फितरत की तरह ही देखा जा सकता है, इस तरह नहीं देखा जा सकता कि एक विचार सबके लिये समान रूप से कारगर हो।

7.

पारम्परिक भारतीय चित्रकला और लोक चित्र शैलियों में ही ऐसा धोखा होता हो कि वहाँ अनुकृति तत्व बहुत मुखर है, यह सच नहीं है। मुझे लगता है सारी कलाकृतियाँ एक धोखा हैं। कलाएँ मनुष्य को थोड़ी

देर के लिये उसके यथार्थ व परिवेश से काटकर एक स्वप्नलोक में ले आती हैं। स्वप्नलोक से निकलने पर उस धोखे का ज्ञान होता है जो कलाकृति में मौजूद था। अनुकृति का तत्त्व हर कलाओं में मौजूद है। अनुकृति किसी भी कला के मूल में बैठा हुआ एक तत्त्व है। साहित्य या चित्रकला में बग़ैर अनुकरण या दोहराव के कुछ भी नहीं होता। नीलमणि देवी का यह कहना कि वे सैकड़ों घड़े इस तरह बना सकती हैं कि उन में हर घड़ा अलग से पहचाना जा सके तब वह ठीक ही है। एक ढँग से वह एक परम्परा के भीतर ही होगा, वह एक ही व्यक्ति द्वारा बनाये घड़े हैं। नीलमणि देवी ने अपने जीवन में भी जितने घड़े बनाये हैं वे सब एक दूसरे से अलग हैं। इन सारे घड़ों के अलग होने का कारण उसमें बुना गया समय भी है—वह समय जब नीलमणि देवी किशोरी रही होंगी या युवती या वह समय जब वे प्रौढ़ हैं। इन सब अलग-अलग समयों में बनाये गये घड़े एक दूसरे से निश्चित ही भिन्न होंगे बल्कि युवावस्था में ही बनाये गये दो घड़े—एक प्रेम करने के पहले और एक प्रेम करने के बाद—एक दूसरे से भिन्न होगा। घड़े बनाने में नीलमणि देवी का अपना मन, मनःस्थिति आदि भी काम कर रही होती है। शैली को इस तरह देखना चाहिये कि वह कलाकार का कलाकृति बनाने का अपना एक ढँग है। अपनी पहुँच / approach है। अपने सरोकार हैं। इन सबसे मिलकर एक कलाकृति गढ़ी जाती होगी। इस गढ़त में कलाकार की शैली है। शैली उस अर्थ में नहीं देखनी चाहिये जिस अर्थ में चित्रकार ने एक ही शैली में काम किया है। क्या वह शैली है? क्या वास्तव में वह अभिव्यक्ति है? मुझे लगता है मनुष्य के पास जीवनरूपी समय कम होने के कारण वह कुछ साल या जीवन भर एक तरह के चित्र बनाता रह सकता है। चित्र बनाते हुए मर सकता है। यह ज़रूरी नहीं है कि एक चित्रकार की जीवन शैली या जीने का ढँग अन्य लोगों के लिये भी प्रामाणिक हो। दूसरे लोग अपने ढँग से जीते हैं। अपने ढँग से समझते हैं। अपने ढँग से चित्र बनाते हैं। शैली एक कलाकार की पहुँच से उत्पन्न होने वाली है। मुझे इसमें कोई सन्देह नहीं है कि एक चित्रकार अपने जीवन में कई तरह के चित्र बनाकर भी शैली का चित्रकार कहलाया जा सकता है। एक दूसरा चित्रकार एक ही तरह के चित्र बना कर भी एक शैली के चित्र बनाने वाले चित्रकार की तरह जाना जा सकता है। दोनों चित्रकार अपनी ही परम्परा से ग्रहण कर काम कर रहे हैं। दोनों के चित्रों में परम्परा का निवेश उतना ही है जितना उन्होंने जाना-समझा व लिया है। एक चित्रकार की अपनी परिस्थिति में रहने से बनी हुई परम्परा एक तरह का आनुष्ठानिक कर्मकाण्ड है। हो सकता है दूसरी परिस्थितियों में रहने वाले समुदाय के साथ इसका कोई मेल न बैठता हो। एक समुदाय की परम्परा दूसरे समुदाय की परम्परा से भिन्न हो सकती है।

अपनी परम्परा से मनुष्य ग्रहण करता व सीखता-समझता है; उसे अपनी अभिव्यक्ति में लाता है, उनमें व्यक्त होता है। ऐसा मनुष्य पाना मुश्किल होगा जिसे संसार की समस्त परम्पराओं का ज्ञान हो। ऐसा नहीं होता मसलन, पिकासो फ्रांस में आकर रहने पर फ्रांसीसी परम्पराओं का अनुसरण करने लगा हो। हाँ, वह उन्हें जानने-समझने की कोशिश करता है और अपनी स्पाहनी परम्पराओं में रहकर ही चित्रकला को असम्भव ऊँचाइयों पर ले आता है : स्पेन की देशज स्मृति को सार्वभौम बनाता है। शैली एक व्यक्तिगत चीज़ है, कलाकार के नितान्त एकान्त से उपजी; परम्परा स्थान-विशेष में रहने वाले एक समुदाय के आनुष्ठानिक कर्मकाण्डों से उत्पन्न पीढ़ी दर पीढ़ी चली आ रही अनुष्ठानों की एक शृंखला है। रूढ़ियाँ वैश्विक भी हो सकती हैं। उदाहरण लें। चित्रकला में काला रंग दुख की अभिव्यक्ति के लिये प्रमुख रंग की तरह देखा जाता है। लाल रंग युद्ध या प्रेम के प्रमुख रंग की तरह। इन रूढ़ियों से हर चित्रकार अपने ढँग से सम्बन्ध बनाता है या नहीं बनाता। कई बार वह उन्हें तोड़ता है, बढ़ाता भी है। यह रूढ़ियाँ उसकी अपनी परम्पराओं से उत्पन्न रूढ़ियाँ भी हो सकती हैं, अपने समुदाय की मान्यताओं से उत्पन्न रूढ़ियाँ भी हो सकती हैं। इन रूढ़ियों से भी चित्रकार चित्रकला से एक सम्बन्ध बनाता है। जैसे आन्द्रे सिरानो यहूदी परम्पराओं को अपने चित्रों में ले आते हैं। उनके रखने में वह सार्वभौम नज़र आती है। उन्होंने कहा कि हमारे यहाँ सफ़ेद रंग दूध के लिये, पीला रंग पेशाब के लिये और लाल रंग ख़ून के लिये है। यह एक सार्वजनिक सत्य भी है; सभी को स्वीकार हो जाता है। परम्परा चित्रकला की रूढ़ि भी बन जाती है। हो सकता है इन रूढ़ियों को तोड़ने की कोशिश की जाय। हो सकता है इन रूढ़ियों के साथ सम्बन्ध बनाते हुए कलाकृतियाँ रची जाय। सबकुछ मनुष्य के साथ सम्बन्धित है।

8.

एक पारम्परिक चित्र शैली में, परम्परा के पुनर्नवीकरण में, शैली का भी पुनर्संस्कार होता है। जगन्नाथ जी का उदाहरण लें। पुरी के जगन्नाथ जी के मन्दिर में रखी जाने वाली मूर्तियाँ एकमात्र ऐसी मूर्तियाँ हैं जिन की प्राणप्रतिष्ठा आदिवासी समुदाय द्वारा की जाती है। वे हर वर्ष चित्रित की जाती हैं और पुरानी मूर्तियों का विसर्जन होता है। वे हर वर्ष आकर इसे चित्रित करते हैं। अक्सर ऐसा होता है कि एक ही चित्रकार आता रहता है और अपने मरने तक वही चित्रित करता है। उसके साथ आने वाले चित्रकार उसके बाद चित्रित

करने लगते हैं। इस तरह से यह आगे तक चलता आता है। इसकी एक परम्परा बनी हुई है। हो सकता है वह चित्रकार उसे चित्रित करते वक़्त उसमें कोई एक परिवर्तन ले आता हो। यह उसके अपने ढँग का परिवर्तन है, उसकी अपनी पसन्द-नापसन्द से संचारित होने वाली बात है। हो सकता है वह चित्रकार जगन्नाथ जी की भौंहों के ऊपर एक बिन्दु कम लगाए। इसके पहले भौंहों के ऊपर दस बिन्दु लगते थे, उस दिन नौ लगा दिये। यह लोगों को दिखायी भी नहीं देता है। इस तरह का एक छोटा-सा हस्तक्षेप आगे जाकर उस कलाकृति को पूरी तरह से बदल देने वाला है। आज से सौ साल पहले चित्रित जगन्नाथ जी के छाया-चित्र का आज के चित्रित जगन्नाथ जी के छाया-चित्र से मिलान करने पर दोनों में ज़मीन आसमान का फ़र्क़ देखा जा सकता है। सौ साल पहले चित्रित जगन्नाथ जी की आँखें आज के जगन्नाथ जी की आँखों से नितान्त भिन्न हो सकती हैं। यह भिन्नता एक परम्परा के भीतर घटित हो रही है और यह परम्परा ही उसमें बदलाव लेती आ रही है। यह बदलाव एक व्यक्तिगत बदलाव है। एक कलाकार के द्वारा किया गया छोटा-सा बदलाव धीरे-धीरे पूरी तरह से कलाकृति को बदल जाता है। हमारे संस्कार या पारम्परिक शैलियाँ या परम्पराएँ आदि सब में लगातार बदलाव आते रहते हैं। यह लगातार बदलती रहती हैं। नित नूतन है। आज के समय में की जाने वाली राजपूत लघु चित्रकला आज से सौ साल पहले की जाने वाली राजपूत लघु चित्रकला की तरह नहीं है। दोनों में बहुत फ़र्क़ है। आज का आदिवासी नवयुवक जगन्नाथ जी को आज की समझ से, आज की पसन्द-नापसन्द से, आज के अपने समुदाय की पसन्द-नापसन्द से चित्रित करता है और उस चित्रांकन में बदलाव आता/लाता है। यह बदलाव इतना छोटा, इतना ग़ैर ज़रूरी-सा होता है कि उस ओर शायद ध्यान भी न जाय, लेकिन सौ साल के भीतर जगन्नाथ जी यहाँ से वहाँ तक एकदम बदल जाते हैं। जबकि सभी उनकी उस जगन्नाथ जी की तरह पूजा करते हैं जो स्थापना के वक़्त रखे गये जगन्नाथ जी थे। हर बार कलाकृति अपने को नये ढँग से प्रकट करती है। यह नया ढँग इतनी धीमी गति से प्रवेश करता है कि इससे पहले कि उसे महसूस किया जाय या उस पर ध्यान जा सके तब तक एक पीढ़ी गुज़र चुकी होती है। और वह परम्परा बन चुकी है।

9.

इस तरह देखना कि रज़ा बिन्दु के प्रतीक की तरह बन चुके हैं या रज़ा के साथ बिन्दु को जोड़कर देखा

जाता है तब यह उनकी कलाकृतियों को देखने से बचने का रास्ता है। ऐसा नहीं है कि रज़ा ने जीवन में सिर्फ़ बिन्दु ही चित्रित किये हैं। बिन्दु का उनके साथ एक प्रतीक के रूप में जुड़ जाना रज़ा के चित्रकर्म को घटाकर देखने जैसा है। रज़ा ने यदि बिन्दु के चित्र बनाये हैं तो सैकड़ों चित्र ऐसे भी बनाये हैं जिन में बिन्दु दूर-दूर तक नहीं है। रज़ा को बिन्दु-प्रतीक तक सीमित करने की ज़िद में वे उसी रूप में नज़र आने वाले कलाकार की तरह दिखायी पड़ते हैं। यह सुविधा के लिये गढ़ा गया है। हो सकता है इसका रज़ा के चित्रकर्म से कोई सम्बन्ध न हो। एक नितान्त नक़ली आरोपण रज़ा की चित्रकला पर थोप कर, रज़ा के चित्रों को देखने से बचने की कोशिश कर ली जाती है। मैं नहीं समझता कि रज़ा और बिन्दु एकजान हो चुके हैं या बिन्दु रज़ा का प्रतीक बन चुका है। यह सीमितता अभिव्यक्ति की अन्तिम परिणति की तरह नज़र आने लगती है।

10.

यह कहना बहुत मुश्किल है कि एक परम्परा कब रूढ़ि बन सकती है या कब बनने लगती है। इतना ज़रूर है कि एक समय में किया जाने वाला आधुनिक काम या अपने समय से अलग हटकर किया गया काम परम्परा बन जाता है। वान गॉग के चित्रों का उदाहरण लें। उनके जीवन काल में उनके चित्र ख़ारिज किये जाते रहे जबकि अब वे चित्रकला की परम्परा की तरह स्वीकार्य हैं। अब कोई भी युवा चित्रकार वान गॉग की परम्परा से अपने को अलगाने की कोशिश नहीं करता है बल्कि वह उस परम्परा के साथ अपना एक गहरा सम्बन्ध जताने की कोशिश करता है। आज से डेढ़ सौ साल पहले रहने वाले लोगों के लिये वह एक नितान्त अपरिचित चित्रकर्म था। वे अपने को वान गॉग के चित्रों से जुदा पाते थे, उन के साथ अपना सम्बन्ध नहीं बना पाते थे। उन्हें लगता था यह एक पागल द्वारा किया जाने वाला काम है; चित्रकला नहीं है। आज डेढ़ सौ साल बाद वान गॉग की कलाकृतियों को चित्रकला की परम्परा के एक चमकदार हिस्से की तरह देखा जाता है। यह हो सकता है कि वान गॉग की अपनी प्रस्तावनाएँ अब चित्रकला की रूढ़ियों की तरह नज़र आती हों। परम्परा के साथ हम उसे पुनर्परिभाषित करते रहते हैं। रूढ़ि को परिभाषित करने के लिये रूढ़ि के साथ ऐसा सम्बन्ध भी बनाते हैं : उसे पूरी तरह से नष्ट कर एक दूसरी बात करने की कोशिश करते हैं।

11.

एक शैली अपने प्राणतत्व तत्काल ही खोने लग सकती है और कई बार हो सकता है अपने भीतर से ऐसी धाराएँ प्रवाहित करे जिसमें चित्रकार उसे कई अन्य दिशाओं में ले जा सके। मसलन, जब मुग़ल आये तब उनके साथ फ़ारसी चित्रकला भी आयी। यहाँ पर लघुचित्रों का भरापूरा संसार था। दोनों के सम्बन्ध से मुग़ल चित्रकला नाम की एक शैली का विकास हुआ। अपने में अद्वितीय शैली का। इस शैली में कुछ हिन्दुस्तानी चित्रकला के तत्त्व मौजूद हैं, कुछ फ़ारसी चित्रकला के। ख़ास तौर पर पारदर्शिता, अलंकरण और हाशिया। चित्रकला की एक नयी परम्परा का जन्म हुआ। बहुत ही दिलचस्प, अत्यन्त ख़ूबसूरत। इस परिघटना को किस तरह से देखा जाय? दो परम्पराओं के मिलने से एक नयी परम्परा की शुरुआत या कि एक शैली की दूसरी में ख़त्म होने से दूसरी परम्परा की शुरुआत हुई? ऐसा देखने के पीछे क्या है कि एक शैली ख़त्म हो गयी है और दूसरी शैली शुरू हो गयी है? बल्कि इसको ऐसे ही देखा जाना चाहिये कि यह उसी शैली का विस्तार है। उसी शैली के कई और रूप प्रकटन एक दूसरी शैली की तरह नज़र आ रहे हैं। कला दृष्टियाँ एक परिस्थिति विशेष में पैदा हुई दृष्टियाँ हैं। मनुष्य कुछ विलक्षण ढँग से अपने को अभिव्यक्त करने की दृष्टि खोजता है। या शायद उसके भीतर होती है।

12.

एक कलाकार बनने के लिये तीन चीज़ों की ज़रूरत होती है : प्रतिभा, साधना और माहौल। प्रतिभा ईश्वर देता है, इसमें किसी का दख़ल नहीं है। जितनी प्रतिभा दी गयी है उतनी ही प्रतिभा के साथ एक व्यक्ति है और उसी के साथ अपना जीवन गुज़ार सकता है। इसको न ज़्यादा किया जा सकता है न कम। ऐसा नहीं हो सकता कि किसी एक कला आन्दोलन के कारण या किसी एक खास परिस्थिति में प्रतिभा विकसित हो जाय। कलाकार अपनी कलाकृतियों में प्रतिभा का निवेश करता है। दूसरी बात साधना है। साधना हर कलाकार अपने ढँग से करता है। अपनी समझ, अपनी काम करने की क्षमता के स्तर पर तय करता है कि साधना उसके लिये कितनी ज़रूरी है। साधना समय कलाकार अपनी तरह से चुनता है। तीसरी बात माहौल

की है। चोर के साथ रहकर चित्रकार नहीं बना जा सकता। चित्रकार बनने के लिये चित्रकार के बीच जाकर रहना होता है। वह ऐसा नहीं कर सकता है कि किसी और माहौल में रहे और चित्रकला में अपने को अभिव्यक्त करे। इन तीन चीज़ों में से पहली ईश्वर देता है और बाक़ी दो मनुष्य चुनता है। मुझे सन्देह है कि इन तीन के बग़ैर कोई कलाकार हो सकता है।

13.

हर कलाकार अपनी परम्परा के भीतर रहकर ही काम करता है। परम्परा में ही अपनी प्रतिभा का विकास देखता, पाता और खोजता है। उसका परिष्कार होता है। इन्हीं सब परिष्कारों के बीच अपनी शैली तक पहुँचता है। हो सकता है दोहराव से या कमज़ोरियों से शैली विकसित करे या वैविध्य से।

जनगण या सोनाबाई या गंगा देवी या पेमा फत्या या बेलगूर जैसे अनेक आदिवासी कलाकार हैं जो किसी एक जनजातीय समुदाय से आते हैं। वे अपनी परम्परा में रहकर अपना काम कर रहे होते हैं। अपने ढँग से खुद को अभिव्यक्त कर रहे होते हैं। इनके कामों को मौलिक काम कहते हैं या मौलिक कलाकार की तरह पहचानते हैं। यह उन सभी के लिये उचित है जिनका काम हम पहली बार देख रहे होते हैं। ''मौलिक कलाकार'' यह भी एक श्रेणी है। लेकिन जैसे ही इन्हें मौलिक कहते हैं बाक़ी लोग मौलिक नहीं बचते हैं। मौलिक होने के क्या प्रमाण हैं? इस पर विचार करना चाहिये। क्या इन्हें इसलिये मौलिक कह रहे हैं कि ये एक ख़ास तरह का काम करते हैं या कि ये एक ख़ास समुदाय से आते हैं? या कि ये लोग एक ख़ास परम्परा में काम कर रहे हैं? मुझे लगता है यह बात सभी मनुष्यों पर समान रूप से लागू है। सभी प्राणी मौलिक कहे जा सकते हैं। इस तरह के लोकतान्त्रिक देखने के ढँग से चित्रकला के संसार में इतने ज़्यादा हस्तक्षेप होते हैं कि हर ऐरा-गैरा अपने को मौलिक कलाकार मानते हुए अपने चित्रों को मूर्ख आत्मविश्वास के साथ रखता रहता है। सोचता है उसका काम हुसेन, स्वामीनाथन या गायतोण्डे की ही तरह अद्वितीय है। किसी एक व्यक्ति-विशेष की बात को उसी रूप में देखना बेहतर है। उसे एक समुदाय के रूप में देखना एक अवमानना है। मसलन, जनगण सिंह श्याम को परधान गोंड चित्रकार कहकर नकारने की कोशिश हुई है। ऐसे कई लेख हैं जिनमें परधान चित्रकला की बात है। जनगण प्रतिभाशाली व्यक्ति था। गोंड जातियों में परधान मूलतः संगीतकार होते हैं। जनगण मूलतः संगीतकार था : बांसुरी बजाता, गाने गाता। जिन देवी-देवताओं

के स्तुति गान वह करता उनके रूपों को गढ़ने लगता। चित्रों को चित्रित करने का उसका अपना ढँग था। चित्रकला की एक नयी शैली का जन्म हुआ। ''जनगण-क़लम''। जिसकी शुरुआत जनगण से हुई। जनगण-क़लम को परधान चित्रकला कहना झूठ है। जनगण से पहले परधानों में चित्र बनाने के कोई प्रमाण मौजूद नहीं है। ऐसे प्रमाण जिन्हें सामने ला कर कहा जा सके कि हां, यही चित्रकला को जनगण ने आगे बढाया है। जनगण को देखकर उसके गाँव के अनेक लोगों ने जनगण के ढँग से काम करना शुरू कर दिया। बहुत सारे गोंड, बहुत सारे परधानों ने। हो सकता है दूसरी जाति के लोगों ने भी। यह नहीं कहा जा सकता कि ''जनगण-क़लम'' परधान गोंड चित्रकारों द्वारा की जाने वाली चित्रकला है। उसका विस्तार अन्य लोगों में दूसरे रूपों में हो चुका है। जनगण की तरह आज कई लोग चित्र बना रहे हैं पर वे सब निष्प्राण है। सब एक अवसरवादी चित्रकार की तरह अपने को बरत रहे हैं। कुछ ने जनगण की उड़ान में से अपनी उड़ान खोज निकाली है। जैसे जनगण के बेटे मयंक ने। मयंक ने जनगण से बिलकुल अलग एक दूसरा ढँग खोज लिया है। वह एक प्रतिभाशाली चित्रकार है। जनगण शैली में काम कर रहा है। वेंकट या रामसिंह उर्वेती भी जनगण-क़लम में ही काम कर रहे हैं। जनगण-क़लम में विस्तार की सम्भावना उजागर हुई है। इस तरह से जनगण-क़लम अपने में एक नयी शैली की शुरुआत है। मेरे खयाल से यह संसार की सबसे नयी शैली है। इसका जन्म 1981-1982 के आसपास होता है। एक परम्परा में ही काम करने वाली चित्रकला का दूसरा अनुभव व कोशिश है। वे उतने ही मौलिक व प्रतिभासम्पन्न कलाकार हैं जितने कि अन्य कलाकार हैं। कोई एक जनगण या सोना बाई जैसा कलाकार आता है, अपनी शैली को जन्म देता है। पालता पोसता है। हो सकता है उनके बाद उस शैली का क्षरण होने लगे या वह ख़त्म हो जाय। मुग़ल आक्रमण होने पर बड़े इलाक़ों में मुग़लों का राज शुरू हुआ। उन रजवाड़ों के यहाँ काम करने वाले कलाकार जान बचाने के लिये पहाड़ों की तरफ़ जाकर बस गये। वहाँ की भिन्न परिस्थितियों में, उस परिवेश का चित्रांकन शुरू हुआ जिसमें वे रहने लगे थे। बूंदी, भसौली, काँगड़ा आदि अनेक चित्र शैलियों का विकास हो गया। इस तरह उन चित्रकारों के अनुभव का दायरा बदला और उसका विस्तार भी हुआ। उन्होंने अपने पहले के चित्रों को दोहराया नहीं। वे दूसरे रजवाड़ों में जा कर दूसरी चित्र शैलियों का विस्तार करने लगे। उन चित्र शैलियों को विकसित करने का कारण बने। ऐसा कहना ठीक नहीं कि वह परम्परा मात्र को पीछे छोड़ रहा है। वह दरअसल परम्परा के विस्तार में चला गया है। यह परम्परा का नये ढँग से प्रकटन है। कलाकार कुछ जोड़ देता है, कुछ हटा लेता है। उसकी पसन्द-नापसन्द काम करती है।

14.

चित्रकला के सन्दर्भ में जिसे प्रयोगधर्मिता कह दिया जाता रहा है, क्या वह प्रयोगधर्मिता है? कला के सन्दर्भ में विज्ञान में प्रयुक्त होने वाली भाषा का प्रयोग करना ग़लत है। विज्ञान में प्रयोग की एक परम्परा है और उन प्रयोगों के होने न होने के परिणामस्वरूप कई तरह की चीज़ों की खोज हुई। आविष्कार हुए। किन्तु कला में कोई दो रसायन मिलकर किसी तीसरी चीज़ को जन्म नहीं दे रहे हैं। अगर इस शब्द का इस्तेमाल ही करने की मजबूरी है तब यह कहा जा सकता है कि एक व्यक्ति की प्रतिभा दूसरी परिस्थिति में किसी तीसरी चीज़ को जन्म दे रही है तब वह एक परिवर्तन के रूप में दिखायी देता है। इस परिवर्तन को नयी शुरुआत या काम की तरह देखा जा सकता है। बूंदी शैली भसौली से भिन्न है। मालवा के चित्र तंजावुर के चित्रों से भिन्न हैं। इन में भिन्नता किस बात की है? इस पर ध्यान जाना चाहिये। यह भिन्नता एप्रोच की है। यह भिन्नता परिवेश, परिस्थितियों, पसन्द-नापसन्द की है। चित्रकार मन में अपनी शैली के प्रति जिस तरह से जागरूक होता है, अपनी परम्परा व रूढ़ियों से जिन चीज़ों को चुनता-बुनता है, अपनी पसन्द-नापसन्द को जिन तरहों से उस में शामिल करता है वह सब प्रयोगधर्मिता के अन्तर्गत आ सकते हैं। वह सारे बदलावों को आत्मसात् करता है और चित्र विस्तारित रूप में सामने आते हैं।

15.

जब यह कहा जाता है कि लोक चित्र परम्परा से मर्यादित है और उसकी मूलगामी थीम बदली नहीं जाती है (जैसे पिठौरा बावसी की चित्रकथा बनायी जाती है) तब यह भी देखना ज़रूरी है कि यह पिथौरा किसी एक ख़ास समय व ख़ास त्यौहार पर बनाये जाने वाला चित्र है। पिथौरा के अलावा भी भील भिलालों में बहुत चित्र रूप मौजूद हैं। वे चित्र भी उन्हीं की अभिव्यक्ति हैं, उन्हीं की कला में साँस लेकर जीवन पाते हैं। चाहे वह गाथला हो, चाहे बलि के लिये प्रतीक के रूप में चढ़ाये जाने वाले घोड़े या अन्य जानवरों की कलाकृतियाँ। भील समुदाय के बीच जितने भी आनुष्ठानिक कर्म है उन में प्रयुक्त होने वाले सामग्री की तरह ये कला रूप नज़र आते हैं। उनमें गहरा अन्धविश्वास भी इस रूप में नज़र आता है कि वह अमुक तत्त्व के बग़ैर तो नहीं हो सकता है। जैसे यह मानना कि नयी फसल का आगमन पिथौरा को चित्रित किये बग़ैर नहीं हो सकता है। जैसे यह मानना कि कोई व्यक्ति अगर वीरता से मारा जाता है तो उसके लिये गाथला

का निर्माण ज़रूरी है। इन बातों को एक समुदाय के अपने विस्तृत रूप में ही देखना बेहतर है। परिवर्तन आदि अक्सर दिखायी देते हैं। आज से सौ साल पहले की गाथलाएँ आज से बहुत भिन्न हैं। उन में ज़बरदस्त परिवर्तन नज़र आता है। यह परिवर्तन किस चीज़ का है? यह परिवर्तन कलाकार की पहुँच/approach का है। एक समय में रहने वाले कलाकार के दृश्य-परिदृश्य का असर दूसरे समय में रहने वाले चित्रकार के ऊपर कैसे हो सकता है? एक कलाकार के समय में उसके अपने दृश्य परिदृश्य हैं जिन से वह संचारित होता है, अपना काम करता है।

परिवर्तन स्वयमेव होता है, स्वतःस्फूर्त। परिवर्तन किन अर्थों में परिवर्तन है, यह भी जाँचने की ज़रूरत है। क्या ये परिवर्तन मोटे तौर पर दिखायी देने वाले ऐसे परिवर्तन के रूप में हैं कि काग़ज़ पर बनाने वाले चित्रों को कैनवास पर बना दिया? वे कौन से परिवर्तन हैं जिन्हें रेखांकित करने की कोशिश है? सदियों से मनुष्य अपने देखने को ढूँढ़ने की कोशिश कर रहा है। "देखने को" ढूँढ़ने की कोशिश में वह ख़ुद को दिखायी पड़ने वाले उन सारे आकारों से मुतासिर होता और उन आकारों का भी सहारा लेता है जिन्हें वह लगातार नहीं देखता है। वे उसके स्वप्न या उसकी कल्पनाओं में जन्म लेने वाले आकार हैं। यह सब घटक/ingredients की तरह काम आते हैं, किन्तु मूल में कलाकार क्या कर रहा है? मूल में वह अपने *देखने* का ढँग ही उद्‌घाटित करने की कोशिश कर रहा है। परिवर्तन एक स्वाभाविक प्रक्रिया है। एक खास सन्दर्भ में परिवर्तन कहने का मतलब है कि आज से पचास साल पहले लोग ऐसे नहीं करते थे और आज ऐसा कर रहे हैं। यह एक ऐतिहासिक सन्दर्भ है। अतीत से सम्बन्ध नज़र आता है। किसी भी चित्रकला को यूँ नहीं देखा जाता कि भविष्य में ऐसी पेंटिंग होने वाली है इसलिये एक चित्र में ऐसा बनाया हुआ है। दावे का आधार, परिवर्तन का आधार पूर्व में किये गये कामों के आधार पर ही गढ़ते हैं और अक्सर यह गढ़ना अपनी अक्षमता को ही सिद्ध करता है कि नये परिवर्तन से लोग साम्य नहीं बिठा पा रहे हैं, कि अपना तादात्म्य नहीं स्थापित कर पा रहे हैं, कि अपने देखने को बदलना नहीं चाह रहे हैं। कि एक मजबूर, असहाय व्यक्ति की तरह जीवन जीना चाहते हैं जिसे किसी तरह का परिवर्तन मान्य नहीं है और मानो जो कुछ भी बदला जा रहा है वह एक व्यक्ति की सनक या पागलपन है। या एक व्यक्ति का अपना मसला है जिसका दूसरों से कोई सम्बन्ध नहीं है। वान गॉग की पीढ़ी ने परिवर्तन नहीं स्वीकार किया और उसके डेढ सौ साल बाद आने वाली पीढ़ी ने स्वीकार किया। इसका क्या अर्थ लगाये?—कि वान गॉग के समय में रहने वाले लोग मानसिक रूप से इतने सक्षम नहीं थे कि वे भविष्य में की जा रही चित्रकला के संकेतों को

पढ़कर उन परिवर्तनों को अपना लेते और उसे समाज में एक जगह प्रदान करते। यह काम डेढ सौ साल बाद होता है। इस परिवर्तन को एक परिवर्तन की तरह न देखकर आवश्यकता की तरह देखा जा सकता है। चित्रकला में बदलने की ज़रूरत थी। जैसे वान गॉग से पहले का चित्रकला का संसार कुछ उबाऊ और नीरस-सा हो चुका था। उसमें परिवर्तन चाहिये था। यह परिवर्तन वान गॉग के चित्रों से आया। जितनी हिकारत से उस वक्त वान गॉग का नाम लिया जा रहा था उतने ही गर्व से आज उसका नाम लिया जाता है कि वह चित्रकला का एक पुरोधा है। जो परिवर्तन एक समय में स्वीकार नहीं है वही परिवर्तन कुछ समय बाद आन्तरिक शक्ति है। उसका एक पक्ष परम्परा के रूप में प्रस्तुत / प्रकट होता है। कलाकर्म के लिये ऐसी कोशिश करना एक तरह की ग़लती है कि वह एक परिभाषा के भीतर बँध जाय।

16.

यह बात एक बड़े पैमाने पर मानी जाती रही है कि अमूर्तन पश्चिम से आया है। एक मायने में यह ठीक भी है। आधुनिक समय में अमूर्तन का एक बड़ा आधार पश्चिम में दिखायी देता है। उस से संवाद भारतीय चित्रकारों का भी रहा है। *स्वयं में अमूर्तन* पर बात करें। मुझे नहीं लगता कि अमूर्तन को चित्रकला में उपहार या श्राप की श्रेणी में रखकर देखा जा सकता है। आधुनिक अमूर्तन ही अमूर्तन के रूप में उपलब्ध नहीं है बल्कि इसके पहले भी हमारे यहाँ की कलाओं में अमूर्तन मौजूद है। लघुचित्रों से लेकर आदिवासी कलाओं तक। अन्य देशों की कलाओं में भी अमूर्तन मौजूद है। अमूर्तन से क्या तात्पर्य है, इस पर विचार करना चाहिये। मेरे खयाल से अमूर्त उसे कह रहे हैं जिसमें कोई मूर्त रूप नहीं दिखायी दे रहा। इसका एक सीमित दायरा है। ऐसे बहुत सारे चित्र हैं जिनमें आकृति चित्रण भरपूर है, किन्तु उनमें अमूर्तन भी दिखायी देता है। क्या वह अमूर्तन, अमूर्तन की तरह नहीं दिखायी देता है? या फिर आकृतियों के बरक्स अमूर्तन देखने की कोशिश नहीं की जाती? जितने भी भाव हैं, वे सब अमूर्त हैं। सारे रस अमूर्त हैं। अमूर्त वह भी है जो अव्यक्त है, जिसे व्यक्त नहीं किया जा सकता। जो बयान के परे है। जब कहते हैं कि यह बयान के परे है तब भाषा की सीमा की बात है। या अपनी भाषा की समझ की सीमा की बात है। एक दृश्य देखते हैं, कहते हैं कि यह बहुत ही अजीब दृश्य है। शब्दों के बाहर है, कि इस दृश्य को शब्द में नहीं बतलाया जा सकता। ऐसा कहना भी अपनी सीमा की बात कर रहा होना है। मिठाई खाने के अनुभव को

कि मिठाई खाने का स्वाद कैसा है या इस के बाद कैसा अनुभव होता है, शब्द में बतला पाना मुश्किल होगा। थोड़ी और मेहनत करनी पड़ेगी, भाषा को थोड़ा और समृद्ध करना पड़ेगा। भाषा में उन सारी जगहों पर जा सकने की क्षमता भरनी होगी जहाँ वह अव्यक्त को व्यक्त कर सके। शब्द ''अमूर्तन'' और शब्द ''मूर्त'' दोनों बेकार हैं जब दोनों ही व्यक्त व सामने हैं। इस तरह की श्रेणियों में विभाजन करना बन्द कर देना चाहिये। चित्रकला के सन्दर्भ में अमूर्तन बग़ैर किसी आकृति के है। आकृति चित्रण से मतलब सिर्फ़ मानव-आकृति से नहीं है बल्कि ऐसी किसी भी परिचित आकृति से है जिसे मनुष्य जानता है। चाहे वह एक फूल हो या एक पक्षी या एक पशु या वृक्ष हो। जानी-पहचानी आकृतियों व रूपाकारों के चित्र, वे सब मूर्त हैं। रूपाकारों के अपरिचित होने पर सब अमूर्त रूप हैं। अपने चित्रों में मैं अपरिचित रूपाकारों को एक परिचित आकार देता हूँ। और वह फिर अपरिचय के कोहरे में गुम हो जाता है। लोगों के लिये वह अमूर्तन है। एक अमूर्त आकार है जिससे पहली बार उनका परिचय होता है। अपरिचय से घबराकर वे उसे अमूर्तन कहते हैं। ऐसी कोई चीज़ नहीं है जो अमूर्त है। चित्रण के बाद वह दर्शक के सामने मूर्त रूप में मौजूद है। छूकर जान-देख सकते हैं। फ़र्क़ इतना भर है कि उसे कोई नाम नहीं दे पा रहे हैं इसलिये वह अमूर्तन है। अमूर्तन वह है जिसका नाम मनुष्य के पास नहीं है। ऐसी कई चिड़ियाओं को हम जानते हैं जिन के नाम हमें मालूम हैं। किन्तु ऐसी कई चिड़ियाएँ भी हैं जिनके नाम नहीं हैं। एक चिड़िया नाम से उन चिड़ियाओं को जान लेते हैं। ''मनुष्य'' नाम से मनुष्य को जान लेते हैं। अपरिचित आकार—जिस का कोई नाम नहीं है—हर दर्शक के लिये अमूर्त होता है। इस अ-नाम अमूर्त को आदिवासी लोक समुदाय में बड़ी सहजता से स्वीकार कर लिया जाता है। उनके स्वीकार्य के पीछे उनकी आस्था काम कर रही होती है। वे रंगों की महक से महकना जानते हैं, रेखाओं के साथ बहना जानते हैं, अपरिचित आकारों के साथ सीधा सम्बन्ध बना लेते हैं। समझने की दृष्टि के भीतर न लाकर अनुभव के रूप में लेते हैं। देखने से पैदा हो रहा अनुभव उनका देखना है। आकृतिमूलक होना या न होना/अमूर्त या मूर्त होना नहीं है। एक बड़े अर्थ में बहुत सारी आदिवासी चित्रकला के रूपाकार अक्सर यथार्थवादी चित्रण के ख़िलाफ़ है। यथार्थवादी चित्रण में हूबहू चित्रण किये जाने पर ज़ोर है। एक जनजातीय चित्रकार मेंढ़क भी बनायेगा तो वह अपने ढँग का एक मेंढ़क होगा। ऐसे ही मानवाकृति भी; अपनी उस एनॉटॉमी/Anatomy और प्रर्पोशन/Proportion के बाहर, जिसे पश्चिम से लेकर हमने भी अपनी चित्रकला के अंग की तरह स्वीकार लिया है। उन्हीं पश्चिमी मापदण्डों से हमने अपनी चित्रकला को भी देखना-जानना-समझना और उसे एक प्रमाण की तरह मानकर

तौलना शुरू किया। यह एक ऐसी बात है जिस पर किसी का ध्यान नहीं गया है कि कैसे हमने अपनी कला को जाँचने-परखने के औज़ार पश्चिम से उधार लेकर उन्हें जाँचना परखना शुरू किया। यह दुर्भाग्य है। एक समय व जगह पर रहकर काम करने का ढँग नितान्त वैयक्तिक होगा। एक समुदाय द्वारा किये जा रहे कामों को किसी दूसरे समुदाय के द्वारा निर्धारित किये गये प्रमाणों के आधार पर नहीं जाँचा-परखा जा सकता। उसे उसी की सीमा में, उसी के बनाये नियमों के अनुसार देखना होगा। जनजातीय समाज में अमूर्तन को लेकर सहज ही एक स्वीकार्य भाव है। उनके मन में प्रमाण रूप जैसा कुछ नहीं है। उनके लिये उनकी अपनी आस्था ही प्रमाण के रूप में काम करती है। वे अपनी देवी-देवताओं का चित्रण करते हैं। और वे प्रामाणिक होते हैं। शहरी मनुष्य की आस्था टूटी हुई-बिखरी हुई है। उसे अपने देखने पर भरोसा नहीं है। वह देखना नहीं चाहता। इन्हें मैं Visually illitrate कहूँगा। मेरा अपना अनुभव है कि अनपढ़ व्यक्ति को पढ़ाया जा सकता है किन्तु Visually illitrate की आँखें खोलना असम्भव है। चित्र "देखना" पढ़कर भी नहीं जाना जा सकता, उसे देखना ही होगा। तब मूर्त-अमूर्त की कोटियों की व्यर्थता खुद ही सिद्ध हो जाएगी।

17.

हर कलाकार अपने आसपास मिल रही सामग्री का इस्तेमाल कर अपना मानस तैयार करता है। बाद में वह भले ही अपनी कलाकृति के तत्त्वों के रूप में वह सारी सामग्री पाँच मील के दायरे के बाहर से भी खींच लाता हो। उसकी समझ पाँच मील के दायरे में पली और बढ़ी समझ है। गांधी जी ने वर्धा में सेवाग्राम बनाने के लिये कहा, इस्तेमाल की जाने वाली सामग्री पाँच मील के दायरे में मिलने वाली सामग्री ही हो। गांधी का इशारा किफ़ायत की तरफ़ था। अपनी ज़रूरत की चीज़ों को अपने आसपास से ही ले सकना चाहिये। अगर वे उपलब्ध नहीं हैं तो उसकी आकांक्षा नहीं करनी चाहिये। काश! हम हमारे घर में ऐसा भी सामान लगा सके जो हमारे इलाक़े में मिलता हो। गांधी मनुष्य के संयमन की बात कर रहे थे। गांधी से प्रेरणा लॉरी बेकर ही नहीं बल्कि काम कर रहे सभी ले सकते हैं। यह आवाजाही लगातार जारी है। इसमें आधुनिक/लोक/जनजातीय कलाकार सब अपने को बरतते रहे हैं। कई पिथौरा में देख सकते हैं कि एक रेलगाड़ी भी चलती हुई नज़र आ रही है। पिथौरा के चित्रकार और पिथौरा की परम्परा व उस समुदाय के

अनुष्ठानों में रेलगाड़ी का कोई स्थान नहीं है, किन्तु चित्रकार के जीवन में उसका एक स्थान है कि उस ने पहली बार रेलगाड़ी देखी। उसे अच्छा लगा, प्रभावित हुआ। और पिथौरा में रेलगाड़ी का चित्रांकन किया। अचानक से उसके चित्र में आया यह तत्त्व उन सभी को आकर्षित करेगा जो उस पिथौरा या उस समुदाय के दर्शक हैं। ऐसा ही एक पिथौरा भारत भवन में है। चित्र के एक तरफ़ एक व्यक्ति है और दूसरी तरफ़ एक स्त्री है। इस व्यक्ति का लिंग पूरे चित्र में इस कोने से उस कोने तक गया हुआ है। व्यक्ति स्त्री के साथ सम्भोगरत है। कहना न होगा कि चित्रकार ने इस दस फीट के चित्र में अपनी कामना भी चित्रित कर दी है जबकि पिथौरा एक आनुष्ठानिक चित्र है। एक अनुष्ठान के लिये किये जाने वाले चित्र में भी चित्रकार की कामना जगह पाती है। पिछले कुछ दशकों से ही नहीं बल्कि शुरू से ही इस तरह की आवाजाही लगातार चित्रकला के संसार में है। अन्य कला संसारों में भी होगी। यह देखना चाहिये कि किस वक्त यह भेद पैदा हुए कि यह लोक कला है और यह शास्त्रीय कला है। क्या यह भेद उचित है? अनुभव के स्तर पर एक आदिवासी कलाकृति और एक तथाकथित आधुनिक मनुष्य द्वारा बनायी गयी कलाकृति देखने में कोई फ़र्क़ नहीं है। बशर्ते कि वे श्रेष्ठ कलाकृतियाँ हों। बग़ैर यह जाने कि यह कलाकृति किसने बनायी है उस कलाकृति से दर्शक जुड़ जाता है। कलाकृति का आनन्द लेता है। रसानुभव करता है। यह जानना क्यों है कि यह कलाकार आधुनिक है या लोक/जनजातीय/आदिवासी है? जान लेने पर उसकी अभिव्यक्ति के भेद की बात क्यों करने की कोशिश करते हैं? ऐसा करने में मंशाएँ निश्चित ही उस कलाकृति से रस प्राप्त करने की बजाय कुछ और करने की है। मुझे लगता है कि रचना-अनुभव को श्रेणियों में नहीं बाँटा जा सकता। अनुभव का संसार उतना ही विस्तृत व विशाल है जितना कि देखने की निर्बन्धता।

2010

कलाकृति धोखा है

1.

चित्र बनाना मेरे लिये लुकाछिपी का खेल है। लुकाछिपी में हमेशा खोजने और पाने का सिलसिला जारी रहता है। अक्सर मैं खो जाता हूँ फिर ख़ुद को मिल जाता हूँ। अक्सर कोई एक रंग खो जाता है, कोई एक रूप खो जाता है। कोई एक रेखा खो जाती है। फिर अचानक मिल जाती है। मैं आनन्दित हो उसके साथ खेलना शुरू कर देता हूँ। यह एक अन्तहीन प्रक्रिया की तरह चलने वाला खेल है। मैं लगातार खेलता-खोता-खोजता-पाता रहता हूँ। मेरे लिये खेल के नियम कभी तय नहीं होते हैं। नियम कभी तय किये ही नहीं जा सकते हैं। जो नियम मैं एक चित्र पर लागू करता हूँ उसी नियम से मेरा दूसरा चित्र नहीं बनता है। बहुत बदलाव आ जाते हैं। इन बदलावों का एक बड़ा कारण यह भी होता है कि अभी तक के

मेरे चित्र बनाने के अनुभव में एक और चित्र जुड़ जाता है। पहले तक के सारे नियम छिन्न-भिन्न हो जाते हैं। एक नया चित्र बनाना शुरू करते समय वैसा ही निहत्था होता हूँ जैसा कुछ समय पहले उस चित्र के पहले के चित्र बनाते वक्त था। निहत्थे होकर ही अपने कैनवास का सामना करता हूँ। मुझे खुद नहीं पता होता है कि इस बार खेल के नियम क्या होंगे। इतना भर पता रहता है कि मैं फिर से खेलने जा रहा हूँ। हमेशा इसी अनजान का भय सन्देह से भर देता है। घालमेल कर देता है कि पता नहीं इस बार क्या होने वाला है, इस बार क्या मिलने वाला है, इस बार कहाँ खोने वाला हूँ, इस बार ऐसी कौन सी चीज़ होने वाली है जो इससे पहले नहीं अनुभव कर सका हूँ। यह सारी चीज़ें कला को एक ऐसी शक्ति प्रदान करती हैं जिसमें बहुत सारी चीज़ों के आने न आने से फ़र्क़ नहीं पड़ता है। कला अपनी गति से, अपनी मज़बूती से चलती रहती है।

ऐसे तमाम सारे काम इस दुनिया में होते रहते हैं जो पहले दूसरों ने नहीं किये थे। चित्रकला में वे अचानक हुए काम की तरह नज़र आते हैं। गायतोण्डे अपने चित्रों के लिये कहते हैं कि उनके चित्रों में परिवर्तन अचानक आते हैं। मेरे काम में जिन्हें परिवर्तन की तरह देखा जा रहा है वह दरअसल खेल के नये नियम निर्धारित होने के कारण आये परिवर्तन हैं। उसे परिष्कार नहीं कहना चाहिये। परिष्कार मनजीत बावा के सन्दर्भ में ज़रूर याद आ सकता है। उनके पहले के और बाद के चित्रों में एक तरह का परिष्कार नज़र आता है। परिष्कार में बहुत सारी चीज़ें बदली-सी नज़र आती हैं। मेरे चित्रों में यह खेल के नियमों में हुए परिवर्तनों के कारण आए परिवर्तन हैं। चित्र बनाने की मेरी अपनी प्रकृति है। किसी एक खास शैली में बँधकर काम करने के बजाय मैं चित्र बनाना पसन्द करता हूँ। स्वामीनाथन ने कहा है कि ''पिक्चर मेकिंग'' और चित्र बनाने में बड़ा फ़र्क़ है। बहुत कम चित्रकार इस बात को समझ पाते हैं। ज़्यादातर समय वे ''पिक्चर मेकिंग'' में संलग्न चित्रकार की तरह नज़र आते हैं। एक खास तरह का ढँग अख़्तियार किया हुआ है जिसमें सब कुछ तय है। कोई उलझन नहीं है। खेल के नियम भी तय हैं। एक ही तरह से चित्र में आगे बढ़ना है, एक ही तरह से ख़त्म करना है। यह निश्चित ही उनके कई सालों के परिश्रम से पैदा किया हुआ नियम होता है। इस नियम पर उन्होंने बहुत मेहनत की होती है; अपने जीवन के अनेकों साल लगाये होते हैं, एक तरह की शैली को विकसित करने में। लेकिन फिर भयभीत हो उसी को पकड़कर बैठे रहते हैं जिसे स्वामीनाथन पिक्चर मेकिंग कह रहे हैं। चित्र बनाने के नित नये जोख़िम हैं। कैनवास के समक्ष हर बार अपने को ख़ारिज कर फिर से नयी शुरुआत के लिये खड़ा होना मुझे अच्छा लगता है।

जिसमें आपकी अपनी कोई शैली नहीं होती है, किन्तु चित्रों की एक शैली अपने आप बनती दिखायी देती है। जिसे गायतोण्डे परिवर्तन कह रहे हैं वे चित्रकला में हुए उन accidents/एक्सीडेंट्स की तरफ़ इशारा हो सकता है जिसके बारे में किसी चित्रकार ने सोचा नहीं होता है। वह अचानक घटित होता है। कैनवास पर उन रंगों, उन रूपाकारों, उन रेखाओं के साथ जिसकी चाहना चित्रकार को नहीं है, किन्तु जिसका होना वहाँ पर एक संयोग है। ऐसे परिवर्तन को होते समय पहचान कर पकड़ लेना अक्सर मुश्किल होता है। बहुत ही कम ऐसे चित्रकार हैं जिन्होंने इस तरह की आकस्मिकताओं को अपनी चित्र शैली बनाने में सफलता हासिल की हो। अम्बादास उनमें से एक हैं। वे चित्रफ़लक पर हुए आकस्मिक संयोग को विशेषज्ञ की तरह बरतने लगते हैं। यह अचानक होना दिखायी तब देता है जब दरअसल कैनवास पर घटित हुआ है। इस अचानक होने के पीछे भी एक लम्बी प्रक्रिया रहती है। इस प्रक्रिया को घटित होते वक्त देखा व महसूस नहीं किया जा सकता। इस तरह की आकस्मिकता अक्सर चित्रों के लिये महत्त्वपूर्ण होती है। और यह आकस्मिकता एक लम्बी तैयारी की तरह भी होती है। लियोनार्दो ने कहा है—Every great work of art is spontaneous. यह सहजता क्या है? यह सहजता सिर्फ़ कुछ रंगों के बीच होने वाली एक घटना भर नहीं है। यह अनायास होना एक मूड भी है, एक समय भी है, एक अवकाश भी है, इन सभी का एक साथ मिलना भी है। इन सारी चीज़ों के एक साथ होने पर ऐसा कुछ होता है जो हमें आश्चर्यचकित कर जाता है, जिसकी हमने कल्पना नहीं की होती है। यही जिसे अपनी कल्पना में नहीं ला सके हैं *अचानक* की तरह प्रकट होता है। किन्तु क्या यह अचानक है? अम्बादास के चित्रों को देखें। अम्बादास ने इस अनायास होने को इतने कस के पकड़ लिया कि वह उनकी शैली की तरह नज़र आता है। इस से निष्कर्ष निकाल सकते हैं कि यह अचानक होना दरअसल कुछ है नहीं, वह एक सतत प्रक्रिया से उत्पन्न घटना है जिसे चाहे तो पकड़ सकते हैं। अक्सर ऐसा होता नहीं है। जब ऐसा नहीं होता है तब वह परिवर्तन की तरह गायतोण्डे के चित्र में नज़र आता है और अम्बादास के चित्रों में एक्सीडेंट की तरह नज़र आना बन्द हो जाता है। अम्बादास ने एक अत्यन्त साधारण होने वाली घटना को अपने चित्रों में स्थान दिया। उस पर उन्होंने काम किया। विशेषज्ञता हासिल कर ली। घासलेट से फटने वाले पिगमेंट उनके चित्रों में अब अचानक होने वाली घटना की तरह नहीं दिखायी देते हैं बल्कि वे एक चित्र अनुभव की तरह नज़र आते हैं। अचानक होने का यह फ़र्क़ दरअसल निरन्तर हो रही प्रक्रिया से पैदा होने वाला प्रभाव है। कैनवास पर दिखायी देता है।

2.

मैं बहुत ही धीमी गति से चित्र बनाता रहा हूँ। चित्र बनाते समय प्रदर्शनी का ख़याल नहीं आता। मेरी आदत है मैं रोज़ ही अपने स्टूडियो में होता हूँ, चित्र बना रहा होता हूँ या कुछ लिख-पढ़ रहा होता हूँ। ज़्यादातर कविताएँ पढ़ता हूँ या उपन्यास, यदि चित्र नहीं बना रहा हूँ तो। नये चित्र भी मेरे पुराने चित्रों की निरन्तरता व विस्तार में ही बने हैं। इसमें किसी तरह से नयी ज़मीन तोड़ना नहीं है। मैंने अपने को पुनराविष्कृत भी नहीं किया है। मेरे चित्र मेरे देखने का विस्तार हैं। हर नये चित्र के पीछे पिछले चित्रों का अनुभव काम कर रहा होता है। अपने चित्रों के सन्दर्भ में कुछ नया या नयी ज़मीन तोड़ना कहना मुझे एक दावा-सा जान पड़ता है। कला के दावे खोखले सिद्ध हैं। हो सकता है चित्रकार अपने नये ढँग से देखने को प्रस्तावित कर रहा हो। सभी चित्रकार कुछ नया ढूँढ़ रहे होते हैं। अपने नैरन्तर्य में नये सिरे से ख़ुद को ढूँढ़ना जारी रखते हैं। एक चित्रकार अपने चित्रों के माध्यम से ख़ुद के देखने के ढँग का प्रस्ताव रखता है। चाक्षुकता ही चित्रकार की भाषा है। स्वामीनाथन ने इसे गुणात्मक बोध की भाषा कहा है। यह गुणात्मक बोध एक अनूठी प्रक्रिया है। व्यक्ति को किसी तरह के प्रमाण या तुलना में लाने के बजाय विस्तार में ले जाने का प्रयास है। दर्शक एक चित्र देख कर अपने कल्पना-लोक के आनन्द में जा सकता है। यह देखने की क्षमता पर निर्भर करता है। एक visually illiterate के लिये रंगों की भाषा समझ पाना मुश्किल होगा। अनपढ़ को प्रौढावस्था में भी साक्षर बनाया जा सकता है लेकिन एक चाक्षुक रूप से असाक्षर को नहीं। एक चित्र के द्वारा चित्रकार चाक्षुक प्रस्ताव ही रखता है। देखने के स्तर पर महसूस किया जा सकता है।

प्रभाकर बर्वे के लिये रूप वह लंगर है जिस पर उनकी चित्र भाषा टिकी हुई है और मेरा लंगर रंगों में है। मैं अपनी चित्र-भाषा में रंगों को स्थान देता हूँ। रूपाकार उन रंगों से भी आ जाते हैं। रूप मेरी पहुँच का ना कभी विषय रहा न प्रयास। ऐसा कभी नहीं लगा कि कुछ रूप गढ़ा जाय। अपने चित्रों के बारे में मैंने रंगों के माध्यम से ही सोचा है। मुझे हमेशा रंग ही दिखते हैं, कभी भी रूप नहीं दिखे। मेरे चित्रों में जो कुछ भी प्रस्तावित है उसका नाभिनाल सम्बन्ध रंगों से है। रंग मेरी स्मृति के रंग हैं, मेरे देखे हुए हैं। हम रंग-अनुभव हर क्षण करते हैं। रंगानुभव हर क्षण बदल रहा होता है। हर बार सूर्यास्त का अनुभव अलग रंग का होगा। अनुभव मन में कितनी गहरी छाप छोड़ता है यह देखने पर निर्भर करता है। किसी एक रंग को महसूस करना, किसी एक रंग को देख पाना सबसे मुश्किल काम है। अमूमन हम रंगों के द्वारा दुनिया को

देखने की कोशिश नहीं करते बल्कि रंगों के प्रति उदासीन रहते हुए अपना जीवन जी रहे होते हैं। जीवन में रंग हैं लेकिन हम रंगों से बचते रहते हैं। मसलन, अपने पहनने के कपड़े हों या अपने द्वारा ख़रीदी जाने वाली कई आवश्यक सामग्री या अन्य चीज़ें, सबमें हम रंगों का चुनाव कुछ ऐसा रखते हैं कि हमारा भय सामने आता है। मैं हमेशा चकित होता हूँ—कोई व्यक्ति रंग से कैसे भयभीत हो सकता है? प्रकृति में मनुष्य के इर्द-गिर्द इतना विशाल रंग संसार बिखरा हुआ है लेकिन वह सबसे उदासीन रंगहीन ज़िन्दगी में मशग़ूल है। रंगों से डरते हुए एक ग्रे ज़िन्दगी बिता रहा है।

मेरे चित्रों का नाभिनाल सम्बन्ध हमेशा रंगों से है।

3.

मेरे चित्रों में कला की गोपन माँग रंग है। मेरे चित्रों को रंग रूप देता है। रंग का विस्तार ही रूप का विस्तार है। दरअसल, रूप एक रंग अनुभव है। एक काली लड़की देखकर मन में सुन्दरता का भाव रंग से पैदा होता है। हर लड़की में आकर्षण रंग से (भी) है। किसी चीज़ की तरफ़ देखने पर सब से पहले रंग आकर्षित करता है। रंग विस्तार में वस्तु के साथ सम्बन्ध चेष्टा है। सब से पहले हम रंग के द्वारा किसी वस्तु या व्यक्ति के प्रति आकर्षित होते हैं। मेरे चित्रों में दर्शक को रंग आकर्षित करता है और वह रंग के विस्तार में उन रूपों को पा सकता है जो मेरे चित्रों में रंगों से पैदा हुए हैं। इन रूपों ने कई बार मुझे चकित/हतप्रभ किया है : क्या ऐसा सम्भव था जो मैंने देखा, जो मैं कर रहा था?

फ्रेंक स्टेला की तरह हर चित्रकार की अपनी व्यक्तिगत समस्याएँ होती हैं। इन समस्याओं को चित्रकला मात्र पर लागू नहीं किया जा सकता। फ्रेंक स्टेला की पहली समस्या यह जानना रहा कि चित्र क्या है और दूसरी समस्या चित्र कैसे बनाया जाय से सम्बन्धित है। यह उनकी व्यक्तिगत समस्याएँ हैं। पिकासो के लिये मसला भिन्न था। उनका कहना था—I don't seek, I find. पिकासो के लिये चित्र ख़ुद-ब-ख़ुद उद्घाटित हो रहा है। एक चित्रकार का दूसरे से यह फ़र्क़ महत्त्वपूर्ण है। यह फ़र्क़ चित्रकार के देखने व उसकी अनुभूति में फ़र्क़ पैदा कर रहा होता है। फ्रेंक स्टेला का कहना अपनी जगह ठीक हो सकता है। चित्र कैसे बनाया जाय की समस्या सबसे बड़ी समस्या है। स्वामीनाथन ने "पेंटिंग" और "पिक्चर मेकिंग" में फ़र्क़ किया है। "पिक्चर मेकिंग" सभी लोग कर सकते हैं लेकिन "पेंटिंग" करना कम लोगों के बस का है। चित्र कैसे बनाया जाय

के बारे में कभी एकमत नहीं हुआ जा सकता। कोई परिभाषा नहीं दी जा सकती। कोई भी दो चित्रकार एक रास्ते से उस तक नहीं पहुँच सकते। स्टेला के चित्र अपने में बड़े ख़ूबसूरत चित्र हैं। स्टेला के चित्रों में उलझन नज़र नहीं आती। They are finest work, actually. उनके चित्र देखकर पता चलता है कि वे जानते थे कि चित्र क्या है और कैसे बनाया जाय। सीखने और निर्मित करने की विभाजक रेखा उनके चित्रों में नज़र नहीं आती। वे लगभग निर्मित करते हुए सीखते हैं। ऐसा कुछ नज़र नहीं आता जिसमें उन्हें कुछ सीखना बाक़ी बचा हो, ऐसा कुछ जो उनकी निर्मिति में नहीं आया हो।

चित्ररत रहते हुए कोई चित्र कैसे बढ़त लेता है? मेरे लिये हमेशा लगाये गये रंगों के माध्यम से संकेत प्राप्त होते हैं। एक रंग लगाने के दौरान ही मुझे यह अंदाज़ा होता है कि अब दूसरा रंग कौन सा लगाना होगा। जब भी मैंने इस intuition से संचरित न होकर अपनी मर्ज़ी से कोई दूसरा रंग लगाने की कोशिश की तब मैं निष्फल रहा।

4.

कल्पना तक एक चित्रकार कैसे पहुँचता है? कैसे कल्पनाएँ जन्म लेती हैं और चित्रकार उनमें संगति ढूँढ़ते-खोजते हुए एक नया रूप कैनवास पर पाता है? 'कलाकृति एक धोखा है' का मतलब वही है जब कोई मेरे चित्रों के बारे में यह कह रहा है—"It's hard to locate your work." कि दर्शक मेरे चित्रों का केन्द्र नहीं पा रहा है या वह उन्हें एक ऐसी परिभाषा में डालने में सक्षम नहीं हो पा रहा है जिससे चित्र सभी के लिये उपलब्ध हो जाय। एक कलाकृति हमेशा दर्शक से यह आग्रह करती है कि वह किसी एक तरह के देखने पर भरोसा न कर अपने दिल और दिमाग़ को खुला रखे; उन सारी सम्भावनाओं तक भी उतनी ही आसानी से पहुँच सके जितनी सहजता से एक चित्रकार पहुँचता है। कला आलोचक का चित्रकार के काम को locate करने की कोशिश करना चित्र को एक परिभाषा में बाँधने की कोशिश करना है। चित्रकला के बारे में किसी दूसरे माध्यम—भाषा के माध्यम—में लिखना कुछ संकेत, कुछ प्रमाण पहले से बनाकर उस पर आगे बढ़ने की चेष्टा करना है। भाषा के माध्यम में कला आलोचना ऐसे नहीं भटक सकती जैसे चित्रकला भटकती रहती है। वह अपने को ऐसे नहीं बरत सकती जैसे चित्र में रंग अपने को बरत लेते हैं। चित्रकार के केन्द्र को ढूँढ़ पाना या रेखांकित करना हमेशा एक मुश्किल काम है। स्वामीनाथन का यह कहना कि

An image has more meaning than you can pour into it. वही बात है जिसमें एक मनुष्य की सीमा का ज़िक्र है। चित्रकार के लिये image/इमेज़ एक ही तरह का अर्थ हो सकती है लेकिन उस इमेज़ से/के कई अर्थ दर्शक अपने ढँग से निकाल सकते हैं। स्वामीनाथन इस बात को नहीं मानते थे कि किसी इमेज़ का कोई एक अर्थ है। उनका कहना था कि चित्र में इमेज़ अपने अर्थ से मुक्ति पा लेती है। बल्कि संकेत अपने अर्थ से मुक्ति पाकर प्रतीक बन जाते हैं। यह संकेतों का प्रतीक बनना चित्र का एक ऐसी सत्ता में रूपान्तरण है जिसके अनेक अर्थ हैं। यह अर्थ आस्था पर टिके हैं। आस्था व्यक्ति सापेक्ष है। एक इमेज़ के कैनवास पर सार्थकता प्राप्त कर लेते ही उसके कई अर्थ पैदा हो जाते हैं। वह उस अर्थ से परे चली जाती है जो चित्रकार ने स्वयं सोचा है। यही वह जगह है जहाँ कलाकृति एक धोखा है। एक व्यक्ति का अनुभव है, कुछ अनुभूतियाँ हैं। वह कल्पना में प्रवेश करता है। चित्र बनाता है। चित्र से कई कल्पनाओं का जन्म हो सकता है। इस अर्थ में एक कलाकृति हमेशा एक धोखा रहेगी। कलाकृति की एक सीमित व्याख्या हो सकती है। कला आलोचक या अध्येता अपने देखने की सीमा में ही देखने की कोशिश कर सकता है। उससे आगे जाने का कोई रास्ता नहीं है। कला आलोचक कलाकृति के उन सारे अर्थों को नहीं खोल सकता है जिन सारे अर्थों को वह कलाकृति छिपाये हो सकती है। वह अपने से पहले और बाद की परिस्थितियों पर बात नहीं कर सकता है, न उन सन्दर्भों में सोच सकता है। कलाकृति के बारे में दर्शक अपने सन्दर्भ में सोचेगा, अपने समय के सन्दर्भ में सोचेगा। यहाँ मनुष्य की अपनी सीमित सीमा का ध्यान रखने की ज़रूरत है। यह कलाकृति की सीमा नहीं है। कलाकृति अनन्त आकाश में है जहाँ उसके कई अर्थ आने वाली पीढ़ियों में भी देखे जा सकते हैं। वान गॉग के चित्रों के कई अर्थ या लियोनार्दो दा विंची की चित्रकृति ''मोनालिसा'' के कई अर्थ आज तक लोगों के लिये प्रेरणा का स्रोत है। बीते पाँच सौ सालों में ''मोनालिसा'' पर लगातार लिखा गया है और इस चित्रकृति के अनेकानेक अर्थ ढूँढ़-खोज लिये गये हैं। यह सारी सम्भावनाएँ ''मोनालिसा'' चित्र में ही हैं। चित्र के अनन्त अर्थ हैं।

5.

अपने एक पत्र में अज्ञेय कहते हैं : ''जीवनानुभव का जो पक्ष तर्कातीत है उसी में से कठिनतर समस्याएँ पैदा होती हैं और केन्द्रीय प्रश्न यह है कि किसी भी संस्कृति में इस तर्कातीत का क्या स्थान है?''

दरअसल, तर्कातीत में से कठिनतर समस्याएँ इसीलिये पैदा हो रही हैं कि वे तर्कातीत हैं। तर्क कर कठिन से कठिन समस्या को सुलझाने की कोशिश कर सकते हैं। तर्कातीत अनुभव है। अनुभव की परिणति अनुभूति में नज़र आती है। अनुभूति कलाकृति के रूप में सामने दिखायी देती है। अनुभूति को वापस कैसे तर्क में ले आएँ? वह पहले से एक इतनी लम्बी प्रक्रिया से छन कर गुज़री है। पहले अनुभव के स्तर पर, फिर अनुभूति के स्तर पर। एक संस्कृति में तर्कातीत का क्या स्थान है? इस केन्द्रीय प्रश्न से क्या अज्ञेय कभी जूझे हैं? या उन्होंने सिर्फ़ इसकी तरफ़ इशारा किया है? अज्ञेय ने यह महसूस किया कि तर्कातीत में से कठिनतर समस्याएँ पैदा हो रही हैं। यह रचने की समस्याएँ हैं। एक कलाकार की अपनी समस्याएँ हैं जिनसे वह उलझता-जूझता और अकसर हारता नज़र आता है। कलाकार के सम्मुख तर्कातीत एक समस्या की तरह खड़ा दिखायी देता है। वह तर्कातीत को अपने हर दूसरे चित्र में तर्क में लाने की कोशिश करता है। हर बार निष्फल रहता है।

6.

हैरॉल्ड रोज़नबर्ग/Harold Rosenberg ने 1964 में एक कला परिसंवाद में आलोचना की प्रकृति को लेकर उठे सवालों के जवाब में कहा था : "To evaluate a modern painting one needs to carry it back to its creator. Taken by itself no single work can be adequately appraised. The connoisseurship which the public expects in its critics cannot be achieved in respect to contemporary works unless the artist is present in a continuum of ideas and practice." हैरॉल्ड रोज़नबर्ग जब कह रहे हैं कि कलाकृति को जाँचने-परखने के लिये उसके चित्रकार तक पहुँचना होगा तब वे इन सब बातों की तरफ़ इशारा कर रहे हैं कि कैसे एक चित्रकार का मन-मस्तिष्क अपने परिवेश में, अपनी परम्परा के दौरान, अपनी रूढ़ियों, अपनी मान्यताओं के साथ बड़ा हुआ और कैसे उसने इन सबको आत्मसात् कर अपना चित्रकर्म किया है या नहीं किया है।

रोज़नबर्ग परिसंवाद में आलोचना की प्रकृति को लेकर उठे सवालों के जवाब में बात कर रहे थे। एक ख़ास तरह का सन्दर्भ है। रोज़नबर्ग की बात एक आलोचक दृष्टि से आती है। वे कलाकृति के सारे अर्थों तक पहुँचने की बात नहीं कर रहे हैं, वे कलाकार के द्वारा कलाकृति में खोजे गये उस अर्थ-अनुभव-अनुभूति-कल्पना

की बात कर रहे हैं जिसे दर्शक तक पहुँचना चाहिये। हो सकता है परिसंवाद में यह बात चल रही हो। यह बात सारी कलाकृतियों के बारे में या स्वयं कलाकृति के बारे में नहीं कही जा सकती। ''गुएर्निका'' के बाद और पिकासो के बाद भी ''गुएर्निका'' चित्र पर कई तरह से लिखा जाता रहा है। यह लिखना पिकासो के बग़ैर हो रहा है। जब गुएर्निका, गुएर्निका की तरह पहचानी गयी तब पिकासो पेरिस में थे और इस चित्र पर लन्दन में बात हो रही थी। यह कहना मुश्किल है कि एक चित्र की समझ के लिये एक चित्रकार का होना ज़रूरी है। मुझे लगता है एक चित्र बनाने के बाद चित्रकार का अपने चित्र से सम्बन्ध ख़त्म हो जाता है। वह एक नयी दुनिया में, एक नयी जगह पहुँच जाता है जहाँ चित्रकार के नये ढँग के अपने सम्बन्ध बनना शुरू होते हैं। ऐसा खुला रूप रखना-देखना ही उचित जान पड़ता है।

गांधी लिखते हैं : ''इसकी क्यों ज़रूरत हो कि चित्रकार स्वयं अपनी पेंटिंग मुझे समझाएँ, पेंटिंग ही स्वयं अपनी बात मुझ तक क्यों नहीं पहुँचा सके? मैंने वेटिकन में क्रॉस पर लटके ईसा की एक मूर्ति देखी, जिसे देखकर मैं स्तब्ध रह गया। बेलूर में एक प्रतिमा देखी जो मुझे अलौकिक लगी, जिसने मुझसे खुद बातें की, बिना किसी समझाने वाले की मदद के।'' गांधी जी का यह कहना कि कोई चित्रकार क्यों मुझे चित्र समझाये, स्वयं चित्र क्यों नहीं मुझ तक ख़ुद पहुँचे, बिलकुल ठीक बात है। दरअसल, देखने का स्तर इतना ऊँचा होना चाहिये कि चित्रकार ही क्यों किसी कला आलोचक की भी ज़रूरत न हो। एक कलाकृति अपने में सम्पूर्ण है, एक दर्शक अपने में सम्पूर्ण है और दोनों के बीच किसी तीसरे का आना हड्डी की तरह होगा। कबाब में किसी को हड्डी की ज़रूरत है तब वह ज़रूर तीसरे का इंतज़ार करेगा अन्यथा कलाकृति से सीधे अपना सम्बन्ध बनाने की कोशिश करेगा। कलाकृति को पहचानने की कोशिश करेगा, समझेगा। कलाकृति के साथ स्वयं ही रिश्ता बन सकता है। इस सन्दर्भ में किसी तीसरे की ज़रूरत मनुष्य के अधूरेपन की ज़रूरत की तरह लगती है। यह अधूरापन अपने तक नहीं पहुँच पाने का है। अपनी अनुभूतियों, अपनी इन्द्रियों को महसूस नहीं कर पाने का है और अपने देखने-सुनने पर भरोसा नहीं कर पाने का है। लोग अपने बोलने तक पर भरोसा नहीं करते हैं; बिला वजह शब्दों का इस्तेमाल करते हैं, बग़ैर सोचे-समझे करते हैं। कहते हैं कल शाम को चार बजे आऊँगा और हो सकता है अगले दो दिन तक ना आते हो! जब लोग अपने बोलने को ही गम्भीरता से नहीं ले रहे हैं तब उसी से समझ में आता है कि उनके देखने-सुनने का क्या होगा।

मुझे नहीं लगता कि रोज़नबर्ग और गांधी के विचारों को एक दूसरे के बरक्स रखा जा सकता है। गांधी एक दर्शक की हैसियत से बात कर रहे हैं और रोज़नबर्ग एक आलोचक की हैसियत से बात कर रहे हैं। आलोचक ऐसा मान लेता है कि उसकी आलोचना से ही एक समझ का विकास हो सकता है जबकि एक दर्शक अपनी समझ से ख़ुद भी चित्र तक पहुँच सकता है। समझ के सन्दर्भ में विकास का विचार झूठा लगता है। आलोचना के लिये झूठा हो सकता है। हो सकता है साहित्य में वह कलाकृति की आलोचना एक दूसरे ढँग से करे। अपने सामने कलाकृति का नया अर्थ प्रस्तुत कर दे। इस अर्थ तक एक सच्चा रसिक ख़ुद भी पहुँच सकता है, अपने सन्दर्भ में।

7.

कलाकृतियाँ एक अवकाश रचती हैं। इस अवकाश-निर्माण में स्वयं कलाकृति भी है और देखने वाला भी। चित्रकला का अवकाश कम है और मूर्तिकला का अवकाश ज़्यादा है, यह सोचना भूल होगी। कम या ज़्यादा कहकर अनुभव करने की कोशिश करना भी। एक चित्र फ़लक का अवकाश उतना ही अनन्त है जितना कि एक अनन्त में रखी गयी मूर्ति, जितना कि दो शब्दों के बीच का अन्तराल। यह अवकाश उतनी ही बड़ी अनुभूति पैदा कर सकता है जितना कि एक व्यक्ति को एक समय में हुआ हो सकता हो। इसको अलगाने में मैं अपने को अक्षम पाता हूँ कि अवकाश को सतह या चित्र-अवकाश या शिल्प-निर्मिति के अवकाश में बाँटकर देख सकूँ। अवकाश का अनुभव महत्त्वपूर्ण है। एक स्थापत्य को मैं अवकाश में ही देखता हूँ।

उड़ीसा में कोरापुट के एक छोटे से गाँव में मैं एक आदिवासी के घर में बैठा था। हम तीन-चार चित्रकार सब साथ में बैठे खाना खा रहे थे। आदिवासी परिवार हम लोगों के सामने था। धीरे-धीरे रात गहराती जा रही थी। इस बीच उस परिवार का मुखिया और परिवार के दो सदस्य तथा गाँव के दो लोग अचानक आ गये। वे हमारे सामने खड़े थे, हम उनके सामने बैठे हुए थे। अचानक मैंने महसूस किया कि ये लोग अनन्त आकाश में खड़े देवताओं की तरह दिखायी दे रहे लोग हैं। सब तरफ़ अँधेरा था। घर की दीवारें अँधेरे में ग़ायब हो चुकी थीं। हमारे घेरे के बीच लालटेन से निकलती रोशनी एक या दो फीट तक पहुँच रही थी। लालटेन का उजाला इन लोगों के चेहरे पर गिर रहा था। वे सभी मुझे देवताओं की तरह खड़े

मालूम हुए। जैसे वे आकाश में खड़े हों और हमें देखकर हमसे बात कर रहे हों। यह अनुभूति/अनुभव मेरे लिये महत्त्वपूर्ण है बजाय इसके कि मैं शिल्प और शब्द और संगीत के दो सुरों और कैनवास की सतह के अवकाश के फ़र्क़ को महसूस करूँ। मैं कभी महसूस नहीं कर पाऊँगा। क्या इनमें कोई फ़र्क़ है? मोत्ज़ार्ट के दो नोट्स के बीच एक छोटे से अन्तराल का अनुभव उतना ही विशाल है जितना दो शब्दों के बीच का अनुभव। इन सबकी भौतिक नहीं बल्कि काल्पनिक उपस्थिति है। मैं महसूस करता हूँ। एक मन्दिर के प्रांगण में घूमते हुए लगता है मैं एक अनन्त में विचरण कर रहा हूँ। एक जगह मायालोक की तरह दिखायी देती है। इस मायालोक में अस्तित्व बिला जाता है। लगता है खुद कुछ नहीं है, ख़ाली चारों तरफ़ एक अनुभव है। यह अनुभव अवकाश का ही है। यह अनुभव चित्रित करते हुए होता है या दो रंगों को पास में रखने का अन्तराल मुझे वैसा ही नज़र आता है। यह गहराई व अनुभूति मेरे लिये महत्त्वपूर्ण है; अवकाश का कोई भौतिक रूप मायने नहीं रखता है। ऐसा मैं नहीं मानता हूँ कि शिल्प में अवकाश प्रदत्त है और दूसरे में अदृश्य। एक शिल्पी अपने पत्थर के साथ सम्बन्ध बनाते हुए उसके आकार का चुनाव करता है। माइकल एंजेलो ने कहा था कि मैं पत्थर में छुपी हुई मूर्ति को बाहर निकाल लाता हूँ। वे शिल्प में से उन पत्थर के कणों/अंशों को हटा देते थे जिसके पीछे एक मूर्ति छिपी हुई उन्हें नज़र आती थी। एक मूर्ति की इस अनुभूति में आकार उतना ही अदृश्य है जितना एक चित्र में अदृश्य है। धीरे-धीरे जब एक मूर्तिकार आकार खोलता जाता है तब वह पत्थर में छिपा आकार नज़र आने लगता है। चित्र में इसी तरह रंगों से होता है और शब्दों से कविता में। इसी तरह से संगीत में हो सकता है।

यूँ संगीत में मेरी दिलचस्पी सुनने तक की है। संगीत और चित्रकला के बीच के सम्बन्ध को विष्णुधर्मोत्तर पुराण में वर्णित कथा प्रारम्भ से रेखांकित कर सकता हूँ। जॉन बर्जर का यह कहना कि "Space is to the painter what time is to the musical composer." बिलकुल ठीक बात है। वे ठीक ही उँगली रख रहे हैं। मैं और आगे जाना चाहता हूँ। composer के लिये भी अवकाश उतना ही विस्तृत, विशाल व अनन्त है। मेरे पास मोत्ज़ार्ट के हाफनर के चार अलग-अलग कम्पोज़रर्स के नमूने मौजूद हैं; चारों का अनुभव अलग है। सबने मोत्ज़ार्ट को अलग ढँग से अनुभव किया, अलग अवकाश में रखा, रचा। मोत्ज़ार्ट की रचना में यह सम्भव था। जब मोत्ज़ार्ट रच रहा था तब यह variations/वेरियेशंस् उसके अन्दर बुने जा रहे थे। स्वयं मोत्ज़ार्ट को वेरियेशंस् पसन्द थे और वह ख़ुद अपनी रचनाओं के कई वेरियेशंस् बनाया करता था। यह सारे वेरियेशंस् उन composer's की रचनाओं की तरह नज़र आते हैं जो कि मोत्ज़ार्ट के ख़ुद के composion में

ही बुने जा चुके थे। यह समय नहीं बल्कि अवकाश है जिसमें मोत्ज़ार्ट का संगीत रचा जा रहा है। यह अवकाश चित्रकार के लिये भी है। (यूँ हो सकता है जॉन बर्जर इस बात को किसी ख़ास मसले पर कह रहे हो।)

8.

प्रेक्षक/दर्शक की समस्याओं के बारे में बात करते हुए शहर में पले-बढ़े दर्शक की देखने की सीमा साफ़ नज़र आती है। प्रकृति में पला-बढ़ा दर्शक चित्रों के साथ या अपने आसपास की कलाकृतियों के साथ अपना सम्बन्ध बिलकुल अलग ढँग से देखता समझता है। शहरी मनुष्य अपने देखने को भूल चुका है। शहर में दो तरह के लोगों का चित्रकला से सम्बन्ध नहीं है। एक तो सीधे ही कहते हैं कि हमें कुछ भी समझ में नहीं आता और हमें समझाओ। यह सीधे हथियार डाल देने वाला वाक्य है। दूसरा यह बताने की कोशिश करता है कि उसका चित्रकला से बड़ा गहरा सम्बन्ध है। चित्र देखते हुए वह जिस तरह के उदाहरण देता है वे सब ग़लत निकलते जाते हैं। पता चलता है कि अहंकार के कारण अपने हथियार नहीं डाल रहा है। वह यहाँ तक भी दावा कर सकता है कि जो चित्र बना ही नहीं वह भी उसने देख लिया था! यदि कोई व्यक्ति देखना नहीं चाहता है तब भला उसे कौन दिखा सकता है? यदि देखना चाहता है तब भला उसे कौन रोक सकता है? हम अपने अनुभव से जानते ही हैं कि लोग हमेशा अच्छी चीज़ों के बजाय बुरी चीज़ों से ज़्यादा आकर्षित होते हैं। अच्छा साहित्य पढ़ने की बजाय अश्लील साहित्य की तरफ़ जाते हैं। अच्छा शास्त्रीय संगीत सुनने की बजाय सस्ते फ़िल्मी गाने सुनना पसन्द करते हैं। इन लोगों को कैसे रोक सकते हैं? बल्कि आमफहम इनसान की तरफ़ क्यों जाय, मैं ऐसे बहुत सारे चित्रकारों को भी देखता हूँ जिन्हें देखना नहीं आता है या जिन्हें अपने देखने पर भरोसा नहीं है। आमफहम इनसान की तरफ़ न जाकर चित्रकला के लोगों को ही देखें तो उनमें बहुत सारे लोगों को देखना नहीं मालूम है। वे अपने चित्रों तक के बारे में यह नहीं बता सकेंगे कि उनका कौन-सा चित्र अच्छा है, कौन-सा बुरा। उन्हें यह पता नहीं है कि वे क्या कर रहे हैं। जब चित्रकला के लोगों के कला संस्कार नहीं हैं तब समाज के लोग या उनकी देखने की समस्याओं पर कैसे बात करें?

यह प्रश्न मुझे भाषा से संचारित प्रश्न ज़्यादा लग रहा है। ऐसा लगता है मानो दर्शक उस भाषा में कैसे संलग्न हो जिसे वह नहीं जानता समझता। मैं यह पूछना चाहता हूँ कि क्या वह देखना नहीं जानता? क्या वह देखना नहीं समझता? चित्रकला में कुछ् जानने समझने के लिये सिर्फ़ देखने की ज़रूरत है। एक विशेषज्ञ दर्शक होकर नहीं बल्कि एक सामान्य दर्शक की तरह। अपनी पूर्वधारणाओं, अपनी मान्यताओं, अपने अहंकार, अपने वजूद से देखने की कोशिश न कर चित्र को समर्पण भाव से देखना चाहिये। ऐसा होने से चित्र के ज़्यादा नज़दीक जा सकेंगे। ज़्यादा अपने देखने के नज़दीक जा सकेंगे। मुझे लगता है मनुष्य अपने देखने पर भरोसा करना भूल रहा है। देखना शुरू करना चाहिये।

चित्र-भाषा सिर्फ़ देखने की भाषा है।

देखने की भाषा को देखने से ही जान सकते हैं। दुर्भाग्य से आज़ादी के बाद के भारत में कला आलोचना नहीं पनपी है। कला आलोचना कलाकृति और दर्शक के बीच पुल का काम करती है। भारत में यह पुल न होने से लगातार खाई बढ़ती जा रही है। भारतीय कला संसार में कोई आलोचक ऐसा नहीं है जो समकालीन कला में हो रहे दृश्य को लिख बतला सके। कुछ ऐसा कर सके कि लोग कलाकृति के साथ अपना सम्बन्ध बनाने की शुरुआत कर सके। शहरी समाज व विद्यालयों में कलाओं के प्रति अत्यन्त दुर्भाग्यपूर्ण रवैया है। जैसे कला अछूत कन्या है जिसे दूर रखना ही फ़र्ज़ है। घरों में ऐसे संस्कार भी माता-पिता भी नहीं डाल पाते है जिससे एक बच्चे की रूचि कलाओं के प्रति बढ़ सके। यह सब बातें एक चित्रकार के ठीक करने की तो हैं नहीं। कला आलोचक पैदा करना किसी कलाकार का काम नहीं है। देश में कोई विशेषज्ञ भी नज़र नहीं आता। बहुत सारे कला आलोचना के नाम पर लिख रहे लोगों को पैसे देकर लिखवा सकते हैं। तब फिर उनकी विशेषज्ञता का क्या होता है? उनके कला आलोचक होने के दावे का खोखलापन भी सिद्ध होता है। एक कला आलोचक अपने को दाँव पर लगाता है। अपने देश में हो रही कला के प्रति ज़िम्मेदार महसूस करता है। फ़िलहाल तो यह बढ़ती हुई खाई अपनी जगह है।

देखने पर पाएँगे कि आज़ादी के बाद देश के महत्त्वपूर्ण ग्यारह चित्रकार अपना संसार रचते गढ़ते हैं, लेकिन उन पर अपनी रूचि से किसी ने एक किताब नहीं लिखी है। मुझे नहीं लगता कि आज के युवा चित्रकार को हमारे ही देश के अच्छे चित्रकारों के बारे में पढ़ना लिखना समझना हो तो कोई किताब उपलब्ध है। ऐसा नहीं है कि चित्रकला के संसार में कुछ कम गतिविधियाँ हो रही हों। बहुत कुछ अन्तरराष्ट्रीय स्तर पर

अपनी जगह बनाता नज़र आ रहा है। हो सकता है दूसरे देशों के विशेषज्ञ आधुनिक भारतीय चित्रकला पर पहली बार ऐसा कुछ लिखना शुरू करें जो हमारे लिये सार्थक हो।

9.

समकालीन भारत में युवा चित्रकारों के लिये बहुत से मौक़े हैं। वे एक ऐसे समय में आ चुके हैं जहाँ बहुत सारी चीज़ें आसान हो गयी हैं जो मेरे समय में मुश्किल थीं। मसलन, हमें रंगों की इतनी बहुतायत उपलब्ध नहीं थी। इतनी तरह के रंग, इतनी तरह के उपकरण, इतनी तरह के ब्रश उपलब्ध नहीं थे, न हमारी कल्पना में थे। कभी-कभार किसी एक दूसरी कम्पनी का नाम सुनने को मिलता था। किन्तु वे रंग भी मेरे देखे हुए तो नहीं ही थे। यह बात मैं उस वक्त कह रहा हूँ जब मेरे ख़ुद के पिता चित्रकार थे। उनके पास इस प्रकार की दूसरी चीज़ें मौजूद थीं। मेरे सहपाठियों के साथ यह सम्भव नहीं था। वे चित्रकला संसार के वैविध्य को बिलकुल ही जानते-समझते नहीं थे, न देख पाते थे। आज के युवा चित्रकारों के लिये इन सब की उपलब्धता इतनी आसान है कि वे फ़ोन कर अपने घर पर मँगवा सकते हैं। बहुत से युवा चित्रकार, इस संसार में बढ़ती जा रही राजनीतिक व्यवस्थाओं के चलते, चित्रकला की अपनी कोशिशों में भी इस राजनीतिक विचारधाराओं को जगह देते जा रहे हैं। आजकल सामाजिक राजनीतिक चित्रों की भरमार है। वे उन सारे विषयों की तरफ़ आकर्षित होते हैं जो इस दुनिया में अलग-अलग देशों में चल रही लड़ाइयों के दरमियान उपजी परिस्थितियों के विषय हैं। युवा चित्रकार के समाज का दायरा भी विस्तृत हो गया है। वह इस भ्रमजाल में उलझा नज़र आता है कि वह एक ऐसा ग्लोबलाइज़्ड चित्रकार है जिसक विषय भी ग्लोबलाइज़्ड होने चाहिये। हो सकता है मेरा कहना पूरी तरह से ग़लत हो। आजकल के भारतीय युवा चित्रकारों के काम, उन के विषय में बहुत कुछ देखा जा सकता है। वे उन सामाजिक राजनीतिक विषयों पर काम कर रहे हैं जिन का सम्बन्ध उनके अपने पाँच मील के दायरे से बाहर का है। फ़िलहाल उनकी सफलता कुशलता से ही आँकी जा रही है कि कितनी ख़ूबसूरती से उसने इन सब चीज़ों का चित्रण किया है। इतनी ख़ूबसूरती से उसने उस वियतनामी जलती महिला का चित्र बनाया है! युवा कलाकार चुनौतियों का सामना कर पाते हैं या नहीं या अपने समय की मुश्किलों और सम्भावनाओं से रूबरू हैं या नहीं, इस पर कुछ कहना लगभग मुश्किल है। यह नितान्त वैयक्तिक मामला है। कोई भी टिप्पणी झूठी साबित हो सकती

है। इतना ज़रूर है कि उन्हें बहुत सारे अवसर मिलते हैं। अनेकानेक कला दीर्घाएँ हैं। हमारे समय के दौरान यह सब लगभग असम्भव था। मसलन, उन दिनों जब चित्र बनाते थे तब चित्र बिकता है या नहीं, इस पर कोई बात नहीं होती थी। चित्र बिक सकता है, यह हमारे मन में कभी आता भी नहीं था। अब महाविद्यालय में प्रथम वर्ष का विद्यार्थी चित्रकला पर कम, चित्र के बिकने पर ज़्यादा बात करता है। उसकी जिज्ञासाएँ अपने चित्रकर्म से कम प्रेरित हैं। वह अपने चित्र के बिकने न बिकने से ज़्यादा आशंकित है। यह दुर्भाग्य है। गांधी जी ने यूरोप को शैतानी सभ्यता कहा। उस सभ्यता को एक तरह के लालच ने जकड़ लिया था। औद्योगीकरण से होने वाले लाभ का लालच नैतिकता को ताक़ पर रख चुका था। गांधी जी ने इसी लालच को शैतानी कहा होगा। किसी भी चित्रकार के लिये कोई भी लालच एक शैतानी स्थिति है। मुझे नहीं लगता कि जिस तरह आज चौतरफ़ा सुविधाएँ खुली हैं उसने चित्रकला की समझ में कोई इज़ाफ़ा किया हो। यह ज़रूर हुआ है कि चित्रकला को व्यवसाय की तरह अपनाने के लिये हज़ारों लोग इस तरफ़ दौड़े चले आए हैं। ऐसे भी लोग वापस चित्रकर्म की तरफ़ मुड़े जिन्होंने आज से पच्चीस-तीस साल पहले उसको बेकार व नकारा मानकर छोड़ दिया था। वे किसी और काम में लग गये थे। अब जब चित्र बिकने लगे हैं और समकालीन भारतीय चित्रकला अन्तरराष्ट्रीय स्तर पर फलने-फूलने लगी है तब अचानक इन सब लोगों का ध्यान अपने उस कर्म पर गया जिसे वे तीस साल पहले छोड़ चुके थे। उन्होंने वापस चित्र बनाने शुरू कर दिये। इस दावे के साथ उन युवाओं से टकराने की कोशिश करने लगे कि वे वरिष्ठ हैं। मेरी नज़र में उन्हें इन युवा चित्रकारों की शरण में जाकर उनसे चित्रकला सीखना शुरू करना चाहिये। चित्रकार का लक्ष्य यह लालच नहीं है। इन सब से भयभीत होने की आवश्यकता नहीं है।

10.

इन दिनों हिन्दुस्तान में बहुत अच्छा काम हो रहा है, बहुत तरह का काम हो रहा है। एक बड़ा तबका उस Popular Art में भी संलग्न है जिसे Sociopolitical Art कहते हैं। वे उन सारी समस्याओं से जूझते दिखायी दे रहे हैं जिनमें दुनिया उलझी पड़ी दिखायी दे रही है। वे उन पर comment करते हुए नज़र आते हैं या कलाकृतियाँ comment करते हुए नज़र आती हैं। ऐसे चित्रकार भी हैं जो अपने ढँग से एक दिशा में काम कर रहे हैं। भारत में कई तरह से एक रचनात्मक माहौल की शुरुआत हुई है। सभी कलाकारों के लिये

एक चुनौती भी है कि वे अपने को कला की दुनिया के आकर्षणों से कैसे बचाये। आकर्षण इतनी तरह के हैं कि उनमें किसी भी कलाकार का उलझ जाना साधारण बात की तरह नज़र आता है। जो उलझ गया उसके बारे में कुछ नहीं कहा जा सकता। उसमें प्रतिभा ही नहीं थी कि रास्ते पर ज़्यादा देर तक चल सके। जो अपने विश्वास व अपने देखने के साथ चल रहे हैं उनके लिये अच्छा माहौल भारत में है। दुनिया के देशों में ऐसे चित्रकार कम देखने को मिलेंगे जो बहुत सार्थक कुछ रच रहे हैं।

2011